游向彼岸

安迪·格鲁夫自传

［美］安迪·格鲁夫
（Andrew S. Grove）／著

张春雨／译

SWIMMING
ACROSS:
A Memoir

中信出版集团｜北京

图书在版编目（CIP）数据

游向彼岸：安迪·格鲁夫自传/（美）安迪·格鲁夫著；张春雨译. -- 3 版. -- 北京：中信出版社，2022.8
书名原文：Swimming Across: A Memoir
ISBN 978-7-5217-4475-0

Ⅰ.①游… Ⅱ.①安…②张… Ⅲ.①格罗夫（Grove, Andrew Stephen 1936- ）－自传 Ⅳ.①K837.125.38

中国版本图书馆 CIP 数据核字（2022）第 105416 号

Swimming Across: A Memoir
Copyright © 2001 by Andrew S. Grove
Simplified Chinese translation copyright © 2022 by CITIC Press Corporation
ALL RIGHTS RESERVED
本书仅限中国大陆地区发行销售

游向彼岸——安迪·格鲁夫自传
著者：　　［美］安迪·格鲁夫
译者：　　张春雨
出版发行：中信出版集团股份有限公司
（北京市朝阳区惠新东街甲 4 号富盛大厦 2 座　邮编　100029）
承印者：　宝蕾元仁浩（天津）印刷有限公司

开本：787mm×1092mm 1/16　　印张：18.5　　字数：222 千字
版次：2022 年 8 月第 3 版　　　　印次：2022 年 8 月第 1 次印刷
书号：ISBN 978-7-5217-4475-0
定价：69.00 元

版权所有·侵权必究
如有印刷、装订问题，本公司负责调换。
服务热线：400-600-8099
投稿邮箱：author@citicpub.com

献给我的母亲，
是她给了我生命的礼物，
而且不止一次。

目录

序言 I

第一章　布达佩斯新生儿
+001

第二章　猩红热与听力受损
+011

第三章　风雨欲来
+021

第四章　战时生活
+033

第五章　科巴尼亚的圣诞节
+049

第六章　回到布达佩斯
+063

第七章　第一所大学预科：精英教育
+087

第八章　第二所大学预科：兴趣培养
+107

第九章	**第三所大学预科：化学、写作与一生的朋友**
+129	

第十章	**我想上大学**
+161	

第十一章	**大学生活第一年**
+185	

第十二章	**转折点**
+207	

第十三章	**越境**
+221	

第十四章	**大洋彼岸**
+243	

第十五章	**融入美国生活**
+255	

后记 ······ 281
致谢 ······ 285

序　言

1936年，我出生于匈牙利的布达佩斯。20岁之前，我相继经历了匈牙利政府的法西斯独裁统治、德军占领匈牙利、纳粹的"最终解决"[①]、苏联红军包围布达佩斯、二战刚刚结束之后的混乱时期、匈牙利共产党执政，以及匈牙利民众起义等时期和事件。

本书讲述的就是那些时期发生在我和家人身上的故事。

在开始讲述我的故事之前，让我先介绍一些历史背景，这对读者或许会有所帮助。我出生时，匈牙利由海军上将米克洛什·霍尔蒂领导的右翼独裁政府统治。霍尔蒂政府与纳粹德国结盟，不过其比纳粹德国的其他盟友具有更大的独立性。这也许与一个事实有关，即匈牙利位于受德国和苏联影响的国家之间。

二战早期，匈牙利采取的是武装中立政策。然而，到1941年6月希特勒向苏联发动进攻时，匈牙利放弃了这一政策，转而向同盟国宣战。这就意味着它与纳粹德国沆瀣一气，向苏联宣战。

1943年，苏联军队击退了德匈盟军，战争前线开始从匈牙利的东部边境向首都布达佩斯逼近。德国人担心霍尔蒂可能会与步步紧逼的苏联人单独进行停战谈判，于是为了抢占先机，德国于1944年3

[①] 最终解决，是第二次世界大战期间纳粹德国针对欧洲犹太人发起的系统化的种族灭绝计划。——译者注

月占领了匈牙利，并在10月扶植了由亲纳粹的箭十字党控制的极端法西斯政府。

霍尔蒂政府本来就歧视国内的犹太人，而这种歧视和迫害的严重程度随着德国人的到来而进一步加剧。盖世太保负责犹太事务的头目阿道夫·艾希曼，曾在欧洲其他地区监督纳粹"最终解决"计划的实施，这次则亲自负责对匈牙利犹太人的驱逐和灭绝。这一灭绝进程从乡村和布达佩斯以外的城市展开，短短4个月的时间，布达佩斯之外的匈牙利犹太人就几乎全部遭到流放，而他们中的大多数都在集中营惨遭杀害。

在灭绝犹太人的行动扩展到布达佩斯之前，德国在战场上的形势迅速恶化。苏联军队正向布达佩斯逼近，而西方盟军则成功地在诺曼底和意大利登陆，这一局面阻止了灭绝行动向布达佩斯推进。结果，布达佩斯的大部分犹太人得以存活。尽管如此，战前生活在匈牙利的65万犹太人，在战后也只剩下了15万。

1945年1月，经过激烈的巷战和逐家逐户的搜查，苏联军队把德国人赶出了布达佩斯；4月，匈牙利其他地区的德国人也被赶了出去，苏军取代德军占领了匈牙利。

二战带来的一个直接后果就是苏联占领了匈牙利，匈牙利实行了一段时间的多党民主，然而匈牙利共产党很快就加强了它的影响力，并在1948年最终巩固了自身的地位。自此，匈牙利毫无疑问地成了苏联的卫星国。

匈牙利共产党分为两大派别：本土的匈牙利共产党派别和莫斯科人派别。前者在霍尔蒂政权宣布其非法性之后仍然存在；后者的成员曾逃至苏联，后来随苏联军队返回匈牙利。马加什·拉科西就是莫斯科人派别的主要领导人。虽然两派都来自同一个政党，但他们在不择手段地夺取政权的过程中逐渐心生嫌隙。

到 1949 年，随着莫斯科人派别逮捕并公开审判本土匈牙利共产党员，这种党内派系的权力之争变得公开化。在苏联领导人斯大林执政的最后几年，政治清洗加剧，并影响到越来越多人的生活。

斯大林于 1953 年 3 月逝世。1956 年，匈牙利爆发了反对政府的游行示威。

这种反抗持续了 13 天，最终被苏联军队镇压下来。当时，约有 20 万匈牙利人逃到西方——我便是他们中的一个。

第一章

布达佩斯新生儿

游向彼岸

右图：我的父母，摄于我出生前后。

下图：我的舅舅约西。

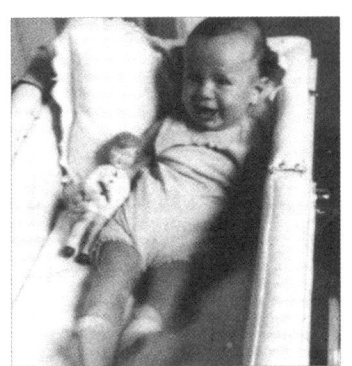

上图：婴儿时期的我。

下图：父母和我。

上图：我们位于基拉伊大街的家（电车上方）。

探照灯的光就像从乌云密布的夜空里抽出的一根根白线，四处移动着，交叉，分开，循环往复。路人们都仰望着天空，眼睛跟着这些白线转动，眼神里充满焦虑。母亲说这是在练习搜索飞机。

而我对这些白线无动于衷，因为我忙着"开"我的新汽车，这是我第一次驾驶它。

我的汽车是一款真实跑车的缩小版。我坐在车里，脚踩踏板开动它，手握方向盘操纵它。这车看起来与舅舅约西的跑车一模一样，只不过他的是白色的，而我的是红色的——不过红色更有趣。

约西舅舅和我曾开着我们的跑车在多瑙河边兜风。我开着车在人们的腿间穿梭行进。当时外出散步的人好像比往常要多，街上显得很拥挤。约西不断鼓励我开得更快些，而他就在后面跟着，以免我撞到人。不过这件事不是总能避免，还好人们看起来并不介意，他们甚至根本就没注意到我，因为他们正被空中的一道道白光所吸引。

我父母有时也一起出来。夏天的夜晚我们经常出去漫步，这是布达佩斯人的一个习惯。虽然夏天已经结束，但是那天晚上仍然不冷，所以对于要在多瑙河边庆祝我的生日这件事，我并不感到奇怪。那天是1939年9月2日，我已满3周岁。

我们家于前一年搬到布达佩斯。我父亲叫乔治·格罗夫，人们都以昵称"久尔坎"称呼他，他是一家中型乳品厂的合伙人之一，其他几个共同经营厂子的合伙人都是他的朋友。他们从当地的奶农那里收购鲜奶，然后把鲜奶加工成松软干酪、酸奶酪和黄油等乳制品（他们对自己生产的黄油的质量尤其感到自豪），然后把它们卖给布达佩斯的各家商店。父亲是一个务实的商人，他精力充沛，办事高效，懂得生活。

我父亲11岁就辍学了，而我母亲玛丽亚则念完了高级中学，也就是匈牙利的大学预科学校。在那个年代，这一成就对于一个女人来说已非比寻常，更不用说犹太女人了。母亲曾经下决心成为音乐会的钢琴演奏家，但因为是犹太人，她进不了音乐学院。无奈之下，她去了我外祖父开的小杂货店帮忙，而她就是在那里遇到我父亲的。

父亲的乳品厂开在离南斯拉夫边境很近的一个小镇——巴乔尔马什，位于布达佩斯以南约100英里[①]的地方。他经常需要去布达佩斯访问客户，也就是黄油、牛奶和松软干酪等乳制品的批发商。

一天，父亲拜访了我外祖父的商店，销售他的乳制品。他向我母亲做了自我介绍，等谈完生意，他们就站在门口聊天，一直聊到母亲关了店。然后，他们步行走过布达佩斯的一条条街，不停地谈啊谈啊，聊了很多事情。

他们是不同类型的人，但是他们之间的差异可以互补。母亲有文化，但从不自命不凡。父亲则十分睿智、精力充沛、幽默感十足。母亲偏于腼腆，在陌生人面前比较矜持，但是不知何故，她在父亲面前从未感到过不自然。父亲的活力和好奇心激发母亲展现出了她最好的一面。他们都深深地迷恋上了对方。

[①] 1英里≈1.609千米。——编者注

第一章　布达佩斯新生儿

我父亲也是犹太人的这个事实使我父母的关系更进一步。他们有着共同的背景，对很多问题有着共同的理解。他们都不信教，也不参加犹太人集会，而且尽管他们的朋友多为犹太人，但他们从不把自己视为犹太人族群的一员。除了官方文件中对他们宗教背景的记录，他们与其他的匈牙利人没什么两样。

他们初次见面时，母亲25岁，父亲27岁——这个年龄的男人照理应该可以体面地养家糊口了。一年以后，也就是1932年，他们结了婚，搬到了巴乔尔马什。

母亲不喜欢巴乔尔马什。她在大城市里长大，受过良好的教育，梦想着成为音乐会的钢琴演奏家——她过去经常去听音乐会和歌剧。然而突然间，她发现自己身处一个偏远的小镇，不仅要住在室内是泥地面、厕所在室外的房子里，还要与父亲的亲戚和合伙人同处一个屋檐下。作为新来的局外人，孤独笼罩着母亲，她对这种集体生活感到极不适应，迫不及待地想搬出去，但在短时间内她没有机会这样做。

就在我出生之前不久，父母将家临时搬到了布达佩斯，这样母亲可以在条件更好的医院分娩。母亲当时肯定想留在布达佩斯，不过她仍然和父亲带着我一起回到了巴乔尔马什。

终于，她在1938年我两岁时实现了这一愿望。父亲决定在布达佩斯建一个乳品分厂，以满足不断增长的城市消费者的需求。我们搬到了位于基拉伊大街的一处公寓，那里距乳品厂只有几个街区远。

布达佩斯被多瑙河一分为二。布达这一边属丘陵地区，老式教堂、城堡、富人住宅散布其中，还设有壁垒。佩斯一边则是商业区，从城市中心向外到处是公寓楼。这里有山有水，一片大好风光；现代风格的公寓大楼和宽敞的林荫大道令人赏心悦目。

基拉伊是条繁忙的大街，它连接着佩斯一侧的中央环形大道和远处的大型城市公园。有轨电车会从街中穿过,这令这条本已车水马龙的街道更加繁忙。不过,这条街并不是很吵闹,而且有趣的事随时都在发生。

离我们住的地方大概一英里左右,是布达佩斯的犹太人居住区,那是一个奇怪的、自成一格的区域,那里的男人头戴黑色帽子,身着深色外套,留着长长的卷发,身上有股独特的味道。虽然同为犹太人,但是我们分属两个不同的世界。

我们的世界是一个典型的中产阶级社区,街道美观,但是没什么奇特之处。我们住的公寓大楼与其他的楼房没什么不同:一楼是朝街的店铺,上面两层是住家。楼中间有一个庭院,院里有座不大的平房,是家照相馆。院子后面的一套公寓里住着一对老夫妇,为住户提供基本的看管服务。那位老先生既是鞋匠,又是公寓大楼的管理员,身兼二职;而他的妻子——一位和善的老太太,则负责为房客接收包裹,看管生意人的进出,以及处理一些其他的日常杂务。

在我们的公寓大楼里,大部分房间面朝里,门和窗向庭院开着。庭院的四周,被一圈约三四英尺[①]宽、带有熟铁栏杆的窄阳台环绕着,这圈阳台把各家连接起来。每层楼都有一个公共厕所,供公寓内没有独立卫生间的住户使用。阳台的每一头都有楼梯把每层楼连接起来,楼前的楼梯宽敞体面,楼后的楼梯则狭窄阴暗。

朝街的公寓房间条件好些,更宽敞,并且带有浴室。我们住的公寓在二楼,大小两个房间都朝街,进深也一样,但是大房间开间宽,有两扇窗户,小房间只有一扇。窗户很高、很窄,从中间打开,窗台到腰那里,所以你不会掉下去。在夏天,房间的窗户总是开着的,你

[①] 1英尺≈0.304 8米。——编者注

可以透过窗户看街对面的公寓楼，观察基拉伊大街的交通情况，看看来来往往的电车和行人。房间通风，采光也很好，即使窗户会在冬天时关上，房间里仍然明亮。

我外祖父和外祖母住小房间，父母和我住大房间。大房间既是父母和我的卧室，又充当着起居室。房间的一角摆着我父母的沙发床，旁边是我的小床。房间里还有一张表面打磨光滑的木质饭桌和几把餐椅，以及其他一些家具。硬木地板上铺着一些波斯地毯和小地毯。

大房间面向走廊开着一扇门，走廊是一个通向楼梯的又黑又长的过道。从这条走廊和小房间都能进出我家的浴室。浴室里有一个水槽、一个浴缸——浴缸连着一个加热洗澡水的烧木头的火炉，还有一个马桶。在走廊快到楼梯的地方，一侧通向厨房，另一侧通向一间小屋。我们那体格魁伟的女佣吉兹就住在这间小屋里。她负责做饭、打扫房间、买东西和照看我，后来她嫁给了一个我只知道姓欣科的男人。他们俩结婚以后，欣科也挤进了那间小屋。欣科在别的地方工作，只要他在家，他就会为我雕刻木棍，并带我去公园玩。而吉兹有空时会坐下来给我讲报纸上的犯罪故事，对此我十分着迷。

我们家经常有访客到来。当时电话还不普及，所以人们通常是顺便拜访，而不是靠电话预约。客人们常常突然登门，而且一坐下来就是几个小时。即使到了说再见的时候，他们好像也要站在门口再谈上几个小时。我妈妈的弟弟，也就是我的舅舅约西常来我家，他身体强健，肌肉发达，但头发稀少。我不知道舅舅是干什么的，尽管家里的其他人有时会提到他，但是那些只言片语的评论对我毫无帮助。不过这对我影响不大，约西舅舅人很有趣，我总是能感觉到他的热情和快乐。

母亲的另一个弟弟米克洛什就不是这样。虽然米克洛什和约西是双胞胎，但他们的相貌和性格迥异。约西待人友好、幽默有趣，米克洛什却总是板着面孔，好像头顶总是有一片乌云似的。大家都不喜欢米克洛什，一谈到他，声调都变了。米克洛什和家里人合不来，就连他自己的母亲，即我的外祖母，也和他颇有嫌隙。曾经有一次他和我外祖母闹得很不愉快，我父亲出面干预，却和他吵了起来，我甚至担心他们会打起来，因为我以前从没见过父亲那么生气。从那以后，我们就很少看到米克洛什了。

我父亲好交际，家里来的很多访客都是他的朋友和生意上的合作伙伴。亚尼是我父亲最好的朋友之一，也是乳品厂的合伙人。他来自巴乔尔马什，他父母还住在那儿。他在布达佩斯有自己的公寓，但他总是借宿我家。

亚尼曾是一名军官，这一点让我印象深刻。他个头很高，腰板笔直，衣着考究，但是有点儿花花公子的感觉，这一点也给我留下很深的印象。他说话嗓门大，笑起来声音洪亮，浑身散发着自信和活力。此外，亚尼的不同还体现在另一个方面——他不是犹太人。

父亲和亚尼还有另一个非犹太人朋友，我只记得他姓罗马茨。罗马茨瘦得像根棍儿，满脸皱纹，就像颗葡萄干。和他谈话很舒服，他的语气让我感觉我们是平等的，我很喜欢他。他也来自巴乔尔马什，同样是乳品厂的一员，管理布达佩斯分厂。

父亲的朋友在我父母还住在巴乔尔马什的时候就认识母亲。如果父亲不在家，他们就在附近徘徊。如果他们到家里来，母亲会给他们弄点儿喝的，并和他们一起抽烟、聊天。他们都没有结婚，所以总会讲些新近发生的浪漫故事，他们信任我母亲，向她征求建议。我母亲就像他们的大姐姐，而他们就像我的舅舅一样。

当时，宗教身份在我们这里无关紧要。我们的客人不全是犹太人，而那些非犹太客人与我们也没什么不同。因为很多犹太人都有德语名字，像弗莱舍尔、施瓦茨、克莱因等，我们与非犹太人在名字上也没什么区别。"格罗夫"（grof）一词在匈牙利语里的意思是"伯爵"。根据家族传说，我的一个祖先是一位匈牙利伯爵的不动产管理者，后来人们不知何故将他同"伯爵"直接联系起来。在更近一些的时代，一些犹太人把他们的姓改成了匈牙利语发音的姓，我家也一样。

我出生时叫安德拉什·格罗夫，但是每个人都叫我安德里什。

第二章

猩红热与听力受损

游向彼岸

左图：这是3岁时的我。
下图：父母和4岁的我。

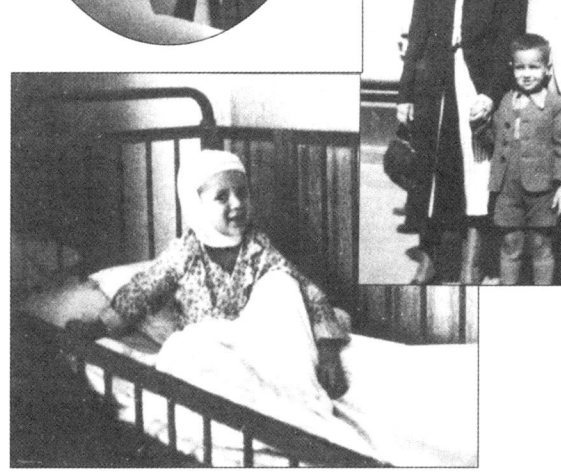

上图：在从猩红热中恢复的过程中，我必须卧床休息几个月。我的头因耳朵做了手术被包了起来。
右图：父亲（上排右二）即将奔赴前线。他和劳工营的成员以及一些士兵在一起。

我不记得自己生了病,也不记得被送进过医院,对于生病的事我一直一无所知。直到有一天,我发现自己仰卧在床上,透过一个陌生房间的窗户向外看,看到的是灰色的天空。当时我4岁,我脑子里闪过的第一个想法是我一定死了,躺在自己的坟墓里,眼中所见的灰色东西是还活着的人为我的墓填上的土。这个想法并没有让我感到沮丧,唯一让我有点儿伤感的是,我可能再也看不到"上面"的人了。然后我转移视线,才意识到周围的一切,并发现自己还活着。

但我的头和手臂都动不了了,我的前额和耳朵周围缠着宽宽的绷带,我的整个头顶都被包住了,就像缠着穆斯林男子用的包头巾一样;这"包头巾"挺沉的,它让我的头难以转动。我的手臂放在身体两边,几根管子从我肘部的内侧伸出来,连到挂在木制衣架上的一个精巧装置上。这个木衣架是这个房间里我唯一熟悉的东西——我家也有个一样的,但是这儿肯定不是我家,因为其他东西都是陌生的。

过了一会儿,几个身穿白大褂的男人和女人进了房间。除了我的主治医生罗特巴特,其他人我都不认识。我很高兴看到他,因为我喜欢他。没人会不喜欢他,他的圆脸透着友善。他的前额中间有个凹痕,他说那是他小时候自己抓伤留下的。一想到罗特巴特医生曾经也是个孩子,我就觉得很有趣。

罗特巴特医生说我得了猩红热，不过现在已经好了。我听不清他说的话，并将此归咎于包着耳朵的"包头巾"。他在我床上坐下，握着我的手腕数脉搏。我看到他在数脉搏时双唇会轻轻颤动，觉得很好笑。

　　此后的数周里，我总能见到罗特巴特医生。过了一段时间，他扶我从床上坐起，这样我从窗户看到的就不只是天空了。我看到了窗外的院子与院子里的灌木丛和大树。他摘掉了我手臂上的管子，这让我觉得很疼，不过没有更换我头上的绷带时那么疼。每次换绷带我都求他不要弄疼我，他满口答应，却总是做不到。

　　在一个美好的夏日，护士把我抱到一辆轮椅上，推我到院子里。我坐在那儿晒太阳，这才意识到已经好久没有外出了。我环顾四周，看到人们来往于树丛间的小道。这时，在院子的一簇树丛下，我注意到两只穿着蓝白相间的女人鞋的脚，我确定那是母亲的，于是立刻大声叫道："妈妈，妈妈！"但是那双脚走开了。我又大声叫了起来，却只唤来了护士们。她们告诉我要平静，太激动不利于我的康复，然后她们推我回了房间。但我无法平静下来，我不停地扭着头，大声地叫着："我要妈妈！我要妈妈！"

　　第二天，母亲来病房看我。我向她伸出手，但是头上的"包头巾"让我无法把脸转向她，于是她就握住我的手，轻叩我的手背。她告诉我，她就是站在树丛背后的那个人，但是护士们认为见到她会让我太兴奋，不利于心脏，所以护士告诉母亲一定不要让我看到她。

　　那之后母亲就天天来看我了。她坐在床边给我讲她带来的那本吉卜林的《丛林故事》，她一个接一个地讲着故事，然后一遍又一遍地重复我爱听的那些，直到我几乎可以跟着她背下来为止。她还教我如何看时间，并用一个挂钟给我讲解。一天，她给我带来一块小手表，一块真正的手表！手表是"马文"牌的，于是"马文"便成了它的名字。我不断地练习看表，并且向医生和护士炫耀我新学到的知识。

有个金发碧眼的护士我特别喜欢，她眼睛大大的，很可爱，而且对我照顾有加。她每次进我房间，我都感到很温暖，舅舅约西也很喜欢她。自从在我房间里见到她，舅舅就经常来看我，只不过与她相处的时间好像远多于我。

一天，我的两位护士很兴奋地来到我的房间，其中一位说："安德里什，你今天可以回家了。"我欣喜若狂。然后她们接着说："但是，在你走之前，我们必须把你洗干净。"这就不那么有趣了。首先，她们把我放进一个浴缸，然后用蜇皮肤的肥皂和一把硬刷子从头到脚地给我刷洗了一遍，除了我头上的"包头巾"。接着，她们把我抱出浴缸，为我擦干身体，把我带到另一间浴室，让我真正地洗了个澡，并且不停地提醒我别把绷带弄湿。最后，她们给我穿上我自己的睡衣，把我带到在另一个房间等待着我的父母面前。

他们非常激动地向我打着招呼，但我注意到他们两手空空，于是我不禁问道："难道你们不应该给一个生病的孩子送些鲜花吗？"父亲转身跑了出去，几分钟后，他就拿着一束闻起来很香的白百合回来了。我接过花，父亲抱起我向门口走去，一群护士跟在后面。

我们叫了一辆四四方方的出租车回家，车里散发着一股皮革味儿，司机和乘客被一扇玻璃窗隔开。我喜欢出租车，然而乘车的路程太短了，还没坐够，我们就到家了。

回到家时，有件礼物正在等我，那是一个带轨道的玩具车。把车放到轨道的顶部，它就会急速下行，盘旋几圈之后，在轨道另一头停下来。父亲为我讲解了它的工作原理，同时一直在玩着，直到我开始抱怨："久尔坎，这难道不是我的玩具吗？"（自从我学会如何发音，我一直用昵称叫我父亲。因为没有人纠正我，所以对我来说，他就成了久尔坎，而我就一直这样叫他。)

之后，母亲把我抱到床上，向我解释说我的心脏在生病期间受损，需要时间才能逐步康复。我还被告知，猩红热令我的耳朵受到感染，导致我的双耳不得不接受手术，耳后的骨头已被凿掉。我对这一描述感到恐惧，但更可怕的是，在手术过程中，有一个血凝块儿流向我的心脏，幸好外科医生及时发现，中断手术，采取了措施。他们切断了我脖子上的一根血管，在这个血凝块儿产生危害之前把它取了出来。听人说，我已经在医院住了6个星期，而我还要在床上待9个月。当时我还不知道9个月有多么漫长，但是，终于可以回家，在熟悉的环境里与家人待在一起了，这令我非常高兴——尽管我在生病前并不在意这些。

回家后不久，父亲就在我那张挺大的儿童床上加了块木板，从床的一边横到另一边。如果我坐起来，这块板子可以当桌子用，比如可以把食物放在上面，对我来说更重要的是，玩具也可以放在上面。

因为我非常喜欢《丛林故事》，父母便给我买了些小型的动物雕像，有老虎、狼、长颈鹿，还有一只被我称为"bacsi"的漂亮狮子。在匈牙利语里，孩子们称叔叔或舅舅"bacsi"，称姑姑或姨"neni"，以示尊敬。显然，我很尊敬我的"狮子叔叔"。我经常跟这些动物雕像玩，一玩就是几个小时。我还有一套非常逼真、时髦的玩具士兵，我会和它们一起玩，但是相比之下，我更喜欢我的动物塑像。虽然我必须一次次地忍受更换绷带的折磨，但是在其他时候我还是很惬意的，而且逐渐变得活泼起来。

在长期被困在床上的那段时间里，我发现了一种让时间过得更快的途径——"和自己玩"。我发现"和自己玩"的感觉很好，而且在这么做时，我总会浮想联翩。我会幻想出一些场景，而在这些场景里总是有那位金发碧眼的护士。

一天，我正在这么做时被母亲逮了个正着，她极为严厉地问我在干什么。我吓呆了，但还是告诉了她："我在给自己讲故事。"

母亲抓住我的双手，放到我身旁的被子上，并以一种非同寻常的否定口吻让我停下来，对此我吃惊不已。从那以后，我只在深夜里给自己"讲故事"。

不过这样有时也会被抓到，因为我一动，我的床就会跟着动，并发出一种泄露秘密的嘎吱嘎吱声。而母亲会冷不丁地出现，嘴里大叫着："安德里什，停下来！"所以我意识到我只能非常小声地给自己"讲故事"。

幸运的是，为了不扰乱母亲内心的宁静，我找到了一个真正的玩伴，也就是我的外祖父。外祖母在我生病之前就去世了，而外祖父的身体很健康。他非常有耐心，这令他成为一个完美的玩伴。我们不停地玩同一个游戏，但是每一次他都会像我们第一次玩时那样兴奋。我最喜欢的游戏是假扮有轨电车的售票员，而他则充当乘客。他会递给我一张车票，而我则用玩具打孔机细心地给车票打孔。我们还玩理发的游戏，而且有一次他还真让我给他理了发。

几个月过去了，我可以一次下床几小时了，但是我还不能出去，只能在家或附近走动。终于有一天，这种日子要终结了，罗特巴特医生来到我家，兴高采烈地告诉我，他将最后一次把"包头布"从我头上解下来，我再也不用缠着它了。但是，他的话只有一部分是真的，因为摘下"包头布"之后，他又用黏性绷带将我耳后的伤口包扎起来，而为清理伤口更换这种绷带一样很疼。不过后来，这种绷带也被拿掉了。

然而，尽管最终我的"包头布"和绷带都被拿了下来，我的听力仍然没有恢复到以前的状态。别人只有直接对着我讲话，我才能明白他们的意思。过了一段时间，我周围的人都学会了大声对我说话，所以我一直都没有意识到我的听力不如以前了。与男人的声音相比，我能更好地接收女人的声音。

双耳出现的问题困扰了我好长一段时间。为了安抚我，母亲给我买了一个小熊的手偶，我可以把它套在手上，通过运动手指来控制它。她经常用手偶表演来逗我开心。当我拿到我的小熊手偶时，我故意在它耳朵后面接近我受伤的地方剪了一个小洞，然后用绷带给它的耳朵包上，让它看起来和我一样。

1942年我5岁的时候，父亲被征召入伍。但他并不是真正的士兵，他和其他被征召到劳工营的犹太男人一样，要在那里做些清理道路、修建防御工事这样的工作。以前他也被短期地征召过，但每次都是几天或者最多几星期就回来了。

然而这次不一样。当他带着这个消息回到家时，他试图表现得轻松一点儿，但他笑得有些不对劲儿。他所在的劳工营将奔赴苏联前线，短时间内不大可能回来。

母亲和我赶往大克勒什，父亲所在的劳工营将从那里出发。大克勒什距布达佩斯约60英里，因此我们得乘火车过去，等我们到达时，父亲乘坐的火车正要开动。

父亲所在的劳工营乘坐的车厢多是敞开式的货运车厢，没有顶，而且车厢两侧只有普通车厢的一半高。其中一个车厢里堆着水壶和炉子，还有做饭的装备，这里便是厨房。父亲的一个表兄是厨师，他也叫米克洛什，父亲会给他打下手。父亲已经认识了劳工营里的很多人，表面上看这次出行好像很有趣，就像一群朋友去野营一样。

这列火车旁围了很多送行的人。父亲和其他劳工都一身平常装束，和母亲一样来送行的女人们也穿得普普通通。他们就像夏日里出行的一群普通人，看上去没什么特别的。然而车上还有士兵，他们穿着不合身的军装，拿着步枪。这些士兵是看管劳工的，他们和劳工随意地混在一起。他们甚至扶我爬上厨房车厢，让我在那里吊着玩。感觉上这些劳工不像因犯，而士兵们看起来更像是一群大大咧咧的工人，然而，他们身上的军服和手中的步枪又时刻提醒着人们他们是不同的。

到了出发的时间，所有的男人都上了车。我握住母亲的手，而她还与父亲和他的朋友交谈着，我们已准备好说"再见"了。汽笛声响起，火车慢慢地驶出了车站。母亲的手紧紧地握住我的手。我没有看她的表情，因为我的眼睛无法从父亲身上移开。他面带微笑地挥手与我们再见，看上去甚至还有点儿兴奋。当他们渐渐从视线中消失时，父亲向母亲做着手势，还用手指扒开他的嘴做出大笑的鬼脸，逗母亲高兴。然后，火车就彻底不见了。

我们坐火车回布达佩斯，路上的几个小时，母亲一直特别安静。

回到家时，更坏的消息迎面而来——我外祖父住院了。我们立刻动身去看他。他躺在一间有几张床的病房里，前额上放着一个冰袋，嘴里时不时地含混不清地说着什么。在从医院回家的路上，母亲告诉我，外祖父中风了。几天之后，他便去世了。

第三章

风雨欲来

游向彼岸

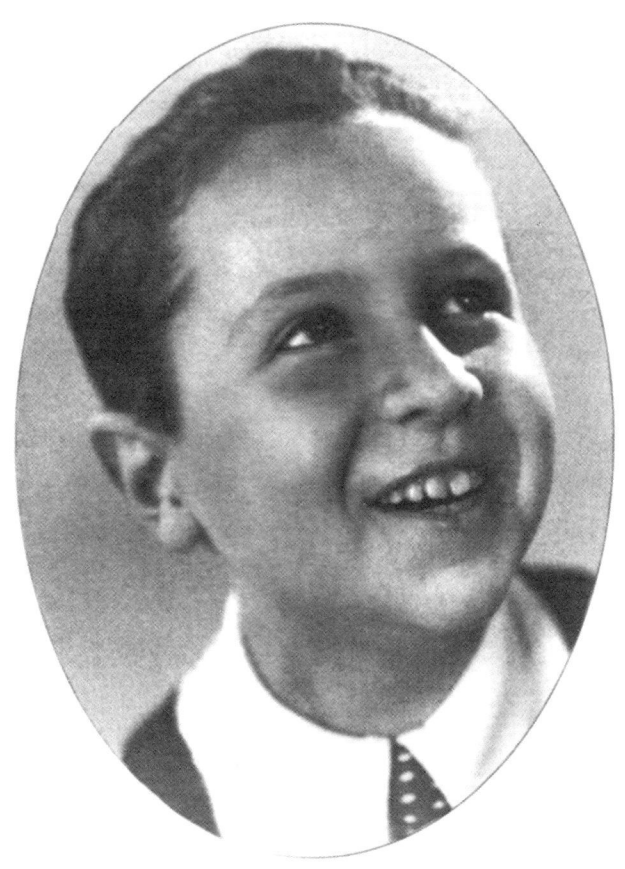

拍这张照片时我 6 岁左右。人们告诉我,这张照片中的我看上去略显成熟,不过他们耸耸肩说这没什么,反正我也要长大。

父亲走后，亚尼和罗马茨还是经常顺道来家里拜访，与母亲聊天，而且，我们现在多了一群访客——劳工营里其他男人的妻子。丈夫的离开让这些女人频频聚会，互相拜访，我家就是一个主要的聚集地。

女人们常常无所事事地待在公寓的大房间里，聊着天儿，喝着白兰地，抽着烟。一般在见面时打完招呼后，我便成了隐形人，被撂在一边。这种时候，我总有一种被遗忘的感觉，待上一会儿我便溜回小房间的角落里自己玩了。外祖父去世之后，小房间空了下来，变成了客厅，而且总有人在那里过夜，通常是我父亲在乳制品或小地毯业务上的朋友。之前常来的舅舅约西，现在却不再露面。他也像父亲一样，被征召到一个劳工营，送到苏联前线去了。

女人们通常待到傍晚才走，她们不停地聊天、喝酒、抽烟，把大房间弄得乌烟瘴气的。以前来家里拜访的人也抽烟，但我不记得谁曾喝过酒。氛围也与以前大为不同，曾经我习以为常的欢声笑语不再有了，每个人看上去都心事重重的。

我注意到母亲变得尤其能喝。在这些女人离开之后，她还常常待在灯光昏暗的大房间里，一个人抽着烟、喝着酒，看上去思绪已经飘远。我知道她在思念我父亲。

父亲走后不久，便与我们断了通信。后来母亲在1943年春天收到一份官方的正式通知，说父亲已经在前线"失踪"了。我不知道那意味着什么，也不明白人怎么会消失不见。我想问母亲，"失踪难道不比被发现死了好吗"，但我没敢问。在此后那些漫长的下午，她常常待在大房间里抽烟喝酒，我则待在小房间里自己玩。

抽烟在我家是司空见惯的事，烟味儿弥漫在家中的每个角落，尤其是卫生间，因为人们为了掩盖别的气味，总会在那里点上一根。我讨厌烟味儿，但是我对吸烟的状态很着迷。一天，看着母亲和亚尼一起抽烟闲聊，我溜过去，请求他们让我也抽一根。他们嘲笑我，但这更让我跃跃欲试。我坚定地表达了我的这一想法。他们俩交换了下意见，然后母亲说："好吧，安德里什，你试试吧，看看你到底喜不喜欢。"

我成功地拿到了她的香烟，立即抽了一口，却立刻感到一阵作呕。随后我扔下烟，冲向卫生间，对着马桶一阵狂吐。从卫生间走出来后，母亲和亚尼面无表情地让我再吸一口。而我摇摇头，甚至不愿直视他们。

家里没有客人时，大房间就成了我的游乐场。由于《丛林故事》激发了我对丛林的兴趣，我将每块小地毯设想为一个异国岛屿。我们公寓楼里有个比我大些的男孩经常来找我一起玩。借助一张他学过的东南亚地图，我们俩玩起了"跳岛游"。我们把"狮子叔叔"放到假定为苏门答腊岛的地毯上，然后从被当作婆罗洲的那块地毯出发，跳过被假定为南海的光滑硬木地板，来到苏门答腊岛，对着"狮子叔叔"叩头，请求与他建立友谊。然后，我们会跳到爪哇或者我朋友从他的地图上挑选出的其他远方岛屿。我们会花一整个下午玩这种游戏，直到吉兹开始做饭，而我的朋友也该回自己家为止。

每天上午，我都会去社区的幼儿园。我们班上大概有 10 到 15 个孩子，都是犹太人，老师也是。我们常玩可以拼装在一起的积木，但是我很少拼出它们被设计成的样子，相反，我更喜欢自己创新。

我还自己设计游戏。一次，当母亲与其他战时留守的妻子谈话时，我无意中听到一句话——"他们要把犹太人安置到犹太人居住区"，这句话激起了我的兴趣。我不知道犹太人居住区是什么意思，但是出于某种原因，我记住了这个词。

一天，我把幼儿园的一些桌椅拖到墙边圈出一块地方，然后宣布那里就是犹太人居住区，所有的犹太人都要被安置进去。我和几个小伙伴一起唱道："他们要把犹太人放到这个犹太人居住区，他们要把犹太人放到这个犹太人居住区。"我们还拽住其他一些孩子，连推带搡地把他们赶到那个封闭空间。很快我们就开始高声齐唱："他们要把犹太人放到这个犹太人居住区，他们要把犹太人放到这个犹太人居住区。"幼儿园的老师在听到我们这么唱之后，严厉地呵斥我们让我们停下来。然而当时班里的所有孩子都学会了这句话，她越阻止，我们唱得越大声。她无助地看着我们，默默地耸耸肩，不再管我们了。这个游戏我们一遍又一遍地玩了好几周。

母亲和亚尼偶尔会带我到布达的一个偏远地方野餐。他们专注于交谈，我则四处跑着玩。我有一个金属的小饮水杯，它由大小不一的金属环套叠而成，不用时可以压到只有一个金属环那么高。我很自豪能拥有这样一个杯子，我喜欢用它装泉水。

有一次，我来到泉水边，打开杯子装满水。而当我返回去找母亲和亚尼时，却遍寻不到他们。我无助地不停乱跑，直到意识到自己迷路了。我吓坏了。突然间，周围的树丛变得冷漠险恶起来，让我觉得自己无法再见到母亲了。我越跑越快，四处找寻她，直到跑得上气不接下气时才停下来开始哭。一些陌生人蹲下来试图安慰我，但是他们说什么也没用，直到也在找我的母亲和亚尼从树丛中走出来，我才停止了哭泣。我跑向母亲，抱着她的腿哭了起来。过了好一会儿我才平静下来。

我们公寓大楼的对面有一家蛋糕店，那里夏天会卖冰激凌。在我听话的时候，母亲总会带我过去买上一勺。冬天，奖励就从冰激凌变成了用栗子面做成的普里面包[①]，面包的里面和表面加了打发的奶油。

我喜欢冰激凌，但在1943年夏天，我对这一喜好的坚持遭遇了严峻的考验。当时罗特巴特医生建议我摘除扁桃体，于是母亲带我去了医院。我并没有感到害怕，而且母亲答应我，从医院出来以后，我可以吃很多冰激凌。进了检查室，我被放到一张大皮椅里，我从脖子到膝盖都被一张很沉的橡胶床单盖着。我按照一位医生所说的那样把嘴张大——他眼睛上方戴着一个中间有孔的圆镜子，然后一位护士用一个金属托架把我的嘴撑开。我的下巴立刻被抻紧了，我想发发牢骚，但是从我嘴里说出的只有"啊，啊，啊"。医生点点头以示回应，安慰了我几句。他拿出一个很长的金属仪器，并将它深深地探进我嘴里，我没有感觉到疼痛，但过了一会儿，鲜血从我嘴里喷了出来，我胸前和地上都是血，那场面十分吓人。

做完手术，我在医院住了几天。母亲紧挨着我的床睡在一个铺在地上的垫子上。她允诺我的冰激凌还真的兑现了，而且我想吃多少她

---

① 一种在印度酥油中炸过的未经发酵的面包。——译者注

第三章　风雨欲来

就给我买多少，不过那时我觉得它们没有以前那么好吃了。

跟医生打交道的经历还不止这一次。尽管我耳朵后面的伤口已经痊愈，但我的耳膜上又出现了一些小洞，而且两个耳朵里还总有液体流出。我们转了两次电车，去看一位住在布达佩斯城外的医生。这家诊所看起来与我见过的任何一家都不同，它并非像其他诊所那样开在医院或是公寓大楼里，而且它被一个很大的、奇特的花园围绕着，就像图画书中的城堡一样。

诊所里到处是各种奇怪的箱子，上面有旋钮和金属线。医生没对我的耳朵做什么，而是让我听他通过转动旋钮发出的各种声音，要求我听到后便做出反应。

刚开始时，我对这些奇妙的装置感到很好奇，像做游戏一样接受了这些测试。但过了一会儿，这种游戏就变得无趣了，不过我还是坚持做了下去，只要听到声音，就按下按钮。有时我会因为胡思乱想而错过按下按钮的时机，但随后我会赶紧按下，并希望能够算数。

测试后医生告诉母亲，我丧失了 50% 的听力，耳内渗出的液体也要留意。以前给我动手术的那个医生当时已经过世，所以母亲又在布达佩斯找到了一位备受推崇的耳科专家，这位专家就是格尔曼医生。

格尔曼医生的诊所装修得很别致，它在一座位于多瑙河畔的极为华丽的大楼里，这座大楼所在的社区有很多同样华丽的建筑。这里要比我们所住的社区雅致得多。母亲每星期都带我去看格尔曼医生，大多数时间我们都要等待。候诊室和检查室都粉刷成了深绿色，我所见之物、所见之处，都是深绿色。有人告诉我，这样做是为了安抚候诊患者的紧张情绪，但听到这话，我不但没有平静，反而担忧起来——我可不愿被弄疼。

最终，我的担心被证明是多余的。虽然格尔曼医生有一堆金属仪器，但是每次给我看病，他只是简单地检查一下，便用缠着药棉的仪器擦干从我耳内流出的液体。然后，他会拍拍我的头，告诉我们一周之后再来。离开时，母亲会对格尔曼医生的高收费抱怨一番，说这样下去我们会被赶到救济院去。

格尔曼医生娶了一位著名的女演员，这是人们谈起格尔曼医生时首先会提到的，连他的高收费都排在其后。因为他妻子只在大人看的剧中出现，所以我从来没在电视上见过她。但令我印象深刻的是，她的知名好像提高了格尔曼医生的名望。有一次格尔曼医生问我长大以后想做什么，我说想像他一样。他笑着问我为什么，我说："因为我也想娶一位女演员。"

从1943年开始，我们便时不时地遭到空袭。空袭多发生在半夜，那时我一般已经睡熟了。母亲会跑到我床边，把我从半梦半醒中拉起来，给我穿衣服。我醒过来时，常常会听到空袭警报器的鸣叫声。如果我站在床上向窗外望，我能看到一盏路灯挂在横跨街道的电线上。当时我认为警报声是从那盏路灯发出来的。

母亲会飞速穿上她的衣服和外套，带着我沿着又长又黑的走廊跑到楼梯口，然后下楼钻进防空掩体。防空掩体位于公寓大楼的地下室。其他人也从各自的房间鱼贯而出，迅速下楼进入掩体。二战爆发之前，公寓大楼里的每一家都在地下室中拥有自己的一块地方，用来存放烧炉子用的煤或木头。防空掩体是一个用墙隔开的部分，墙壁被刷成单调的颜色，里面摆着一排排没有靠背的木制长椅，光秃秃的电灯泡吊在天花板上。

人们有序地进入防空掩体，然后在长椅上找到自己的位置坐下。

不管冷热，人们总是裹着大衣。他们一个挨一个蜷缩着坐在长椅上，时而睡眼惺忪地盯着前方，时而抬头焦虑地看着天花板。空袭大多会持续半小时，有时一个小时，其间大家都沉默不语。我会靠着母亲重新睡上一小会儿，然后在坚硬的长椅上猛地醒过来，之后再慢慢睡着。我们在等待——要么是有炸弹击中我们，要么是迎来有规则的警报声，表示空袭已结束。

我们从未被炸弹击中过，但距我们五六个街区远的一栋公寓大楼未能幸免。那座大楼就像被一把大刀从每层楼的正面劈掉了一半。你可以看到这栋四层公寓的各个房间里的所有情况，它就像一个一面开放的玩具房子一样。每个房间里没被炸掉的部分还有家具立着，墙上还挂着画；而公寓楼的前半部分已经倒塌，变成了一大堆砖头和碎石。

各种传闻接踵而来。有人说造成破坏的是英国飞机，还有人告诉我母亲，炮弹爆炸产生的冲击力把一个存储区里的鹅绒储备炸飞了，鹅绒涌进附近的防空掩体里，导致藏在里面的好多人窒息而死。

我和母亲每次去城市公园，都会经过那栋被炸毁的大楼，那场景令我非常不舒服。但是一到公园，我就把它抛到脑后了。

我最喜欢在乔治·华盛顿的雕像附近玩。那是一座大型雕像，它由青铜制成，造型是一位士兵骑着一匹前蹄扬起的骏马。我曾经以为这座雕像是用铁做的，因为在匈牙利语里，"铁"写作"vas"，读作"vash"，所以我以为那个士兵叫"Vashington"，是以制成雕像的材料命名的。

雕像附近有一块沙地。一天，我看见一个不曾谋面的小女孩在那里玩，当时我带了些沙滩玩具，而她带了一个洋娃娃，我们就一起玩了起来。我们用沙子堆城堡，然后把洋娃娃放在城堡旁边，正玩得不亦乐乎时，她突然转向我，十分严肃地对我说："耶稣是被犹太人杀害的，因此，所有的犹太人都该被扔进多瑙河。"

母亲当时就坐在附近的长椅上，而我跳起来跑向她，歇斯底里地大哭起来。我告诉她那个小女孩说了什么，她抱住我，说我们该回家了。随即我们便收起沙滩玩具回去了，战争结束前，我再也没去那个公园玩。

到 1943 年秋天时我已满 7 岁，开始上小学了。我的大多数同学只有 6 岁，但因为我的生日在 9 月，学校现在才收我入学。

我所在的小学隶属于一家犹太孤儿院，有些学生就来自那里，他们通常穿着制服。其他孩子和我一样是走读生，我们不穿统一的服装。这所学校里全是犹太人，自从在公园遇到那个小女孩之后，我发现身边都是犹太人会让我感到安心。

我的老师玛格达阿姨有一头红发。因为听力不好，我被安排在第一排，这样我才能听清她说的话。我喜欢坐在前面，那感觉就像她主要是在对我一个人说话，而我喜欢被关注。不发言的时候，老师要求我们坐直，两手交叉在背后，于是我们便把背向后靠到椅子上，小手垫在坚硬的木椅背和后背之间。

玛格达老师提问时，我经常第一个举手，而她也总能叫到我。我总是能给出正确答案，因此总是受到表扬，并进一步得到关注。老师还额外给了我一项特权，即我可以免受那种不舒服的坐姿的束缚。

班里的女孩子中，我尤其喜欢那个叫埃尼克的，而另一个女孩埃娃则喜欢我。但是，我迷恋的是埃尼克，所以很少注意到埃娃。那时，我们总是抢着帮彼此穿外套，通常我都能第一个拿到埃尼克的外套，不过我的却总是被埃娃第一个抢到。但是，我不会让埃娃帮我穿，

第三章　风雨欲来

而是会等埃尼克从埃娃那里拿回外套由她帮我穿。

有一次，埃尼克病了，几天没来上学。母亲带我去她家看望她。当我走进她房间时，她跳下床拥抱我，还用她的腿和胳膊盘住我，像个猴子一样，这让我兴高采烈。

1944 年 3 月，德军占领了匈牙利。没有宣战，也没有战斗，他们就这么进来了。我和母亲站在环形大道的人行道上，看着满载士兵的汽车和装甲车从身边开过。这些德国士兵与看管父亲所在的劳工营的士兵一点儿都不一样。后者神色怠惰，身上的军服皱皱巴巴的；而德国士兵干净整洁，军靴锃亮，行动中带着一股自信。他们让我想起了我的玩具士兵：他们戴着相同的头盔，穿着同样颜色的军服，连手里的冲锋枪都是一样的。对此我印象很深。

人行道上站着一排排路人，所有人都看着行进中的德军队伍，所有人，包括母亲，都面色凝重。我抬头看着她，她面无表情，但是她紧紧地握着我的手。除了汽车、装甲车的发动机和轮胎发出的声音，周围寂静一片。队伍还在行进，母亲却拉着我走开了，但我当时并不想走，我对眼前的一切着了迷。

自此，在这座城市的任何地方，人们都能看到德国士兵的身影。他们胸前挎着冲锋枪，有排成大队的，步伐整齐地行进，也有分成小队的，以一列纵队前进。卡车和运兵的装甲车在全市穿行，而环形大道上的军车最多。他们在距我家几个街区远的地方建起了司令部，总有士兵和军官们在我们社区附近的街道上来往。和列队行进的士兵一样，他们也衣着整齐、军靴锃亮，行动中带着自信。

有一次我在家附近的基拉伊大街上碰到了一个德国军官。当时我正只身一人从学校回家,他与我反方向走着,步伐从容而稳重,身上有着一种势不可当的劲头。我不自觉地把目光转向一边,紧靠墙站住,好让自己不被看见。

那个春天总是下暴雨。风暴来袭之前,你总会有所感觉,而在当时的匈牙利,你能预感到有什么事将要发生。风停后,气温开始下降,空气更加潮湿。在那个春天的空气中,你能感受到有什么事即将爆发,哪怕天气晴朗,这种感觉也不曾消失。我不知道是什么不对劲,但我知道事情开始不一样了。

那年6月,我小学一年级的生涯结束了。玛格达老师把成绩单发下来后,我们便奔向楼下正在等候的母亲们。我的分数是全班第一,这让我十分欣喜,向母亲展示成绩时,她也很高兴。

第四章

战时生活

游向彼岸

1944年的母亲。那年秋天之前,所有的犹太人都被要求必须在衣服上戴一个黄色的大卫之星(犹太人的标志,形状为由两个正三角形反向叠成的六角星)。

1944年的夏天以一种奇怪的方式到来了。念完一年级后不久,在没做什么准备的情况下,母亲就把我送到巴乔尔马什,她解释说那个夏天的布达佩斯不是一个好地方。

除了是父亲乳品厂总厂的所在地,巴乔尔马什还是父亲的好友亚尼的故乡。我住在亚尼父母家的农舍里。屋子里是泥地面;农舍里没有自来水,你只能借助一台带长铁把儿的抽水机从井里抽水。虽然那里有一只狗、一只猫,还有一些鸡,但亚尼的父母上了年纪,沉默寡言,也没有其他小孩跟我玩,所以到那儿以后,我的生活就变得单调乏味起来,日子过得很慢。我感到孤独,很想念母亲。

不过没过多久,我就不用受这份相思之苦了。到巴乔尔马什还不到一周,有天傍晚,罗马茨出人意料地出现了。他也是巴乔尔马什人,和亚尼的父母相处得甚好。我很高兴见到他,但是他一来就把我支出去玩,然后和亚尼的父母进行了一次时间很长的严肃讨论。之后,罗马茨让我上床睡觉,并告诉我晚些时候将带我回家看妈妈。我兴奋极了。

也不知道是几点钟时,罗马茨叫醒了我,并帮我穿好衣服,然后我们登上了去布达佩斯的火车。他用毯子裹着我,行进中我睡着了,一路都没有醒,直到第二天早上,我才在大房间里自己的床上醒来。

我很高兴能回家和妈妈在一起。对于我来匆匆、去更匆匆的巴乔尔马什之行，母亲感到有些尴尬。她解释说，罗马茨听说巴乔尔马什的犹太人将被带走，于是他去那里把我接了回来。

那个夏天发生的奇怪事件接连不断，这只是其中的一件。

听收音机在那个夏天之前是件再平常不过的事，在那时却变成了一种复杂的仪式。我家的收音机放在小房间里一个位置显眼的桌子上，是一个带有黑亮旋钮的大木头盒子。声音来自收音机正面绷紧的一块布中。转动旋钮，你便可收听到各种伴着神秘的吱吱声和类似口哨声的外语节目。我知道，这些奇怪的语言和杂音表明这些节目是从遥远的地方传来的，所以，在听到发自这个盒子的声音时，我总有点儿肃然起敬的感觉。

在那年夏天之前，人们不是很热衷于听收音机，只是偶尔听听，而现在，母亲和她的朋友们几乎每晚都聚在一起听。人们开始比以往更关注收音机里的消息，但与此同时，母亲并不想让外面的人看到或听到我们在听收音机。她会拉下百叶窗，拉上窗帘，并将收音机的音量调得很小。她和朋友们会表情严肃地围坐在收音机旁听着。现在回想，他们当时好像在收听从英国传送过来的匈牙利语节目。这些节目总是以四声有节奏的"嘀—嘀—嘀—嗒"开始。此外，我就再也听不到什么了，不过大人们肯定听到了他们想听的内容，因为他们偶尔会克制地欢呼。

我对正在发生的一切感到困惑，也很烦恼，因为收音机曾经是我的玩具，而现在他们却总让我离它远一点儿。我以前随时都可以听它，而现在大人们把它拿走了，剥夺了我摆弄它的权利。

那年夏天的晚些时候，收音机消失了，因为德国人不再允许犹太人拥有收音机。于是我开始想念这标志着一天结束的收听仪式。

第四章 战时生活

不过有些事情没有变,亚尼和罗马茨还是经常过来,吉兹仍然和我们住在一起,三餐规律如常,夜间空袭还是会间歇性地发生,但是生活变得更紧张了,而且一刻也不让人喘息。

政府的海报出现在建筑物的外墙上,上面是针对犹太人的最新规定。犹太人被要求与其他人隔离,一些商店开始打出"我们不接待犹太人"的牌子。乘坐电车时,我们只能从后门上车,即使有空座,我们也只能站着。或许我们可以假装自己不是犹太人,但是好像每个人都知道谁是犹太人,谁不是,所以这不是一个好主意。我们不敢离家太远,只能在附近活动。我还和学校的所有朋友都失去了联系,好像所有人都不了解其他人的情况。

后来,更奇怪的事发生了。有个人一直在我们公寓楼的一楼经营着一家店铺,我们和他本来也就是点头之交,然而在那个夏末,和以往不同,他对我们十分友好。他开始经常出现在我家门口,拿着束花准备送给母亲,对此我没觉得有什么奇怪,因为我以为人们送花给漂亮女人是天经地义的,而母亲很漂亮——大大的蓝眼睛,柔顺的棕色头发。

一天,这个人又来按我家的门铃,是我开的门。他拿着一盒巧克力说是送给我的。我很喜欢吃巧克力,而且已经有很长很长的时间都没见过这东西了。我接过巧克力,谢过他,兴高采烈地蹦跳着回到了大房间,我对母亲喊:"妈妈,妈妈,看我拿到了什么。"母亲看了我手里的东西一眼,问我从哪儿弄的。当我告诉她时,她的眼神闪烁了一下,随即便毫不犹豫地给了我一巴掌。她从我手中夺过那盒巧克力,跟着那个男人跑到公寓外面。几分钟之后她回来时,我正在房间的角落里哭。我不明白她为什么打我,她俯下身对我说:"安德里什,你还不懂正在发生什么。"然后她又向我解释,那个人提出以他的妻子和孩子的名义，把母亲和我带回他的家乡。

"但是他已经结婚了。"我说。这我知道，因为我见过他妻子。

而母亲只是盯着我接着说："在任何情况下，都不要接受他的东西，也不要再跟他说一句话。"

没多久，在那个夏天快结束时，我们的生活彻底发生了变化。德国人要求犹太人必须在规定的日期之前搬出自己家，搬进那些专门为犹太人指定的特殊房子里。人们称这种房子为"星之屋"，因为那些房子的每一个出口都画着一个大大的黄色大卫之星。我们要搬进去的那座"星之屋"离家只有一个半街区远，位于厄特沃什大街。

我们搬进一套非常小的公寓，里面只有一个房间、一个厨房和一个浴室。那里曾是亚尼的单身公寓，在亚尼搬到一套大公寓之前的好多年里，他就住在那儿。亚尼还是那套公寓的主人，当那座大楼被指定为"星之屋"后，我们住进了亚尼为我们提供的这套公寓。吉兹必须回她乡下的老家，因为德国人已不允许犹太人雇家佣。我们和另外两个女人合住这套公寓。其中一个是我们的熟人，另一个则不认识。这个熟人是我父亲以前的一个生意伙伴的妻子，她是犹太人，她丈夫则不是，所以她丈夫可以继续经营乳品厂并住在自己家里，而她则搬进了这栋"星之屋"。

房间里已有一些家具，没有空间给我们存放任何行李。不过也好，反正德国佬也不允许我们带太多的行李。我们只带了几个手提箱，里面装满了衣服，另外带上了我的书包，里面装着一些书和几个动物玩偶。

这套亚尼的旧公寓在一楼，朝向一条狭窄的小巷。这里比我们以前的家小得多，也暗得多。我们晚上睡在沙发床和简易床上，白天则要把它们折叠起来。因为空间狭小，做饭很不方便。而且厨房里没有炉灶，几个女人需要轮流使用两个轻便的电炉做饭。

没有人抱怨，也没有人评论太多。我们只能将就着过，因为我们无力改变什么。打击接踵而来，我们刚刚接受了一件事，另一件又紧随其后。

接下来发生的一件事是德国人要求我们在上衣的胸口处戴上一颗黄色的大卫之星，如果我们不戴，我们就不能迈出犹太人居住的房子。我记得当时母亲在我的一些衣服上缝上了布制的大卫之星。而这仅仅是众多需要我们麻木地、忍气吞声地接受的事情中的一件。

一天，一个和我年龄相仿的犹太朋友来找我玩。他没有戴黄色大卫之星，这让我很是惊恐——我担心他，也担心我自己。不过一开始玩起来，我就忘了这件事。但是，几个小时之后，他要回家了——他住在几个街区远的另一栋被指定为犹太人居住的房子里。我的恐惧又袭上心头，而我的朋友只是耸耸肩笑了笑，便跑到街上去了。我为他感到担心，但是我也为他的勇气折服。

不管什么时候出去，我们都要戴大卫之星，不过我们并不常出去，因为我们可去的地方不多，而且我们上街的时间也受到了限制。很多商店不接待身上戴着大卫之星的人，而对我们来说，戴着它在大街上走也十分别扭。人们会尽可能不看我们，即使是我们认识的人也不愿与我们有目光接触。在我们与其他人之间，正在竖起一道屏障。

除了德国士兵，我们在街上还看到过箭十字党的成员。除了他们那身黑色的充满军国主义色彩的服装，我对箭十字党知之不多。他们戴着臂章，上面有箭十字党的徽章，那是两支交叉的箭，一支竖着，一支横着，两端都是尖头。我曾在大街上见过箭十字党的成员，但是我从来没和他们打过交道。我可不想看他们，因为他们让我感到害怕。有人告诉我，他们是德国人在匈牙利最亲密的支持者，而他们憎恨犹太人。

有段时间我腹泻得很严重，当时我很想喝一顿美味的鸡汤，吃上一点儿土豆泥，但母亲既没有食材也没有厨具为我烹制这些食物。幸运的是，她碰巧遇到了我们家所在的基拉伊大街那栋公寓的看门人的妻子，她欣然提出为我做这些东西并送过来。作为一个非犹太人，她行动自由。

我如愿以偿，享受到了鸡汤和土豆泥，在当时来说，这就是一顿饕餮大餐，每一口都让我回味无穷。然而第二天灾难就降临了。有人大声地敲我家的门，母亲开了门，看到一个陌生男人站在那里，表情冷酷。他让母亲看了什么东西，两人说了几句，母亲就走过来跟我说她必须出去一会儿，让我在家里等她。

家里没有其他人，我不知道将要发生什么，只有等待。我用玩具来打发时间，但玩得心不在焉，一直想着母亲去哪儿了。

几个小时之后，母亲回来了，且仍处在震惊之中。她告诉我，来找她的那个人是警察，他以为犹太人提供食物及接受非犹太人提供的食物是违法的为由，逮捕了看门人的妻子和母亲。

母亲说她能回来真是万分幸运。就在那个警察要收容她时，他考虑到母亲很有可能再也见不到我，便允许她回来和我说声再见。回来的路上，他们碰巧走过一家店面，那里曾经是我父亲乳品厂的店面，万幸的是，父亲以前的一个合伙人，也就是与我们共住一个公寓房间的那个女人的非犹太人丈夫，正坐在店里，他恰好注意到我母亲与那个警察在一起，且认出了我母亲。虽然那个警察穿着便衣，但是店面离警察局不远，经过分析，父亲的那个朋友认为我母亲被捕了。他立即给他在警察局的朋友打了电话，随后他朋友开始拉关系，在内部活动。于是，没坐多久冷板凳，母亲和看门人的妻子就被释放出来，只

第四章 战时生活

是受到了严厉的警告。

从那以后,我的食物就主要是煮豆子了。1944年10月的一个傍晚,母亲十分严肃地走过来对我说:"安德里什,我们必须离开这里。"我姑父萨尼依几个小时之前来给我们送信,他不是犹太人,在城里行动不受限制,所以消息灵通。他听到传闻说箭十字党准备在第二天推翻匈牙利政府,于是过来告诉我们这个消息,说完就匆匆地走了。

母亲告诉我,箭十字党认为政府太善待犹太人了。如果他们接管政府,犹太人的处境将变得更为艰难,所以,我俩必须马上从犹太人的房子里"人间蒸发"。对此我没有说什么。

母亲说我将被送到约瑟夫叔叔那里,他是我父亲以前的一个生意合作伙伴,是个基督徒。在母亲来接我走之前,我将和他以及他妻子住上一段时间。同时,她也为自己做好了打算,把我送走后,她也会立即消失。不过她向我保证,只要可能,她就会尽快去看我。

萨尼依走后不到一个小时,我们就动身了。我特意多穿了几件衣服,并挑了几本喜欢的书放进书包里。随后我们穿上没有黄色大卫之星的外衣,母亲拉着我的手,走了半个街区左右到了约瑟夫叔叔的店铺。天很黑,我十分不安,因为我从来没有过不戴大卫之星就出门,所以心里特别惶恐。母亲匆匆地说了声再见,约瑟夫叔叔就领着我去乘有轨电车。这一次我们从前门上车,这再次提醒我要掩盖真实身份。就这样忐忑地坐了几英里,我们到了他家。

约瑟夫叔叔的家在一栋公寓大楼的4层,和我们在基拉伊大街的家差不多,但要更大一些。在这套大房子里只住着我们三个人,我有了属于自己的房间,所以从某种角度说,与先前的环境相比,这是一个令人愉快的改变。但是,因为母亲不在身边,我无法真正享受其中,虽然我多多少少已经对孤独麻木了。

临走前母亲帮我想好了应对外界的说辞，如果有人问起，我就说我来自乡下，因为苏联人要炮轰我们的城镇，所以我逃了出来。但除此之外，我就一无所知了，我们甚至没来得及想那个城镇的名字。当时我们只有几分钟的时间，没法再完善细节。约瑟夫叔叔对我说，最保险的做法就是不让别人看到我，以免引起任何人的注意。

天总是阴沉沉的，窗帘又经常拉着，房间里就更是阴暗。约瑟夫叔叔的妻子经常待在公寓里，虽然她并非不友好，但她只关注自己的事。所以我常常独自一人整天坐在不见光的大房间里，一遍遍地读我的故事书。其中一本讲的是一只在雪地里玩的小猫得了重病、奄奄一息的故事。这本书我不知读了多少遍，但是每次读，我都为这只快要死去的小猫而心碎。尽管我知道故事的结局——它会好起来，但是我也必须读完整个故事才能走出恐惧。

日子过得很慢，先前只是偶尔会遭遇空袭，后来却越来越频繁，而且经常发生在白天。遇上空袭，我会带上书躲进防空掩体。我让自己沉浸在书里，不是因为内容多么有趣——毕竟我已经读过无数遍了，而是因为只有这样，我才能避免与可能在看我的任何人有眼神上的接触。

母亲真的来看我了，是一个在乳品厂上班的工人带她来的，她假装自己是来自农村的难民。这个工人的妻子是一栋公寓大楼的看门人，母亲跟着她，干一些拖运垃圾、清扫楼梯的活儿。与以往不同，她头裹方巾，看起来很朴素，就像我们在基拉伊大街上的公寓大楼的看门人的妻子那样，但这对我来说无关紧要，因为我只在乎一件事，那就是她在这里。

但是她刚到，防空警报就响了起来，所以我们四个人都进了防空

第四章　战时生活

掩体。我只能装作不认识她，尽可能地避免跟她说话，甚至不去看她一眼。然而等空袭结束时，母亲也该走了。她快速地抱了我一下，又亲了亲我，说她还会再来，便离开了。

当我觉得无聊或寂寞难耐时，我就会透过窗户向外看，俯瞰附近的一个广场。一天，在孤单的我又这样做时，我看到街对面一栋公寓大楼的入口处有些骚动。德国军队的卡车列队排在那里，卡车上面全都罩着深绿色的防水布。德国士兵分两排站在第一辆卡车和公寓大楼的入口处，形成了一个通道，人们从楼里相继走出，纷纷上了卡车。

这是一栋被指定为犹太人居住的房子，我看见入口处有黄色的大卫之星，列队走出来的所有人都戴着它。这些人，包括被父母抱着的小孩都举着双手。从公寓楼里走出来的人似乎没有止境，卡车装了一辆又一辆。因为我所处的位置太高，窗户又是关着的，我无法看清他们的表情，也听不到任何声音，但是我看到德国士兵没有喊叫，一切看起来都井然有序，眼泪顺着我的脸流了下来。

突然，有人进来了。我回头一看，原来是母亲。她穿着一件大衣，头上依然裹着方巾。我扑过去搂住她的腰，把头埋在她的大衣里。当我闻出她身上那股熟悉的气味后，我把鼻子埋得更深了。母亲见状什么都没说，只是把我抱得很紧、很紧。过了一小会儿，她说声"再见"就又走了。当我再次向窗外望去时，德军的卡车已经开走了，一切似乎跟以前没什么两样。

第三次来时，母亲就把我接走了。当时没有别人在，我们一起坐在沙发上，她说她从某个官方机构弄到了一份文件。在这份文件里，她叫玛丽亚·马莱舍维奇——保留了她的名，作为她的儿子，我叫安德拉什·马莱舍维奇。我得忘掉我的真名格罗夫，而且，我必须牢牢地记住这个新名字——安德拉什·马莱舍维奇，以及与"他"相关的故事。

我们要假装自己来自巴乔尔马什镇——因为文件上是这样记载的,而且是从苏联人的眼皮子底下逃出来的。如果有人问起我父亲,我就说不知道他是谁,因为母亲身边总有男人,我不知道哪个才是。我们要——这次当然是一起——去布达佩斯郊区一个叫科巴尼亚的地方,在那里,约瑟夫叔叔的父母将以来自乡下的难民亲戚的身份收留我们。

对于去哪儿我并不关心,我在意的只有两件事:一是和母亲在一起,一是要牢记我的新名字。我知道我对这个名字的反应要达到自然而然的程度,就像它是我生命中的一部分,关于这一点我绝不能出错。不过马莱舍维奇太难记了,它是一个斯拉夫人名,我从未听过,很怕会忘了。在乘有轨电车去科巴尼亚的漫长旅途里,透过寒冷的冬夜,我向车窗外望去,看着我在车窗上的影子随着经过的每一个路灯时隐时现,我以别人听不见的声音嘟囔着:"安德拉什·马莱舍维奇,安德拉什·马莱舍维奇,安德拉什·马莱舍维奇。"

我们乘电车坐到了终点站,下车走了一段后终于抵达了目的地——那个社区里到处都是那种很矮小的一层公寓,我们要入住的是一栋有12个单元、中间没有庭院的房子。与我们以前住过的房子相比,它们看起来十分破旧。约瑟夫叔叔的父母住在其中一个单元,里面有一个房间和一个厨房。厨房角落里收着一张折叠床,我和母亲就睡在那上面。

我们的到来受到了约瑟夫父母的热情款待。他母亲在煤气炉上的平底锅里烤了些面包,抹上猪油后递给我。我高兴地吃了起来,她和我母亲则着手支那张折叠床。

睡觉之前我要上厕所,但这套公寓里没有,我只能去外面的院子里上，那里有一个被隔成几个小间的公共厕所，男女共用。母亲警告我，千万不要在任何人面前小便，也不要在任何人面前洗澡，因为匈牙利的犹太男孩一般都做过包皮手术，我自然也不例外，而基督男孩则不做这种手术。如果有人看到我的阴茎，我的身份就会即刻暴露。我把这些话牢记在心，并且严守这一秘密。

第二天上午，我用母亲烧的一锅水给自己洗了个澡。之后，我穿好衣服，冒险跑到院子里玩，那里正好有一个名叫约西的男孩和我年龄相仿，于是我们就玩在了一起。还有几个楼里的孩子也在那儿玩，有的比我们小些，有的稍大些，但是只有我和约西成了形影不离的好朋友。

过了几天，罗马茨来看我们。他从背包里拿出几条面包、一些猪油和其他食物给我们。母亲接过这些食物，感谢了罗马茨一番，然后把它们贡献出来，作为大家的食物。罗马茨逗我玩了一会儿，在这个沉寂而严肃的环境里，他的短暂来访让我们感到了一丝欣慰。

约瑟夫的父母和我外祖父母年纪相仿。他们从不叫我安德拉什之外的名字，就好像我就是安德拉什·马莱舍维奇一样。我都怀疑他们是否知道我的真名，因为他们从来也没表现出知道我真名的样子。

正常的生活已离我们远去。这栋公寓楼就像一个村子，既有常住居民，又有从乡下来的躲避战乱的流动人口。在这里，女人比男人多，而且男人都年事已高，因为所有年轻男子都参军了。人们进进出出，通常是为了去面包店买些面包和寻找木柴什么的。我们与约瑟夫的父母真正相处的时间很少，但是对于这个临时的家，我们仍有种归属感。

母亲会帮忙打扫房间和做饭。我虽没有挨过饿，但吃的总是一个样——干豆子或者小扁豆，偶尔会有面包。公寓里除了做饭用的煤气炉，还有一个用来取暖的烧木头的炉子，但是木柴不多，所以每天只能烧上一阵，大部分时间我们在屋里也要穿上外套。

到了11月，天气变得更加阴冷，偶尔还会下雪，而时局也让人沮丧。然而有母亲在，即使是在这种奇怪的生活中，我也能捕捉到一丝温暖和一点点正常生活的影子，她的存在让我感到安心，让我有心思和约西一起玩。我的一天通常就是和约西一起在外面玩，冷了进来取取暖，然后再出去。我们的友谊是这段凄凉生活中唯一的亮点。

我不再上学，约西也一样。除了在院子里玩，我们无事可做。偶尔我们也会走出院子到大街上玩。大人们告诉我们不要走远，这话我是听得进去的，因为远离母亲会让我浑身不自在。

我看到墙上贴着大幅的海报。一幅彩色海报的背景是从头顶飞过的英国飞机或美国飞机，前景是一个小女孩，她的双手被她从地上捡起的一个内藏炸弹的洋娃娃炸掉了。小女孩望着飞机，她的脸旁印着一句话："为什么？"

但这不是这幅海报给我留下的最深印象，令我印象最深的是上面巨大的黑体字，提醒着人们收留犹太人或共产党员将会落得什么样的下场。它警告说，如果有人那样做被发现了，那么他将被"folkoncoljak"——这是一个我不认识的词，但我觉得它读起来非常可怕。一天晚上，我轻声问母亲"folkoncoljak"是什么意思，她把手指放在我嘴唇上，示意我别再说下去。后来，在房间里没有别人时，她才告诉我那个词就是"屠杀"，我明白后觉得它更难听了。

我从来也没有提过这些海报，约西也没有。有时我会在早上看到这些海报已被人用橡胶印戳盖满了共产党的红星。当然，我不知道是谁干的，不过这些红星给了我一种温暖的感觉，它们表明我并不孤独。但是对这些海报我从来都是一扫而过，不敢多看一眼，因为我害怕看得太久会遭到朋友的怀疑。

第四章 战时生活

　　这栋公寓楼里的难民不只有我们，还有其他几个人（主要是妇女），他们和几个房客搭伙住。其中有个女人长着一头红发，这差点儿让她陷入麻烦。

　　一天，我和约西正在院子里玩，当时刚下过一场雪，人们用铁锹在院子中央把积雪堆成一堆。当我和约西正准备坐在一个旧雪橇上从雪堆往下滑时，那个红发女人进了公寓的大门，后面跟着一个德国士兵。进门后，红发女人径直走入自己的房间，德国士兵则站在院子里。很快，她就拿着自己的身份证明走了出来。那个德国士兵非常仔细地检查了一下，然后把文件叠好还给了她，行了个礼就走了。

　　那个士兵走了之后，其他居民纷纷走出房间，想弄清到底发生了什么事，母亲也在其中。红发女人告诉他们，正是她那头红发让那个士兵以为她是犹太人，而且她随身携带的任何文件都难以证明她不是犹太人。我和约西继续在雪堆上玩，好像一切都与我们无关，但是我的心一直狂跳不止，好一会儿才平息下来。

第五章

科巴尼亚的圣诞节

游向彼岸

上图：德军在布达佩斯设置的路障的残骸。

右图：苏联军队接管布达佩斯后市中心一个广场的样子。

下图：撤离的德军炸毁了连接布达和佩斯的所有大桥。

我的第一个圣诞节是在科巴尼亚度过的。当时我对圣诞节知之甚少，只知道它和礼物有关。约西家有一棵用松树枝充当的"圣诞树"，给我留下了深刻印象，当时他们邀请我去他家过圣诞节并交换礼物。他们把松树枝支在桌子上，但因为装饰物太多，这棵小"圣诞树"有些不堪重负，其实那些装饰物更适合挂在一棵真正的圣诞树上。

在当时的情况下，你在外面是买不到礼物的，因为人们都不再工作，即使你有钱，商店不开门也没用。约西送给我一些他自制的小礼物，而在母亲的帮助下，我也为他动手做了些礼物，那是一套警察随身携带的用品：一个勉强能当作徽章的东西、一个警笛，还有其他几样小东西。我们在圣诞树旁玩了一会儿，然后带着我们的新礼物出去做游戏。圣诞节真是有趣。

几天之后，我被一种奇怪的声音吵醒。这种声音就像有人把摞在一起的厚木板从空中抛到地上发出的声音。一阵巨大的撞击声后，我们会拥有片刻的安宁，随后又是一阵撞击声。当"木板落下"时，我周围的大人们便停止了谈话。在我看来，他们好像屏住了呼吸。母亲告诉我这是苏联人发射大炮的声音。我很好奇，就和约西跑到外面，想更清楚地听到大炮的声音。

一天上午，我刚从厕所回来，院子里就发生了爆炸。那听起来一点儿也不像厚木板的撞击声，而是和我想象中的爆炸声一样：声音巨大而响亮，持续时间长，有回声，然后是被炸成碎片的房顶瓦片、砖头和被炸飞的木片等发出的嘈杂的声音。人们吓得呆坐在那里，好像在等待新一轮的爆炸。过了一会儿，看到什么也没有发生，我们就走了出去，发现通往厕所的门被一颗炮弹的碎片炸碎了。我盯着那些碎片，想着仅仅几分钟之前我才从那扇门中走出来。

大人们决定搬进地下室，那里是躲避这种炮击的最安全的地方。与基拉伊大街的公寓大楼相似，这里也有一个中央地下室，而且每个公寓单元还另有供住户储存东西的地下室。人们从房间里把简易床和财物拖进地下室，在那里安顿下来。与我们同住的是那个曾被德国士兵认为是犹太人的红发妇女和另一个女人。

我们搬进地下室真是对了，因为后来的情况变得越来越糟。先是停电，一两天之后水也停了。后来水时断时续地给，一来水，人们就竭尽所能地在找得到的每一个锅和桶里都储满水。只有出去寻找食物时，人们才会离开这栋公寓楼，而这种尝试大都无功而返。但是，偶尔也会有女人发现开门营业的面包店卖新鲜出炉的面包，通常这时她会跑回来将这一消息通告大家，好让大家赶在面包卖完之前都去买些回来。

地下室很暗，边上堆满了木头和煤。煤灰落得到处都是，我们的衣服和行李自然难免遭殃。每个地下室房间的天花板上都伸出一根电线，上面吊着一个光秃秃的灯泡；但是因为没电，我们在地下室点起了煤油灯照明，结果烟雾缭绕，让地下室更显脏乱。大多数人都有用来煮豆子的小炉子，而豆子便是我们的一日三餐。但是，小炉子并不能抵抗严寒和潮湿，所以我们整天都穿着大衣，甚至睡觉时也是如此。我们别无选择，只有麻木地适应。

在地下室里的时间很难熬，那里光线太暗，无法读书。一些男人在玩牌，女人们则负责寻找食物，搜寻补给品和做饭，而几个孩子则在一旁碍事地晃荡。因为炮击，大人们不允许我们出去。大炮的响声成了连续不断的背景音。起初这还让人感到害怕，但仅仅几天之后，我们就习惯了炮声，完全不把它放在心上了。

一天，一个孩子的父亲想激发我们开展一项有益的活动。他把所有的孩子召集到地下室的一角，因为生着炉子，那里让人感觉很舒服。他说，对我们来说，进行基督教的教理问答练习会是一个不错的活动。所有的孩子，包括我，都点头表示同意，但我实际上吓得惊慌失措，因为以我对教理问答仅有的一点儿认识，它和天主教有关，那么这个活动就是关于天主教的，而我确定，在这方面的无知将立刻泄露我的身份秘密。

那个人开始问其中的一个孩子。我尽可能不去看他，以免他注意到我。那个孩子的回答让他比较满意，所以他接着问下一个孩子，这个孩子与我只有一人之隔。再有一个问题就到我了。这时，我站起来给自己找了个借口："我要上厕所。"那人点了点头，就把注意力转向了他正在提问的孩子身上。

我跑向母亲，脸紧贴着她的脖子轻声地告诉她发生了什么。她紧紧地抱着我说："你不能再回去了。"然后，她大声地对我说该帮她一把了，接着就开始指使我干活儿。我再也没有回去做那要命的教理问答练习。

这一经历促使我在此后尽可能地避开那些孩子，我可不想在另一个教育游戏中授人以柄，被当场识破。

在地下室里安顿下来一两周后，一群苏联士兵出现在我们的公寓楼里。没有鸣枪，没有战斗，他们只是走进公寓，进入地下室。虽然进来时很随意，但是他们每个人都拿着一支冲锋枪。苏军冲锋枪与德军冲锋枪不一样，苏军冲锋枪更像步枪，只是子弹装在连接枪管的圆鼓形弹匣里。

这些苏联士兵胡子拉碴的，衣服皱皱巴巴，看起来疲惫不堪。他们一共有10到15个人。那个带队的士兵看起来与其他士兵没什么区别。他说德语，这让楼里的几个住户可以与他们沟通。其他士兵中有几个也会说一点儿德语。公寓楼里有个老头来自匈牙利的某个地方，那里的人说某种俄语的方言，所以他就成了不会说德语的苏联士兵的翻译。

士兵们检查了地下室，之后在楼上的房间里安顿下来。他们虽不十分友好，但也没有什么敌意。他们留给我们一些面包，这些面包与匈牙利的不一样，它们形状像砖头，颜色较深，而且还酸酸的，但是能得到这些面包我们已经很高兴了。

初次碰面后，他们就几乎不管我们了。他们每天一早就离开公寓楼，晚上很晚才回来，就好像去上班一样。

炮火持续不断，我们仍待在地下室里，但是有苏联士兵在那儿，我多了几分安全感。他们不是德国人，而且他们把德国人赶了出去。

那个带队的士兵——母亲说他是个中士——经常用德语与母亲闲谈，而且经常到地下室来看我们。以前，除了匈牙利语，我从未听母亲说过其他语言，所以看她那么流利地与那个士兵对话，我很吃惊，对此印象颇深。有一次，我和母亲还有那个士兵单独待在我们的地下室里，在与他交谈了几句之后，母亲转向我问道："安德里什，你还记得'Modim anachnu lach'吗？"我记得这是一年前我上一年级时学会的希伯来祈祷文的第一句,那时我在学校每天都要背诵祈祷文。我呆了一下,因为我是不应该记住这种东西的。母亲说:"现在说没关系。如果你记得这句话,就说给中士听。"我这么做了,中士的脸上随即绽放出灿烂的笑容,他拍了拍我的头。那天晚上,我和母亲在简易床上依偎在一起,她轻声对我说,那个中士是犹太人,他的家人全部被当时在苏联的德国人残忍地杀害了。母亲告诉我他叫艾。

另一天晚上,我们躺在简易床上,我已经快睡着了,这时有人来到我们的地下室。借着灯笼的光,睡眼蒙眬的我认出来人是偶尔充当翻译的那个老头儿。他对母亲和另外两个女人说了些什么,然后他们发生了争执。我不知道他们在争论什么,但我能感觉到这三个女人情绪很激动。

随后一个苏联士兵进来了,在挥手示意那个老头儿和另外两个女人离开后,他关上了门并从里面锁上,然后用他的冲锋枪顶住门。他坐在我们的床边,不怀好意地笑着。母亲先是用匈牙利语跟他说着什么,然后又换成德语,而他只是继续坏笑着。他用食指戳了戳母亲的胸口,又用手指向自己说"安德烈",好像是在说他的名字叫安德烈。母亲指着我也说"安德烈",我猜想,匈牙利语的"安德里什"翻成俄语可能就是"安德烈"。

那个苏联士兵还是咧着嘴坏笑,而且再次用手指戳向母亲的胸部,母亲从床上起身抱起我。那个士兵挪走他的枪,打开门让母亲把我抱走。我被抱到另一间地下室,母亲把我交代给那儿的一个女人,然后又返回我们的地下室。那个女人把我放到床上,用胳膊搂着我,我躺在那里忐忑不安。我不知道母亲遭遇了什么,也不清楚什么在等待着我们。我感到胸口堵得慌,几乎喘不过气来。

过了一会儿,母亲回来接我。她又气又紧张,再次抱起了我,这有点儿不对劲，因为我已经很沉了，母亲早就不怎么抱我了。她把我放回床上，我们就睡觉了。那天夜里晚些时候，又有几个苏联人闯进我们的地下室。母亲冲他们大喊，说什么三个女人今天都已经做过那事了。犹豫了一会儿，他们就离开了。

第二天早上，我看到母亲的脸上带着一种令人害怕的坚定表情，她粗暴地让我快点儿穿上衣服，这个时候我自然明白不能与她争辩什么。然后，母亲抓着我的手，带我离开了地下室。走出公寓楼之后，她加快了脚步，在街上急速走起来，直到碰到苏联巡逻队。她直接走过去，向他们打起了手势，询问一个叫GPU①的机构在什么地方。苏联人给她指了一个方向，我们继续往前走。我不知道这是要干什么，也不知道GPU是做什么的或者谁是GPU。

在停下来问了几次路之后，我们在一栋住满了苏联士兵的公寓楼那里停了下来。母亲似乎在向他们打听着什么，接着，我被母亲牵着，随他们到了一个房间，那里有一位说德语的军官，他们进行了简短的交流。军官点了点头，说了些什么，而母亲好像在感谢他。然后，我们转身出来了。院子里的士兵盯着我们，什么也没说。

我们回到了所住的公寓楼。因为一路跟着母亲走得太快，我气喘吁吁的。回来时，艾正在院子里等我们。他的表情十分严肃，看到我们后他示意母亲跟他走，而我则被送回了地下室。

后来母亲回到了地下室，看上去很烦躁。那天晚上，艾来地下室找我们，我们跟着他来到楼上的一个房间。他那组士兵都在屋里，有几个士兵之前没见过，白天早些时候和母亲说过话的那个军官也在。

---

① 苏联诞生后，苏联国家政治保卫总局（OGPU）隶属于内务人民委员会（NKVD）。
——编者注

母亲面对着这些苏联士兵，一个接一个地目视他们的眼睛，但都摇头示意不是要找的人。当她面对安德烈时，我屏住了呼吸。安德烈自己也红着脸，好像也在憋着气儿。但母亲只是停顿了一下，就摇头示意不是他。我猛拉了一下她的手，她也同样拉了我一下，语气十分强硬地对我说"安静"，阻止我说出实情。排查继续进行，直到母亲对屋内的每个苏联士兵都摇头示意不是为止。讨论了一番之后，其他的苏联士兵都转身走了，我们也回到了地下室。

那天晚上躺在床上，母亲向我解释了一切，艾告诉她，如果她把安德烈指认出来，安德烈就会被立即枪决。但是这样一来，他的同伴一定会向地下室扔手榴弹，把我们都杀死，所以她决定不指认他。

过了一段时间，炮击渐渐减少了。苏联人从我们的公寓楼里撤出，继续前进，我们则搬回了楼上。1945年1月中旬的一天，我正在院子里堆雪人，母亲走出房间招呼我过去，样子看起来有点儿奇怪。把我拖进房间后，她关上门对我说，艾之前回来告诉她，截至昨天，佩斯那边的德军已经全部撤离了。他们撤到了布达那边，并在撤离之后炸毁了多瑙河上的大桥，以阻止苏军的追击，但是，这也阻断了他们自己的退路。瞬间，一种强烈的解脱感袭过全身，我差点儿晕过去，就好像我憋了好长一段时间的气儿，终于又可以呼吸了一样。

但是，母亲的表情告诉我还有别的事。她接着说："我认为是时候让你做回安德里什·格罗夫了。"我感到震惊，因为我已经彻头彻尾地变成安德拉什·马莱舍维奇了，所以有那么一刻我很困惑，然而只过了片刻，我就沉浸在使用真名的意义重大的自由之中了。

就在这时，我听见约西叫我出去和他一起滑雪橇，我就出去了。

我想把我的秘密告诉他，却不知如何表达，也找不到适当的时机。所以，我们只是在公寓楼周围的雪地里滑着雪橇，而我什么也没说。当我们玩够之后往回走时，我突然大声说："你知道吗，我以前没有告诉你实情。我不是我跟你说的那个人。我不叫安德拉什·马莱舍维奇，我叫安德里什·格罗夫。我之前必须改名，因为我是犹太人，如果我用真名，他们会把我带走的。"和他说这番话时，我都没有看他一眼。

他毫无反应，只是拖着雪橇向他住的房间走，和我挥手告别之后，就进了屋。

我继续在院子里堆我没堆完的雪人。大概过了半小时，约西的父亲出现在他家门口，并对我喊道："安德里什，过来一下。"我走了过去，不知道会发生什么。他以前对我并非不友好，但是除了圣诞节，他从来没有邀请过我去他们家。

我走进他家厨房，约西的父亲让我在餐桌旁边的一个凳子上坐下。他另给自己拉出一个凳子，还拿出一张纸和一支铅笔，然后问我："你说你叫什么名字？"

我能感觉到我的脸正在发热。安德里什·格罗夫，我告诉他。我坐在那里看着他。他继续问："你住在哪里？"我的脸更热了，不过我还是告诉了他。"你父亲在哪里？他在战前做什么工作？"

就这样，他一个问题接一个问题地问着，并慢慢地仔细记下我的每个答复。然后他看着我，一言不发地折起那张纸，起身走到一个装满衬衣的橱柜旁，把那张叠起来的纸塞进那堆衬衣下面。他一脸严肃地感谢我的配合，而我也同样严肃地回答说不用客气。

我起身离开了他家。一到外面，我就因为恐惧以及从内心涌出的憎恶而浑身发抖。

我发现母亲还在公寓里，就把刚才发生的事一股脑儿地说给她听。但我喘得厉害，几乎说不出话来。好不容易说完后，我们静静地凝视了对方好长时间。我仍然觉得呼吸困难，而她则像是屏住了呼吸。然后她说："这对他没什么好处，纳粹已经走了，走了。"我点头表示同意，却说不出话来，仇恨让我哽咽。

在艾告诉我母亲德国人已被赶出佩斯的几天之后，母亲认为是时候回我们基拉伊大街的家了。有轨电车当然还没有恢复运行，所以回家就意味着在冰雪覆盖的街道上步行10英里。

出发的前一天晚上，我们仔细地做了准备。母亲借了一个背包，除了装上我们所有的衣物，还装了些食物。第二天一早，在和邻居道完别并和约瑟夫叔叔的父母拥抱之后，我们就出发了。

被白雪覆盖的街道空荡荡的。坦克和运兵的装甲车碾轧着积雪，留下的车辙已冻冰变硬。起初，除了偶尔有苏联巡逻队经过，我们没有看到太多战争的迹象。但是，随着我们继续往前走，街景开始变了。

我们看到大街上有被丢弃的有轨电车，上面的输电线已经断开，扭曲着落在电车旁边的地上。四周散布着被烧毁的军车残骸，既有德军的，也有苏军的。随着我们接近市中心，房子开始显示出历经战火的迹象。一些大楼上有很大的圆洞，透过圆洞，我们能看见被炸毁的公寓房间的内部摆设。街上到处都是炸碎的砖头和迫击炮的碎片。走到哪儿，你都能在大楼外墙的灰泥上看到子弹的痕迹。窗户全被炸飞了，脚下一片碎玻璃。

街上静得可怕，也没有行驶的车辆。路上见不到几个人，大家都偷偷摸摸地走着，尽可能地不引起别人的注意。路上能见到的主要是女人，她们把自己裹得很严实，罩着方巾的头低垂着，所以你很难看清她们的脸。

我们继续往前走。在一个十字路口，我看到一个男人脸朝下趴在地上，四肢伸开。这是我第一次看到死人，走过去后还禁不住回头看他，母亲猛地拽了我的手一下，警告我注意脚下的路。

继续走过了一条街，我看到前方有个奇怪的东西。走近一看，是一匹死马四肢伸开地倒在街边。一位老人蹲在马的旁边，正在用一把菜刀割冻住的马腿。他割下一片一片的肉，放进身边的桶里。我们经过时，他都没有抬头看我们。

越接近市中心，战争造成的破坏就越严重。我好奇地四处张望着，感觉自己好像在梦里。这里已经不是几个星期前的那个布达佩斯了。仅仅两个月的时间，它就变成了另外一个世界。

如在梦中的感觉让我忘记了疲倦，但我不愿去想旅程的尽头是什么在等待我们。我只是麻木地、一言不发地继续向前走。又走了一会儿，我就对看到的任何景象都见怪不怪了。

我们想在我父母的一个朋友家里稍事休息，便停了下来。这个朋友是犹太人，他曾是匈牙利军队里一位被授过勋的军官，因此他不用搬进为犹太人指定的房子或居住区，而他和他的家人也可以不受那些用来约束其他犹太人的规则的限制。母亲确信他在家，而且我们真的很想休息一会儿。

我们爬上他家所在公寓楼的三层，敲了他家的门，但是没人应答。一些邻居听到我们的敲门声后，走出来告诉我们他家发生的惨剧。箭十字党把他们全家带到附近的一片空地上枪杀了，他的勋章也没能救下他自己和妻子以及他们那几个比我还小的孩子的命。沉默了一会儿之后，母亲转身拉着我的手离开了。

我们前往我们离开前最后住过的地方——位于厄特沃什大街的犹

太人住的房子。战争并没有怎么损害到这座房子。我们到达时，已经有人在我们的房间里住下来。我们放下背包，就立即奔向我们位于基拉伊大街的自己的家。所有窗户的玻璃都炸没了，但是公寓大楼还立在那儿。

我们敲了敲看门人的房门，他的妻子开了门。在短暂的震惊过后，她紧紧地抱住了我们。看到我们她真的很高兴。她说："真的想不到你们会回来。"

母亲看了她一会儿，然后平静地说："我们回来了。"

看门人的妻子告诉我母亲，已经有人搬进了我们家，而且大部分家具都被搬走了。然后她让我们给她些时间把我们的家收拾一下，于是我们又回到先前那栋犹太人住的房子，与那些已搬进我们曾住过的房间的陌生人过了一夜。

第二天，我们回到了位于基拉伊大街的家。我们的家已被腾出来，窗户已用厚厚的褐色包装纸糊上，挡住了寒冷的空气，但同时也挡住了光，所以屋里看起来如同黄昏时刻那么暗。一些家具已经不知去向，剩下的家具也没有摆在原来的地方，而是错乱地放着，这让我们的公寓看起来不像家。房间里很脏，到处是灰尘、泥土和沙粒。走廊里有一张床，床垫中间有一个大口子。母亲双唇紧闭，一言未发。

但是我们的东西被我们一点点地找回来了。虽然我们没指望能找回全部的东西，但是布置一番后，这套公寓看起来又像以前的家了。

第六章
回到布达佩斯

游向彼岸

右图：10岁的我站在公寓前的人行道上。

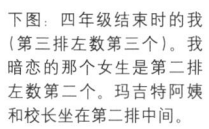

下图：四年级结束时的我（第三排左数第三个）。我暗恋的那个女生是第二排左数第二个。玛吉特阿姨和校长坐在第二排中间。

战争虽然结束了,但是布达佩斯还被占领着,只是这一次是被苏军占领。我们刚回到自己家住下,看门人就替苏联当局传话说他们想让我们所有人都上街扫雪,即便是只有 8 岁的我也逃脱不了。因为没有足够小的铁锹供我使用,他们便给我找了把锋利的锄头,让我用它把人行道上的冰和冻住的雪一点点地铲下来。

那年冬天余下的时间里,我们经常被叫出去扫雪,不过我们之中没有人干得特别拼命。毕竟我们扫雪只是被迫为之,而不是因为对此有多大的热情。对我们来说,这更是一个聊天和交流信息的好机会,我们也因此了解到亚尼已被苏联人逮捕并送到了战俘集中营。

母亲拉着她碰到的每一个人打听我父亲的情况,但答案总是"不知道",不过这并不能阻止她继续问下去。她每时每刻都在打探我父亲的消息,总是打断别人的谈话,甚至向前一天她刚问过的人询问情况。她没完没了地打听让我觉得很烦,像有只苍蝇在我头顶嗡嗡乱飞一样。然而,我们从未得到关于父亲的任何消息。

生活一步一步地回归了正轨。在我们回家后不久,吉兹和她丈夫欣科就回来了,还是住在那个挨着厨房的小房间。有人照看我让母亲很放心,于是她动身前往乳品厂总厂所在地巴乔尔马什看了看。她在包里塞满了多余的衣物、银器和瓷器,用来交换食物。一两天之后,她就带着新鲜的奶酪、酸奶油、意大利香肠,以及我几个月都没见过的东西回来了。我看到这些东西后乐得上蹿下跳。

母亲讲述了她在这次出行中所受的折磨。铁路虽已开始通车,却并不按时发车,而且车上的拥挤程度超乎想象。母亲来回都坐的火车,但是只能和很多人一起坐在车顶上。他们必须紧紧抓着车顶板和旁边的人,以免从上面掉下去。

不久,欣科和母亲开始频繁出行。后来,母亲将以前作为乳制品批发商店的那个店面重新开张(同布达佩斯的其他商店一样,它也因战争而关闭。不过幸运的是,这个店面没有像其他商店一样被损坏)。母亲开始销售她和欣科从乡下带回的乳制品,勉强支撑着乳品店的生意。

当欣科不忙于乳品店的事或打理公寓时,他偶尔会带我去城市公园玩。他会让我坐在他那辆破自行车的横梁上,然后沿着基拉伊大街飞快地骑行。路上有很多战争留下的车辙和凹坑,每颠一下,我的屁股就被横梁硌一下。但我并不在意,这种外出机会总是很难得。

城市公园里也没什么可玩的。我没有同龄的朋友,欣科又不是个称职的玩伴,所以,我们只是骑车随便转转,在崎岖不平的路面上颠簸一番。我很想学会骑车,有时欣科会让我坐在车座上,而他则推着车走,但是我的脚够不着脚踏板。

春天到来时,母亲变得非常忙,她要经常去巴乔尔马什料理生意。学校已经开学了,一些孩子回到学校上课,但母亲觉得我应该晚一年再上。

母亲和我决定把小房间作为我的房间,但是没过多久,拥有自己的房间就没什么新鲜感了。母亲顾不上管我,我总是自己一个人待着,四处闲逛,百无聊赖。但是,当我碰见加比之后,闲逛就变得兴味盎

第六章　回到布达佩斯

然了。

加比·弗莱纳与我没有亲戚关系，但我们如同亲人一样。他母亲是附近一家烟草店店主的女儿。那是一家老店，母亲经常去那儿买香烟、明信片和邮票，而我偶尔会去买些糖果。烟草店店主一家和我母亲之间的关系一直很亲密。我们两家还有一些共同点：加比的父亲也和我父亲一样，被带到劳工营去了，至今没有回来。战前我就和加比相识了，但那时我们私交一般，而现在我们变得形影不离。

加比和我年龄相仿，身高也差不多，只是我有点儿矮胖，而他很瘦。他长着一头浅棕色的直发，而我则是黑色的卷发。加比比我有魄力，所以他自然而然成了我俩冒险活动的指挥者。

我们的第一个冒险活动就是在社区里探险。街道对我们来说就是一个大游乐场，那里到处是碎石和被炸毁的建筑物。我们在碎石堆边溜达，呆呆地注视着那些被炸毁的建筑物，只有到了吃饭时才会回家。我们就像在度一个漫长的假，而与此同时，所有的大人都在忙于使生活重回正轨，所以没什么人注意到我们。

一天，加比带我去一个离家几个街区远的小杂货店，它是在一家被炸毁的店面的废墟上建起来的。那家店的窗玻璃都被炸飞了，还没有换上新的。所有商品都摆在敞开着的窗户上，外面有一扇网状的铁纱窗拦着。店里有土豆、卷心菜、洋葱和其他生活用品，而且，他们还卖糖。

加比和我透过铁纱窗向里面偷窥。在看到店主正忙着接待一位顾客时，加比用胳膊肘推了我一下，然后飞快地透过铁纱窗的空隙抓了把糖，我紧随其后也这么做了。没有人看见我们，但是我们在街上一通猛跑，好像有人在后面追我们一样。当我们跑得上气不接下气时，我们便停下来吃些糖，剩下的糖被我们装进了口袋。这不是什么好糖，没有我记忆中的糖好吃，但偷来的东西吃起来的确别有一番滋味。然后我们就逛回了家。

我们回去时母亲也在家。她有一种神奇的能力，每次我做了什么坏事或者撒了谎，她都能明察秋毫，这次自然也不例外。她用令人生畏的眼神打量着我们，仅用几个切中要害的问题就判断出我们做了什么。她很生气，在气头上她命令我们把剩下的糖送回去，并向店主道歉。她给了我们一些钱，以支付我们吃掉的那些糖。

我们磨磨蹭蹭地回到那家店，速度比之前去时慢多了。母亲走在后面与我们保持着一段不远也不近的距离，以确保我们会做我们应该做的，同时让店主可以没有顾虑地向我们说出她的真实所想。店主不需要太多解释就明白了我们的来意。我们一张开脏兮兮的小手，把糖和钱交给她，她就知道发生了什么。她接受了糖、钱还有我们的歉意，然后我们就离开了。这次不光彩的经历就这样结束了，但是我们的冒险行动还在继续。

因为不上学，缺乏有组织的活动，也没什么玩具，我们必须换着法儿地玩以娱乐自己。不过我们不用花什么钱。我们公寓楼的主楼梯从一层一路盘旋到顶层。一个雨天，加比和我从主楼梯爬到了顶层，从楼梯井往下撒尿，水流下落的样子以及水滴砸到两层楼之下的石头地板上的情形真是让人惊叹。

但等到那天晚上母亲回家时，我知道我有大麻烦了。一定是有人撞见我们干坏事并向母亲告了状。她把我叫进浴室，冲我大吼，在我还没有反应过来时，她已开始用木勺的柄打我的屁股。虽然我偶尔也会挨个耳光，但是从未挨过打。母亲下手毫不留情。我开始大叫，紧紧抓住毛巾杆往墙上贴，试图通过这种方式让自己变成一个尽量小的目标。但是，母亲仍然在训斥，仍然在举着那个木勺柄往我身上砸。

第六章　回到布达佩斯

最后,她终于停了下来,我们都不说话了。在我们俩一通大喊大叫之后,这种沉默就像我灼痛的屁股一样,让人更加难受。我走进自己的房间,在床上躺下,试图找到一种让屁股不疼的姿势,但是失败了。为转移注意力,我拿了本书看,却只能一遍遍地读着同一个段落,直到最后放弃。我头枕着枕头,心里为自己感到难过,不知什么时候就睡着了。

第二天,我的大腿后面全是一条条青紫的伤痕,有些伤痕就暴露在短裤遮不到的地方。我去商店找母亲时,她的合伙人发现了这一情况,数落了母亲一通。这多少让我好过了一些,不过,我也长了记性,再也不从楼梯井往下撒尿了。

随着天气变暖,我和加比开始去城市公园玩。有一次,我偶然发现了一个步枪的弹夹,里面有 6 颗锃亮的、没有用过的子弹。这可真是件宝贝。

我将弹夹带回家,开始有目的地研究我家的公寓。浴室和吉兹房间的窗户开向通风井,光线可以从通风井上方照进来。因为挨着我们的公寓大楼已被拆除,光线也可以从侧面照进来。通风井的底部与我家的地板在同一高度上,我可以从浴室窗户爬出去,把它假想成我的私人小院儿。不过,我得万分小心,以免掉下去。这块地方大约 6 英尺见方,下面是水泥,其他三面全是砖,是一个藏东西的好地方。

我从浴室的窗户爬了出去,手里抓着弹夹。我四下望了望,发现浴室窗户下面的灰泥有些松动,于是用手抠了抠,结果抠下了一大块灰泥,在窗户下面抠出一个洞,而弹夹正好能放进去。我把它推进去藏起来,然后再把抠下的那块灰泥扣上。从那以后,我不时地从浴室窗户偷偷爬出去,查看我的宝藏还在不在。我总是非常小心,因为我听说小孩经常会因玩弄未爆炸的弹药而被炸掉手指,我可不希望这种事发生在自己身上。

1945年4月初，战争真正结束了。在4月中旬之前，最后一批德军和箭十字党被赶出了匈牙利。布达佩斯逐步走向正轨，城市的各项功能得以恢复，市貌也在逐步还原。渐渐地，窗户上的纸被真玻璃代替了，街上的碎石堆也被清扫干净。部分线路的有轨电车再次开通，商店因陋就简地开始营业。对于食物，政府实行了定量配给，不过因为有农民从乡下进城来卖农产品，食物的种类也在逐渐增加。苏军还驻守在布达佩斯，巡逻、站岗，同一年前的德军所做的一样。我几乎忘记了自己生活中没有士兵的样子。

生活重新步入正轨的首要标志就是报纸又出现了。和我年龄相仿的报童吆喝着报纸头条，沿街穿梭着推销报纸。8月的一天，报童们发疯地挥舞着手中的报纸喊道："自动炸弹轰炸日本！自动炸弹轰炸日本！"我对所谓的"自动炸弹"一无所知。别人告诉我，那是一种非常强大的炸弹，威力大到可以结束一场战争。果然，几天之后，报童就喊叫着战争结束了。

母亲和我并没有专门为此庆祝，因为这已不是什么新闻。对我们来说，1月的那天，当艾告诉我们最后一拨德军被赶出布达佩斯时，战争就已经结束了。

人们开始在他们消失的地方重新露面。亚尼在被苏联人带走后不久就被放了出来。他曾来看望我们，从穿着来看他的情况不是太糟。

母亲依然执着地打探着父亲的消息，她像询问从其他地方来的人一样，也问了亚尼同一个问题：是不是见到过我父亲，或者听到过关于我父亲的消息。而答案仍然是"没有"。这种强迫性的询问让我极不耐烦。显然，那个让她满意的答案也许永远也不会出现了。我已经不太记得父亲，而且本来就已经模糊的记忆又被母亲的这种执着搅得更加模糊。这是另一件让我生气的事。每次她询问或强迫别人说关于我父亲的情况时，我就大为光火。

后来在 8 月的一天下午，曼奇姑姑来到我家。我最后一次见到她是在大克勒什，当时父亲和姑父米克洛什要乘坐军用火车前往苏联前线。曼奇说她刚刚乘坐一列拥挤的火车从集中营回来，先过来看看我们，再回小克勒什的家。

她看起来很糟，我几乎认不出她了。她个头本来就小，现在又瘦骨嶙峋。她神色慌张，表情冷漠。她告诉我们，她和我奶奶以及住在小克勒什的我父亲的所有亲人都被抓走了，很多人都惨死在波兰一个叫奥斯威辛集中营的地方。

吉兹做了一大锅面条，我目瞪口呆地看着曼奇狼吞虎咽地吃得一点儿不剩。之后，她对我母亲讲述了她所经历的一切，然后母亲又把她的话转述给我听。德国人拆散了她和她的家人，对此她提出了抗议，表示想和他们一起走，但是德国人没同意。战前她是一个手艺精湛的女裁缝，所以德国人把她运到一个工厂为他们做衣服。而她的其他亲人都被送进了毒气室，只有她得以幸存。

曼奇和我们小住了一阵。火车几乎每天都来，通常是在下午的时候，它会把战俘从苏联前线运回来。母亲和曼奇形成了一种习惯，她们会一起在傍晚的时候去西站——通常还带着我，盼着火车进站。去那里寻亲的有数百人。通常，没过多久一列火车就会进站停下来。然后，骨瘦如柴、衣衫褴褛的虚弱男人们便从车厢里涌出来，他们会在等待的人群里寻找熟悉的面孔，而我们也同样在他们中间寻找着。

我们希望能看到曼奇的丈夫米克洛什和我父亲，但是他们没有回来。

过了一段时间，曼奇回小克勒什的家了，米克洛什仍没有音讯，也不知道他能不能回来。母亲和我仍继续着每天下午去火车站寻找父亲的行动，但是，我们连认识的人都没发现一个。

9月初，母亲听说有列火车运的是苏联一个集中营的战俘，她不知怎么就认定父亲曾待在那儿，所以我们又一次前往火车站搜寻父亲。从家到火车站的距离不算短，但来回只能步行。要走那么远的路，还得站在坚硬的水泥站台上，被拥挤的人群挤来挤去，眼睛一刻不停地盯着从车里涌出的男人，寻找着父亲的踪影，结果却总是无功而返，这一切都让我感到厌倦。

第二天我们又去了。我本不想去，因为我去也没有多大用，我对父亲的样貌一点儿印象也没有了，但母亲还是坚持拉着我一起去，结果我们又一次失望而归。

到家时我们又渴又累，疲倦地坐在厨房里喝着东西。突然，母亲从椅子上挺直了身体，两眼发直地盯着墙，好像墙在跟她说话似的。我问她："怎么啦？"

她让我别作声，然后继续听着什么，接着就非常激动地说："我想我听到你父亲的口哨声了。"我父母私下里有一个暗号，他们会吹一首流行歌曲的前几个小节。

我被惹恼了，抗议地说她是在幻想。她不理我，随后从桌旁跳起来，穿过走廊跑向大房间。她将身体探向窗外，靠着栏杆在大街上来回搜寻着。我很不情愿地跟着她，从另一扇窗户向外看。然而，公寓楼前的那条街上黑乎乎的，根本没有什么人。我站直身体，生气地说："我告诉过你，你是在幻想。"

此时，门铃响了，母亲转过身跑向门厅，我跟在她身后。吉兹刚好打开门。一个身体衰弱、穿着一身破烂军装的邋遢男人站在门口。

第六章　回到布达佩斯

吉兹在一旁盯着他，如失语一般。母亲站在那里，仿佛变成了一尊雕像。然后突然间，她缓过神来，跳到那个男人的身上，紧紧地抱着他。我则被撂在一边，独自站在那里。我想，这个人一定就是我的父亲了。

他们俩就在我家门口忘情地拥抱在一起，门还开着，和我家同住一层的两个老姑娘正要出门，刚好经过我家门口。她们往里面看了一眼，然后就停在那里盯着看。当她们意识到正在发生的事时，她们为自己的打扰说了声"对不起"后就走开了。不过，自始至终我父母也没有注意到她们。

父亲终于走过来拍拍我的头。我有些不知所措。这个人毫无疑问正是我的父亲，可我却觉得他很陌生。我应该爱他，却不敢确认自己的感觉。我只知道，就在我反复向母亲强调他不会回来、不会回来之后，他却回来了，而且现在就站在那里，对此，我感到很尴尬。

突然他转身进了大房间，直接走到衣柜旁，打开衣柜，好像在特意翻找着一件衣服。找到之后，他把那件衣服拿到灯光下细心地检查着，特别留意了衣服的扣子。在找到那颗有道裂纹的扣子后，他仔细端详了一下，然后便开始放声大哭。后来他解释说，在战俘集中营时，他得了一种致命的疾病，后来有幸得以康复。为了检验自己的神智是否恢复正常，他开始回想自己之前穿过的衣服。他明确地想起了这件扣子上有裂纹的衣服，对这颗扣子的准确记忆，充分证明了他没有丧失记忆。

吉兹正在浴室的火炉里生火，好给我父亲放一盆洗澡水。很快他就泡上了澡，全身裹着肥皂泡。母亲在浴缸旁边坐下来看着他，而我则从浴室门口往里面看，不清楚自己是何感觉，也不知道该说什么。他的胳膊和腿瘦得像棍子，关节因此显得十分突出，他脸上胡子拉碴的，看起来比乞丐还糟。

过了一会儿，他转向我，微笑地问道："安德里什，妈妈和我，你最喜欢谁？"

我使劲咽了口唾沫。我知道什么答案会取悦他，但是我不能那样说。我看向一边，然后说道："我了解我妈妈，但不了解你。"看起来他对这个答案还算满意，他招呼我过去，然后又拍了拍我的头。

起初，父亲在家里还像个陌生人，但这一局面没有持续多久。经过精心照顾，他很快恢复了体力，之后就立即回到了乳品厂。后来，他在政府经营的一家百货公司找了份固定工作，当上了经理。同时，母亲继续在乳品厂帮忙。家里的生活发生了变化。亚尼和罗马茨还是经常来我家，而父亲的其他朋友现在也经常顺便来访。家里的气氛又像战前一样活跃起来。

但是，并非一切都遂人心意。

关于失踪之人的消息不断传来，但都不是官方的正式通知，而总是某个从集中营回来的人，带来了另外一个曾和他被关在同一个集中营里的人的消息，那个人的亲戚因而得以了解到自己失踪亲人的情况。我们就这样得到我两个舅舅米克洛什和约西的消息——米克洛什活了下来，而约西则死了。

父亲回家几个月之后，母亲变得有点儿不对劲儿，好像是病了，但看起来又很正常。我父母进行了好多次深入的交流，但我没法理解他们谈论的内容。过了不久，母亲告诉我他们必须去看一位妇科医生。

他们去看医生的那天，电车不开，于是他们只得步行去了那个大夫的诊所，然后父亲搀扶着母亲又走回家。到家时母亲脸色苍白，父亲扶她在大房间的沙发上躺了下来，她闭上了眼睛。

又过了一段时间，我才知道母亲之前是怀了孕，但是父母觉得把一个孩子带到我们所生活的这个混乱的世界是不对的，所以他们选择

第六章　回到布达佩斯

堕胎。

我当时还不明白什么是堕胎,只是隐约觉得母亲应该是怀上了小宝宝。不过,我总是没来由地猜想那一定是个女孩——一个我无法得到的妹妹。

1945年9月底,我已满9周岁,学校重新开学了。我直接注册上了三年级,那个学校附属于法索里犹太男孩孤儿院,就是我之前在那儿上过一年级的学校。因为跳了一级,所以每天下午我都要去补习我在二年级应该学的课程。我的辅导老师是玛吉特阿姨,也是我三年级的老师,所以,她知道我该补些什么。

二年级的补课内容令人厌烦,主要是关于阅读能力的练习——我对此已相当擅长——和熟记乘法表。幸运的是,我三年级的同学还没有学乘法表,所以我的许多同学会齐声背诵"一一得一,一二得二……"补习了一个月后,玛吉特阿姨认为我可以通过二年级的课程考试了。她告诉了校长,校长叫我过去,给了我一份考卷做,而我也顺利通过了考试。终于,我不用再上下午的补习课了,我现在是一个合格的三年级学生了。

全班有三十来人,班里的孩子已经不是我一年级时认识的那批了。不过和在一年级时一样,班级里有一部分学生来自孤儿院,另一部分则是走读生。孤儿院的孩子都穿着统一的服装,头发理得很短。他们总是很饿,经常偷拿走读生的午饭。

班里的女孩子我也不认识了,我暗恋过她们中的一个,她叫尤特卡,浅棕色的长发扎成了辫子。她很严肃,总是拒人于千里之外。事实上,我从来没有和她说过话,只是远远地瞥过她几眼。我想她并不知道我曾经迷恋过她。

上学很有趣。校长偶尔会来我们班给我们讲讲良好的学习习惯和良好行为的价值等内容。有一次,校长给我们讲了不同的学习习性,我听得很专心。校长说,有些学生学东西快,而且学习效果能保持很长一段时间,有些学生学东西慢,但也能将所学的东西记住很长时间,还有些学生学得快忘得也快。他劝导我们,如果不能成为第一种学生,就要做第二种学生。校长可能不知道,他的话让我感到恐慌,因为我就是那种学得快忘得也快的学生。

上学和放学本身就是一种探险。去学校,我得从基拉伊大街向城市公园的方向走。基拉伊大街过半的地方已改名为法索尔大街,法索尔的意思是"一行树",我的学校就位于法索尔大街通往城市公园的路上。

正如它的名字一样,法索尔大街两边有成排的树——七叶树。秋天,七叶树的果实成熟后会从枝头落到人行道上。第一批落下的七叶树果实对我们来说可是珍宝,我们所有人互相推搡着,抢着往包里捡。我很珍惜地把捡回来的宝贝整整齐齐地摆在我家的窗台上。看到阳光照在它们光亮的棕红色外壳上,我满心欢喜。但是,随着越来越多的果实熟透并落到地下,它们逐渐失去了原有的吸引力,不再受到追捧,而我也把精心收藏的七叶树坚果扔进了垃圾箱。

有时放学后,我们几个小伙伴会走过几个街区去城市公园玩。离城市公园越近,建筑就越宏伟。一些很棒的房子被苏联高层人物及其家属占据着。尽管所有的政治党派在匈牙利都还在活动,但毫无疑问,匈牙利共产党有苏联这个靠山,苏联士兵还在街上巡逻,谁都知道是苏联人在掌控一切。

有一次我们经过那些房子时,一群苏联男孩从里面跑出来,把我

第六章　回到布达佩斯

们围住，鸡同鸭讲地用俄语奚落我们。我们自然是一句也听不懂，只能盯着他们，害怕得不知所措。苏联孩子们逐渐逼近我们，把我们推来推去。他们虽不比我们高大，但因为是苏联人，我们谁也不敢还手，只能继续往前走，最后终于设法摆脱了他们。从那以后，每次去城市公园，我都担心会碰到他们。

那年冬天下了很多场雪，而燃料仍然稀缺，所以教室只是间歇性地供暖，有时根本就不供暖。我们总是裹着大衣，戴着帽子、围巾和手套，全副武装地坐在课桌旁，在寒冷的空气中，我们呼出的白雾清晰可见。在这种时候，我真的很讨厌寒冷。不过在回家的路上，我们倒是很享受在雪地里玩，我们经常打雪仗，这算是当时的一大乐事。

有一次，一个雪球打偏了，它穿过一辆开过此处的有轨电车的车门，砸在了司机的脸上。令我们惊诧的是，随着刺耳的急刹车声，那位司机非常生气地跳下车，疯狂地追赶我们，结果我被抓住了。他一把夺走我的帽子并冲我喊叫了一番，然后就拿着我的帽子把车开走了。那是我唯一的一顶帽子，而再弄一顶实属不易。我拖着沉重的脚步沮丧地回了家，心里忐忑不安。

回到家，我胆怯地向父母汇报了此事。我强调说，那个打到人的雪球不是我扔的。父亲不置可否地点点头，然后说："让我们去看看能不能把你的帽子要回来。"他穿上外衣，戴上帽子，我们俩步履沉重地走到外面的雪地里，试着去找那位司机要回我的帽子。这趟电车不经过我家，所以我们只能步行到它的终点站。这是一段很长的路，天已越来越黑，越来越冷。最后我们终于走到了终点站。我们问调度员是不是有人带回了我的帽子。结果在接受了一番教育后，我的帽子又奇迹般地物归原主，回到了我的头上。我和父亲就又长途跋涉地回家了。路上，我时不时地拉拉他的手，感觉和他在一起真好。

还有一次，我的一些朋友谈到了妓院。我不知道妓院是什么，所以决定问问母亲。她正对着浴室的镜子梳头，而我则蹲在扣着盖的马桶上。当我提出这个问题时，她沉着地继续梳着头，甚至都没看我一眼。然后，她对着镜子里的自己厉声答道，妓院是这样一个地方，在那里，男人们付钱给女人，好让他们把阴茎放进女人的身体，然后他们就提上裤子回家。我坐在马桶上，听得目瞪口呆。我觉得某种程度上母亲的回答让我产生了一种挫败感，我甚至不知道如何继续发问。

几天后，我和几个朋友从学校回来后在我家门口闲聊。其中一个同学滔滔不绝地谈起婴儿是怎么来的这个话题。他好似很了解地说，当一个男人把"那话儿"放进女人的身体里，并把他的一个睾丸射进女人的身体之后，婴儿就形成了。我很认真地思考了他的话。一方面，这与母亲描述的关于男人在妓院里的行为是相符的；另一方面，这多少有些不对劲的地方。因为我知道，有些人不止有两个孩子，但是所有的男孩都只有两个睾丸。我问我朋友对这个矛盾准备如何解释，而他显然忽略了这一点，被我问得张口结舌。这件事让我在那以后困惑了好长一段时间。

1946年春，父亲认为学习英语会对我很有好处。他引用了一句匈牙利的格言："会说几种语言，你就具有几个人的价值。"他告诉我他最大的遗憾之一，就是在孩提时代从未学习过其他语言。而他认为成人后学习语言的难度会很大。在战争期间，他试图学习德语和俄语，却学无所成。他尤其希望我学会英语，因为他认为英国人和美国人都说英语，所以总有一天英语会成为全世界应用得最广泛的语言。

母亲找来一个中年未婚的女人做我的英语老师，她的英语说得很流利。她一个人住在位于环形大道的一栋公寓大楼里，那栋楼曾经很宏伟，现在却破旧不堪。母亲和她谈好了一系列课程的价钱，为了支

第六章　回到布达佩斯

付这笔学费，母亲把一条金项链拆开，将其中几节作为报酬给了她。

学习英语枯燥乏味，而且我不喜欢这位老师和她那破败的房子。我觉得她很古怪，而她的家则令人感到压抑。我总是渴望逃离那里，跑到大街上去玩。但是，父母已下定决心限制我这种愚蠢的行为，所以，我除了同意别无选择。尽管我不喜欢上英语课，但它最终成了我生活中不可缺少的一部分，而且在接下来的很多年中一直如此。

就好像英语课对我的折磨还不够，不久后，一架很大的黑色钢琴又出现在我家的客厅。为了给钢琴腾地方，父母的沙发床被挪到了窗户下面。母亲解释说是时候让我学钢琴了。起初，它的确激起了我的兴趣。我选了一些简单的曲子，没完没了地弹着。但是紧接着，一位上了年纪的女钢琴老师出现了，她拿的手提包很大，足以装下一长条面包。她坐在钢琴边，开始教我那些难以理解的音阶，然后让我一遍遍地弹奏它们。而等她走了之后，母亲会接着让我一遍遍地练习刚刚学过的东西。就这样练习了很久之后，我终于能够弹莫扎特的《土耳其进行曲》了，可我弹得总是不太好，因为我讨厌弹琴。当初学英语时我可没有这么大的抵触心理，但是钢琴真的让我无法忍受。

有时朋友们来家里玩，在他们唱歌时，母亲会为他们伴奏。我惊叹于她那娴熟的演奏技巧，但她没有遗传给我太多这方面的天赋。不过她弹琴从不为消遣，更不和我一起弹。

在课余时间，既不上英语课也不上钢琴课时，我会读书，而且我的确读了相当多的书。我最喜欢德国作家卡尔·麦的作品，他的作品充满了悬念。他曾经写过一系列广受欢迎的、以美国西部的内华达山脉为故事背景的小说，小说中的主人公是高贵的印第安酋长温尼托，还有那个同样好心肠的牛仔老沙特汉德。老沙特汉德和温尼托总是放走那些坏家伙，即使他们知道那些坏家伙在下一章里还会来纠缠他们。不过我不在意这些。我的一些朋友告诉我卡尔·麦从来没去过美国——事实上，他从来没有离开过德国，而且这些书都是他在监狱中写的，但我也不在乎这些。卡尔·麦书中的美国，是一个错误总能被纠正、正义永远得到伸张的世界，我喜欢这样的故事。

我的校内日程和校外课程正在常规化，与此同时，布达佩斯也步入了正轨。一些损坏的建筑得以修复，而另一些则被拆除，变成一片空地。横跨多瑙河的第一座桥已完成重建，只不过它是由木梁临时搭建而成的，但不管怎样，它恢复了布达和佩斯的连接。两地还举行了游行，来庆祝大桥恢复通行。

1946 年夏，我去父亲的家乡小克勒什与曼奇姑姑同住了一段时间。父亲曾是一个大家庭中的一员。我祖父是在我因猩红热住院的那段时间前后去世的。当时我正在生与死之间徘徊，而他则在死与生之间弥留。他一直坚持着，直到我度过危险期才去世。战前，父亲的老母亲、两个兄弟、一个同父异母的姐姐，还有很多堂兄妹都在小克勒什。在被带到奥斯威辛后，曼奇是唯一幸存下来的人。她有一个姐姐，叫伦克，伦克和她丈夫拉约什已于 20 世纪 30 年代移民到美国。而父亲的另一个姐姐伊伦，和她非犹太人的丈夫萨尼依住在布达佩斯，也幸存了下来。这就是父亲的家族中还健在的人。

1946 年夏，曼奇搬回到她在小克勒什的家。她的丈夫米克洛什据说还活着，但被关在苏联的战俘集中营里。这么看来，父亲能这么快从战俘集中营回来真是幸运。

曼奇靠做裁缝为生，她养了一只小狗。在布达佩斯，我没养过任何宠物，就是那只小狗促使我答应和曼奇同住一个夏天的。

第六章　回到布达佩斯

　　小克勒什和巴乔尔马什一样，都在布达佩斯南边，但它离布达佩斯没有巴乔尔马什那么远。那年我9岁，我为自己能够一个人坐火车出行而感到骄傲。父母在布达佩斯把我送上火车，曼奇在小克勒什车站接我。车到小克勒什时，天已经黑了，我没有找到曼奇。火车开走了，站台上只剩我一个人背着包站在那儿。我惊慌失措，放声大喊："曼奇，你这头蠢驴，你在哪里？"曼奇听到了我的叫声，大笑起来。事实上，她一直在那里等着，只不过天太黑她没看见我。后来她多次讲述这个故事，每次都让我尴尬不已。

　　在小克勒什的生活与在家时迥然有别。和巴乔尔马什一样，小克勒什是一个很小的省级城市。与布达佩斯相比又小又落后。那里的房子也小，都是平房，很多房子都是茅草屋顶，外墙上抹的是泥巴。稍有钱一些的人家会在外墙刷上白色的涂料，而其他人家的墙面就保留着泥土的本色。那些房子挤在狭窄的土路上，一下雨，土就变成了黏泥。那里没有有轨电车和公共汽车，只有马车和载着很多东西的自行车，人们在拥挤而又崎岖不平的道路上费力穿行。城里有个小广场，那里有一家药店和一家电影院。每周还有个集市，农民们会赶着他们的运货马车来到广场，车里装满了白菜、洋葱、土豆和其他农产品。

　　曼奇的房子有一个小棚屋，外面有一个院子。小棚屋空空的，成了我和刚结识的几个邻居小孩的游戏室，而院子则被当成了我们的游乐场。我们用黑土堆成城堡，修建护城河。我们总是玩得满身是泥，令曼奇大为恼火，因为她很爱干净。

　　我和一个男孩决定在屋顶建一个阳台，这需要我们从房顶上揭下一些瓦。做这件事我们很在行，我们把浅红色的陶土瓦片弄松，然后把它们扔到地上。我们兴致勃勃地看着每块上了釉的瓦片落到黑色地面上，摔成一块块边缘锋利的陶瓷碎片。而曼奇不喜欢我们这么做，每次看到都会冲着我们大叫。

虽然我学习并通过了二、三年级的课程考试，但我的乘法表学得并不扎实——至少在我父亲眼里是这样。年幼时，父亲就是个小数学天才，而他用自己的标准来衡量我的成绩对我来说自然是过于严苛了。那年夏天，父亲找来一个住在小克勒什的朋友辅导我数学。我很喜欢那个人，他很友好，也很风趣，每周辅导我几次，和我一起做数学题。在炎热的夏天，他经常挽起袖子，露出强壮有力的前臂，其中一只手臂上刺着一个号码——那是他在奥斯威辛待过的证明。

我有很多机会锻炼我的计算能力。匈牙利的通货膨胀很严重，匈牙利货币辨戈每天都在贬值。在集市日里，我惊奇地注意到，蔬菜的价格在开市几小时内就会发生很大的变化。通货膨胀令钞票的面额猛涨，数额大得令人难以置信——1 000辨戈、10 000辨戈、100 000辨戈。价格变成了天文数字，人们得用篮子装着成摞的钞票买东西。

城里的小电影院每周放一次电影，大部分影片是关于战前美国牛仔的故事。曼奇经常带我去看电影。和其他东西一样，电影票的价格也在那个夏季飞涨。那年夏末，人们开始用农产品换电影票。和小克勒什的大多数人一样，曼奇养了几只鸡。我们攒了一些鸡蛋用来换电影票。这样，即使电影票的价格每星期都在涨，但用鸡蛋来衡量的话，价格就相对稳定了下来。我的工作就是在一个小篮子里装上鸡蛋，然后把它们交给售票亭里的那个男人。坐在装潢破烂、座位不太结实的电影院里，看一场汤姆·米克斯主演的胶片划痕累累的电影，需要"花"去我们一个鸡蛋。

曼奇还教我照相，她有一部战前由德国制造的做工精良的相机。你需要打开上面的盖儿，通过盖儿下面的屏幕看你要拍摄的景物。装胶卷是个技术活儿，曼奇从来不让我做这件事。

第六章　回到布达佩斯

曼奇还有一部盒式的旧柯达相机，用这部相机照相很简单：你只需对准景物，按下一个按钮，伴着咔嗒一声，照片就照好了。我们四处拍照，曼奇把柯达相机给我用，她则拿着德国制造的那部。我们拍下我在院子里搭建的城堡，还拍下了小狗和我们两个。然后我们把相片冲洗出来，由我把它们寄给家里的父母。

小克勒什是匈牙利历史上最著名的爱国诗人裴多菲的出生地。他出名不仅因为他的诗，还因为他在很年轻时，就在1848年那场匈牙利革命中牺牲了。他出生的那栋房子在一条小巷里。房子不大，地面很脏，窗户很小，屋顶上盖的是茅草。它和小城中的其他房子一样，而且看起来还要更旧一些，但它是小克勒什最著名的地方。

我们去参观过几次裴多菲的房子。我在学校读过他的诗，而且很喜欢。我发现当走进匈牙利最伟大的诗人诞生的那个房间时，你会产生一种敬畏之心。一次，当我和曼奇参观裴多菲的房子时，我们惊奇地发现，一个我们多次在报纸和贴在建筑物上的海报上看到的人，就站在这幢房子前。他就是匈牙利共产党的领袖马加什·拉科西，他正和夫人一起参观。拉科西很出名，他在战前因为从事共产党的活动而被匈牙利政府关进监狱；后来苏联以交换囚犯的方式，以一些被其关押的匈牙利要人为筹码，令匈牙利政府将他释放。战争结束前，他一直住在莫斯科，后来和苏联军队一起回到了匈牙利。因为他是共产党的领袖，又受到占领匈牙利的苏军的支持，所以，从某种意义上讲，他是这个国家当时最重要的政治家。

当我看到他时，我惊讶得差一点儿被自己的脚绊倒。我张着大嘴，呆呆地看着他，并试着通过我那部盒式相机的取景器观察他，直到拉科西注意到我。他友好地说："你愿意为我拍张照吗？"我说愿意，然后，他和他的夫人就摆好姿势让我照。尽管用这部相机拍照是件轻而易举的事，但我当时仍然很紧张，手都在抖，结果只拍下他们头顶的天空。曼奇从旁边看着我，觉得这件事很有趣，回来后就迫不及待地给我父母写信告诉了他们这件事。

那个夏末，我回到了布达佩斯，离开学上四年级还有几星期。曼奇让我保管那部柯达相机，靠它还有我新学会的摄影技术，我、加比和另一位朋友温加尔进入了照相业。温加尔知道如何冲洗黑白胶卷和制作接触印相照片。用接触印相法制作的照片效果不太好，照片颜色发灰，而且我们还不知道如何把照片弄平整，所以照片会卷边。尽管如此，我们还是成立了一个公司，取名温弗莱格罗，它来自我们三个人的姓的缩写：温加尔、弗莱纳和格罗夫。我们去找各自的亲戚朋友，提出为他们照相，但只有几个人愿意配合。而且令人尴尬的是，我们的作品实在拿不出手。

温加尔是一个手巧的男孩。他有一部电影放映机和几段35毫米的黑白电影胶片，不知是谁把它们设法从一个电影剪辑室的地板上挽救回来的。我们三个把屋子弄黑，然后在墙上放这些电影看。这几段胶片很短，几秒钟就能看完，但是我们仍旧兴趣十足地一遍一遍地来回看。

四年级的学习生活与三年级没什么不同，而且更轻松了些。因为学校已步入正轨，我也没什么漏下的课需要补了。我还和同一群孩子在一起学习，而且我有很多朋友可以交谈。因为我这个话匣子经常在课堂上和他们说话，我没少挨批评。我依然不用太努力就能取得好成绩，唯一得到低分的一项就是"行为举止"。在校期间，老师在这方面给我的评语自始至终都是"安德里什太活跃"。

起初父母没有什么反应，他们也许还为这些评语沾沾自喜。但是，因为老师一直做出这种评语，他们的高兴就变成了强烈的不满，随之而来的是严厉地训斥。每到母亲要去学校和老师谈话的时候,我都感到恐惧。一次,在这种会面结束后,我在学校的走廊里正好撞见了她。我当时吃了一惊,然后笑得很灿烂地跟她打了招呼。而她瞪了我一眼,这让我认真地考虑了一下放学之后是否回家。但是我没有别的地方可去,所以我只好拖着沉重的脚步回家了。

一堂逃不过去的教育课开始了:她说我对待生活不认真,早晚有一天我会为我这种漫不经心的态度付出代价……以前我多次接受过这种训导,通常在接下来的一段时间,我在课堂上会变得老实一点儿,不过不久后我便又回到了"活跃"状态。但是,即便我对母亲的这种管教方式已经具有免疫力,那种不愉快的氛围仍对我产生了很大的影响。

我一般不和父母争辩什么,而一旦我行为不端,父母就会结成联盟:母亲对我说教,父亲冲我大吼。自那次楼梯井事件之后,母亲没再打过我。而父亲从来没打过我,他会采用另外一种方式让我守规矩。他的床边放着一双他很喜欢的皮拖鞋。即使是在那张沙发床在白天被折回成沙发时,他的皮拖鞋也放在那里。一旦我不听话,他就向我挥舞其中一只拖鞋,以示威胁。如果我还没有反应,他就把那只拖鞋朝我扔过来,但他从没打着过我,我也从不知道他是故意打偏还是他瞄准的能力太差。

父母也会用他们特有的方式来表达对我的赞许。如果母亲认可我做的某件事,她会拥抱我,眼中满含热情地看着我。父亲则会走到我身后,轻轻地在我的后脑勺上拍三下,然后说:"做得好,儿子。"

第七章

第一所大学预科：精英教育

游向彼岸

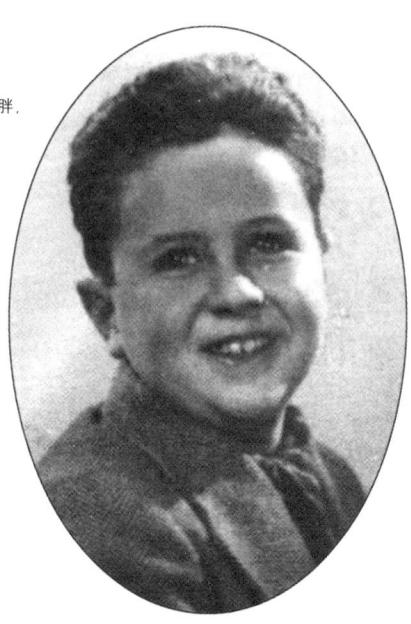

左图：因为我变得又矮又胖，同学们开始叫我"胖子"。

上图：在小克勒什过暑假。左起为克尔叔叔、伊伦姑姑，伊伦的旁边是我母亲。

四年级是小学的最后一年，现在我该决定何去何从了——如何以及在哪儿继续接受教育。那些想继续上大学的孩子一般都会去大学预科学习8年文理课程，接受传统教育。法索里小学经常会有约一半的孩子上大学预科；另一半则去上技术学校，接受相关的职业培训，以适应将来的具体工作。

人们说那些隶属于宗教教派的大学预科学校更好一些，所以父母决定把我送到埃翁盖利库斯大学预科学校，它是由匈牙利第二大新教教派开设的。（在匈牙利，大多数人都信奉天主教，所以即使是一个大的新教教派，它能代表的也只是很少的一部分人。）埃翁盖利库斯大学预科学校在学术上颇有建树，而且它离法索里小学只有几个街区远，从我家走路过去很近。

这是我第一次去有非犹太孩子的学校上学，不过埃翁盖利库斯另外一个较为突出的特色是：为保持其宗教色彩，它开设了宗教课程，但它并不强行向学生灌输信仰——信奉新教的孩子上新教课程，而我和其他的犹太孩子则可以一起上犹太教课程。除此之外，学校一视同仁，不会对任何学生区别对待。

1947年9月，我开始就读于埃翁盖利库斯大学预科学校，那一年，我刚11岁。大学预科与小学有几点显著的不同。首先，大学预科的学生都是男生，因此在这里，我与同龄的女孩完全失去了联系。不过我并不十分在意她们，所以很快就把她们忘了。其次，大学预科的老师也全是男性。此外，大学预科的课堂气氛也比小学的严肃。在埃翁盖利库斯，一切以学业为重。

在埃翁盖利库斯大学预科，每个学生都拥有一顶特制的帽子，而每所大学预科学校的帽子款式都各有不同。埃翁盖利库斯的帽子呈深蓝色，前后翘起，像士兵的帽子一样，而且上面有一个学校的校徽。我很庆幸自己能上这所学校，因而我也为自己的帽子感到骄傲，并乐于一直戴着它。

一天放学回家时，我和几个朋友正在我家附近的人行道上追逐打闹，一个比我们大一些的男孩恰巧路过，我猜他一定是我们学校高年级的学生，因为他也戴着我们学校的帽子。他拦住我，严肃地对我说，作为埃翁盖利库斯学校的学生，我在校外的一言一行都代表着学校的形象，如果我像个野人似的在大街上乱跑，会影响人们对我们学校的印象。他的批评让我感到很丢脸，所以在那天下午剩下的时间里，我一直安分守己。

因为我的耳疾，我再次获得了优待，得以坐在教室前面的座位上。我的耳朵一直在流脓，所以听力仍不太好，不过因为就坐在老师面前，而他为了让全班学生听清他讲话说得很大声，所以他讲的内容我都能听清。我的同学、父母以及他们的朋友都知道我听力有问题，所以他们在跟我说话时也总是很大声。根据亚尼提出的理论，我的听力障碍也并非一无是处。亚尼说，就像盲人利用其他感官的强化弥补了其视力上的缺陷，因为耳疾，我也得以开发出了其他感官的潜力，从而减弱了听力上的不足对我的影响。因为听不清楚，我必须以更快的速度对各种非言语的肢体动作做出反应，并留意各种信号。因为我经常只理解了句子中的只言片语，所以我必须不断地锻炼大脑，让自己变得更聪明。我喜欢亚尼的理论，因为在他看来，听力不好让我变得更聪明了，这正合我意。

我是个品学兼优的好学生。我爱我的老师、同学还有大部分课程。我们的课程包括匈牙利文学、地理、历史、数学和一门外语。我选择学英语，而英语老师恩德勒迪先生是我最喜欢的老师。他风度翩翩，衣着考究且干净整齐。他有一张和蔼可亲的圆脸，说话时充满自信，举止温文尔雅，给我留下了极其深刻的印象。

尽管我已经利用课余时间学了好几年英语，但我对学习英语仍然兴趣不足。不过我还是在恩德勒迪的课上开了个好头，因为我喜欢他，想让他注意到我。这一想法激励我好好表现，我的英语成绩也随之提高。

恩德勒迪先生成了我的偶像。但令我十分沮丧的是，我意识到我在外表、言谈和衣着方面永远都赶不上他。他在签名时总是把首字母 E 写成花体字，于是我就模仿他，在签名时把首字母 G 也写成花体。

虽说恩德勒迪先生是我很喜欢的老师，但别的老师也都不错。他们并不刻板，但也希望学生在课堂上遵守纪律。他们通常都能达成所愿——虽然偶尔也有失望的时候。现在，我已经算是一个好学生了，但我依然会令母亲感到很懊恼，因为老师们在家长会上还是会向她提及我"过度活跃"的问题。

不过，我认为自己不应该得到这样的批评。我只是偶尔与和我共用一条长凳、一张双人桌的同桌，或者是与坐在我后面的男孩们互相探讨点儿东西而已。但母亲可不这么想，她认为我应该让小学时代的那些不守规矩的行为永远成为过去。家长会仍然像小学时那样让我感到紧张。我的学习成绩还是很好：所有文化课都是 1 级（按照 1 到 5

级的等级制，1级为最好，5级为不及格），而举止行为是2级，这是老师对我的活泼性格一以贯之的评价。

唯一让我讨厌的是宗教课。我从来就不喜欢这门课。这门课的内容对我来说就是一系列的童话故事，而我讨厌听这些故事，更别提还要相信它们。我开始尝试着主动抵制它们。有一次，在老师正给我们讲约书亚如何祷告让太阳停下来时，我举起了手。"什么事，格罗夫？"（老师总是叫我们的姓，我们也都以姓称呼彼此。）为了显得礼貌，我从桌子后面迈出来，站到过道上答话。

"如果太阳本身是不动的，那么约书亚又怎能让它停下来呢？地球绕着太阳转是众所周知的，而太阳是静止的也是毋庸置疑的。"我答道。

老师瞪着我——如果太阳一直在动，他的表情也一定能让它停下来。他张了张嘴，又闭上，接着冲我喊道："格罗夫，这是宗教！你可以不相信它，但你绝对不能否认它！"

其他学生都在窃笑，这更让老师怒火中烧。我坐到自己的座位上，心里暗自高兴，想着自己取得的胜利：格罗夫1分，宗教0分。

回到家，我告诉了父亲在课堂上发生的事。他照例拍了拍我的后脑勺，对我投以赞许的目光。"干得好，孩子。"他说。

在我宗教课的成绩下来之前——这个成绩也许会为我的自满浇浇冷水，新政策下来了，宗教不再是必修课了。在学校允许学生不听这门课之后，我立刻跑出了教室，一刻也没有耽搁。

前面我已经说过，绝大多数孩子都用姓称呼彼此。而不幸的是，我属于少数人的例外。战后那几年里，我又矮又胖，而且体重呈现不断增长的趋势。学校的孩子们给我起了一堆绰号，从"胖子"到"Rofi"（猪发出的声音），各不相同。我讨厌这些绰号，但我越是抗议,那些孩子就越是会在校园里大声地用绰号叫我,所以我只好勉强接受"胖子"或"Rofi"这样的叫法。甚至在我自己的脑子里,它们也变成了我的名字。

我本来就没有什么运动天赋,随着我越来越胖,我在这方面变得更不擅长了,这成了我最大的问题。无论什么时候运动队来挑队员,我都是最后一个被选中的孩子。我们在锻炼时间和放学以后经常踢足球。我不太擅长踢球,而且跑步速度缓慢。对此我想出的一个最顺嘴的理由是:虽然那场猩红热已经过去了 7 年,但我不知道我的心脏是否已经完全康复。我宣称,如果我让心脏负担过重,后果将不堪设想。这样我就避免了参加剧烈活动,而在足球比赛中长期担任守门员的角色,因为守门员不用怎么跑动。

我这个守门员资质平庸。整体上讲,我的表现之于球队无足轻重,既无益也无害,但是我的守门员生涯很快就因一次意外事件结束了。有一天,我们照例在操场上踢足球,我被充作门柱的铁棍子绊倒,左臂先着了地。当时我并没感觉到疼,但是在我站起来后,我发现我的前臂弯了,呈 V 字形,这让我很吃惊。我盯着那只胳膊,其他的孩子也围上来看。很快,一直在指导另一支球队的老师过来问出了什么事。我说:"我的胳膊弯了。"

他把我从操场带到学校办公室,在那里他打电话给我在乳品厂做事的母亲。幸好学校旁边就是医院,他把我带到了那里。等待母亲的时间里,护士让我喝了些水,还在旁边安慰我。我越来越担心自己的胳膊,虽然我丝毫感觉不到疼,手指活动也正常,但是它那弯曲的形状依然让我有些害怕。母亲到达医院之后,与医生单独交谈了一会儿,然后她告诉我:我的左臂骨折了。我以为他们会像拉直一根弯电线那样把我的胳膊拉直,然而,他们却说要让我先睡觉,等我睡着时医生才能把我的骨头弄直。

要求我入睡这个命令让我心生恐惧。母亲解释说，把我的左臂弄直会很疼，而如果我睡着了，我就不会有什么感觉了。我别无选择。在母亲向我解释这些时，护士已把我带到了另一个房间。她让我爬上了一个台子，然后用一个面罩将我的整张脸都罩上。医生让我从1数到10。面罩里有种甜甜的味道。还没等我数到10，我的舌头就动弹不了了，随即便失去了知觉。

醒来的时候，我百感交集。睁开眼，阳光从扣在脸上的面罩上透进来，我能感觉到左臂上有种热乎乎的东西在爬。突然间我悲从中来，我认为他们一定是决定切除我的左臂，而母亲正在与它吻别。然后有人取下了我的面罩，我看到他们正在用浸透了热水和湿石膏的白布往我左臂上缠——我的左臂又变直了。医生告诉我，等到石膏绷带完全变硬，缠着石膏的左臂将变成一种有力的撞人用的武器，我可以用它来对付其他的孩子。随后，我就和母亲一起走回了家。

我把医生的玩笑话当真了。无论何时，只要我愿意，我就用缠着石膏的左臂撞周围的同学。左臂骨折带来的最大好处要数不用弹钢琴了。我不喜欢钢琴课，却一直对此无能为力，直到被球门柱绊倒，它为我带来了一个完美的借口。6个星期之后，左臂上的石膏被拿掉了，我以动作不连贯为由提出最好是停掉钢琴课。让我感到惊奇的是，父母没有太反对，原来他们早就想在大房间里再摆些新家具。没过多久，他们卖掉了那架钢琴，从此它就从我的房间和生活中永远消失了。

新家具使大房间看起来更漂亮了。战前，它就是我们家最好看的一个房间。战争期间，在父亲不在的那段时间里，他们乳品厂的合伙人扩展了业务，先是卖波斯地毯，后来又销售起匈牙利艺术家的油画。不过这些业务一直都是副业。因为没有展示区，画作和卷起来的地毯就放在乳品厂旁边的店面里。乳品厂的生意始终不好，父亲回来没多久，他就和他的合伙人对乳品厂进行了清算。清算带来的一个好处是，一些新的波斯地毯出现在我家，覆盖了大房间的大部分地板。这让我想起了几年前我和"狮子叔叔"玩跳岛游戏时被我当作岛屿的东方小地毯，只不过它们要更大一些。此外，我们家墙上还多了6幅油画。

这些油画激发了我的想象力。其中一幅画上画了一位老人，他坐在小镇的一条小巷的入口处，这场景让我想起了小克勒什。还有一幅小一些的乡村风景画，让我想起自己在往返于小克勒什的火车上所见到的沿途风景。在那几幅较大些的作品中，有一幅画上画的是一位坐在手推车上的年轻女士，她好像在等着参加一个野餐活动。从她的穿着以及她头上那顶宽边的艳丽帽子可以判断，她生活的年代与我们相距甚远。

最吸引我的那幅画，上面画的是一位正在为舞鞋系带的芭蕾舞女演员，她长得很漂亮，看起来与母亲有几分相似。她令整个房间都光彩熠熠起来，每次进屋，我都会被她吸引住。那幅画就挂在墙上，我每次弹钢琴都面对着她，这让我在最初上钢琴课的那几个月里很难集中注意力。幸运的是，钢琴搬走以后，那位芭蕾舞女演员还在那里。

而不幸的是，乳品厂关门了。

在我被钢琴课、宗教课和骨折的左臂纠缠的日子里，各类政治事件不断在我们身边上演。尽管匈牙利共产党有苏联人的支持，但它也只不过是战后这场政治大戏的其中一个角色，还有众多党派活跃在匈牙利的政治舞台上。在战后的头两次选举（分别于1945年和1947年举行）中，该党只获得了少数人的支持。直到1948年的选举，匈牙利共产党人才获胜，接管了政府。随后，私人企业被收归国有。首先，政府对大公司进行了国有化，很快，他们又将目标对准了小公司，父亲的乳品厂也被囊括其中。

这给我的生活带来的直接影响是，我们已经习以为常、随时可以享用的新鲜的松软干酪、黄油和酸奶酪，从此变得很少见了。不过在乳品厂被国有化之前，父亲在一家国有的百货商店找到了一份新工作，而且在乳品厂国有化之后，他还可以继续在那儿干。我不清楚他在那儿具体干什么，但他在单位举足轻重。之所以这么说，是因为每次我去他办公室看他时，人们都对我表现得热情过头。他们过于关注我，即使没有什么夸奖的理由，他们也毫不吝惜溢美之词。

一次，我去参加该百货商店为员工举办的冬季派对，参加派对的人多到我会在人群中迷失。在大部分时间里，我和乐队的鼓手坐在一起观看着这场庆典。如众星捧月一般，父亲受到了特别关注。他看起来玩得很开心，活力四射地与我母亲及其他女士跳舞，西方舞、匈牙利舞都不在话下。我记得他始终受众人瞩目。

那次派对过后，父亲升职了。一家国有公司任命他为负责人，负责家畜饲养及出口工作。现在他成了更显贵的人物，公司为他配备的文雅秘书、轿车和司机，无不彰显着他的身份。我母亲一直不喜欢那个秘书，所以我对她也没有好感。每次去找父亲，那位秘书都对我过于贴心和关注，但是我有种感觉：她的笑容、热情以及与她有关的每一件事，都让我觉得是一种作秀。不过，那位司机倒是幽默风趣，他总是让我坐在副驾驶的座位上，认真而耐心地为我讲解汽车的工作原理。

在父亲的工作发生变动时，家里也发生了些变化，吉兹不得不离开我们，因为雇家佣的人已开始被视为剥削者，这是匈牙利的共产党

第七章　第一所大学预科：精英教育

政府极为反对的，所以父亲认为我们不能再雇家佣了。于是吉兹和欣科就回了老家，我很想念他们。

起初，母亲还在乳品厂工作，而在乳品厂被收归国有之后，她在一家负责分配煤和燃料油的国有公司当上了会计员。吉兹走后，母亲不得不开始为我们做饭。不过她一般就做些像土豆拌红辣椒和香肠这样的简单菜式。父亲特别喜欢吃一道名为"1ecso"的菜，它的食材是西红柿、辣椒、青椒和香肠，所以母亲也经常做这道菜。她还做红烩牛肉，这是一道汤，与上面的菜式使用相同的配料，只是加了好多水。做这些菜的好处是，母亲一次可以做一大锅，吃的时候热一部分，这样做一次可以吃很长时间。

我还养成了一种减轻母亲负担的习惯——从学校回家后自己热些剩菜吃，吃完再自己洗碗。

我们本来就难得吃上一顿家庭大餐，吉兹离开之后，家庭大餐就更没有指望了。偶尔吃一顿，也是在星期天去饭馆吃的。星期天，父母通常会和朋友们在家里或是在餐馆小聚一下，有时也会和伊伦姑姑还有她丈夫萨尼依小聚。他们还会到布达佩斯周围的山上走走，但都尽量选择在通电车的地方附近玩，因为父亲不愿意多走路。有时我也和他们一起去，而其他时候我就留在家里，或和加比在附近转转。

父母很少同时回家，他们下班的时间不一样，所以我们养成了这样一个习惯，即谁先回家谁先吃饭。等父母回来时，我通常已经在房间里看书或写作业了。他们有时会问问我学校里发生了什么事，我就或详或简地汇报一番，这要视我的心情而定。

我写作业很少需要辅导，但如果我写了一篇有趣的作文，我就会拿给父母看。他们通常会给出很有见地的评论，而我也总是采纳他们的建议，对我的作文进行重新修改。

在对所有企业实行了国有化后，政府又把注意力转到了学校体制上。匈牙利共产党反对开办教会学校，便把它们全都关闭了。因此，才在大学预科学校上完八年制课程的头两年，我就不得不转学了。1949年秋天来临的时候，我便不再回埃翁盖利库斯大学预科学校，而是去了我家附近的一所学校。但我无论如何都对新学校喜欢不起来，转校让我感到伤心。我喜欢埃翁盖利库斯的一切，喜欢那儿的同学、老师。但是谁也改变不了什么，因为匈牙利政府掌控着一切。

我对政府有种很复杂的情愫。一方面，我感激他们，是他们救了母亲和我的命，这种感激之情让我特别想信赖他们，支持他们的立场。但另一方面，自从他们执政以来，他们就在不断地干扰我们的正常生活。先是接管了父母的企业，接着是害我转校，还迫使吉兹和欣科离开我家——这一切都是以某种政治哲学的名义进行的，而我对此完全无法理解。

1949年春，政府又做出了其他一些奇怪的举动。一个名叫拉伊克·拉斯洛的匈牙利共产党高级干部被捕之事成了人们讨论的焦点。那年5月，他被捕的事在社会上引起了极大的反响。先前，他被报纸和电台描述为英勇无畏的自由战士，现在他却被指控为卖国贼和英美间谍，于夏末的时候接受了审判。

然而对我来说，吉兹的离去，我即将转学，以及令人困惑的政治氛围等所有这一切，与另一件事相比都不值一提了，因为我终于实现了我的一大愿望——拥有一支气枪。这是我的夙愿。我曾满心向往地凝视那些陈列在体育用品商店橱窗里的气枪，想象着自己手持气枪的模样，父亲说如果我用省下的零用钱买一支，他会同意的。

那年春天，经过一年辛辛苦苦地省吃俭用，少看了无数场电影，

第七章　第一所大学预科：精英教育

少吃了很多蛋卷冰激凌，买枪的钱仍差一半。父亲心疼我，同意补足另一半的钱，于是我终于可以买气枪了。我和父亲一起去商店挑了一支，枪托是木制的，比较光滑，枪管则闪闪发光。你可以掰开枪管，在凹槽里塞进子弹，然后通过开合枪管加压，直到准备好射击。走出商店时，我小心翼翼地抓着自己的新宝贝，它是我拥有过的最珍贵的东西。

我走到哪儿都随身带着我的枪。当我带着它去城市公园练习射击时，我甚至有点儿担心别人会抢走它。我也在家里，通过通风井的窗口练习射击，我能看到子弹穿过一片空地，打到对面楼房外墙的灰泥涂层上，激起一片尘埃。父亲告诉我，不管什么时候都不要拿枪对着人，即使枪里没有子弹。所以我带着枪坐电车时，虽然总是随意地把枪挂在肩上，但一定会注意让枪口朝下。

我真正有机会学习如何使用气枪是在那年夏天，我再一次去了小克勒什。不过这次我不是去曼奇家。父亲回家三年多的时候，曼奇的丈夫米克洛什也从苏联的战俘集中营回来了，我再次去小克勒什那会儿曼奇正忙于照顾他，以使他尽快恢复健康。

我和克尔一家住在一起。他们经营着一个小农场，以前它是属于父亲家族的。克尔一家是德裔匈牙利人。战后大部分德裔匈牙利人都遭到驱逐，因为匈牙利政府认为他们在战争中与德国人暗中勾结。许多世代居住在匈牙利的德裔家庭都被迫移居德国，但不管怎样，克尔一家还是设法避免了被驱逐的厄运。

农场太小，没有被国有化。那里有一个小葡萄园、几棵果树，还有一小块菜地供自家用。他家的房子只有一层，几间房都是泥地面，而且没有室内排水系统。前面有个院子，一群鸡在散落于院子中的农具之间啄虫子吃。

院子中间有一口井，很深，四周有砖墙围着，以免人和动物掉下去。打水时你需要将桶系在一根绕在转轴上的长绳上，将桶摇下，听到入水的声音后，再把桶摇上来。井水很清凉，喝起来味道甘爽。

在农场，我可以和鸡、狗、猫一起玩，不过，最棒的是加比也在那儿，他是和我一起来的。和对待其他同学不一样，我以名字称呼加比，同样，他也叫我安德里什，而从不像其他同学那样叫我胖子或Rofi。

我们在那里尽情地玩耍。我们挖坑建"山洞"；我们抓青蛙，这出于我的某种仇恨心理，我讨厌青蛙，想把它们全都杀死；我们还跟克尔的儿子亚当一起出去转悠，他已满18岁，是个见多识广的人，能轻松搞定各种器械、自行车和女孩子，这些对我和加比来说很有吸引力。

有一次，我们跟在亚当屁股后面出去玩，偶然碰到了一群在旁边一小块地里干活儿的女孩子。亚当过去和她们搭讪，然后让我们在那儿等着，随后就和其中一个女孩消失在一片小树林里。过了一会儿，他又现身了，神态中带着自鸣得意。他若无其事地在我和加比的后背上拍了拍说"咱们干活儿去"。我时常猜想亚当和那个女孩在树林里干了什么，却没敢直接问他。

大多数时候，我和加比就在那儿自娱自乐，而主要的娱乐项目就是玩那支气枪。不幸的是，因为子弹昂贵，我不能随心所欲地想玩就玩，而且我已经用光了所有的零花钱。子弹是成盒卖的，一盒500发。我担心子弹会很快用完，所以每次都和加比精心地算计着用。我的射击水平比加比强很多，起初我是对着罐头盒和木头片练习的，后来就开始向栖息在枝头的麻雀射击。又过了一阵，我已经可以时不时地射中树上的麻雀了，当麻雀落地而死时，我感觉自己强大无比。

一次我射中了一只鸽子，但它落地时并没死，当我走过去看它时，它也正在看着我。它已经没法动弹了，这让我觉得很可怕。我把它捡起来带回了家，给它搭了个窝，喂它水和种子，精心照顾它直到它恢复健康，然后就将它放生了。从那以后，我再也不射鸽子了。但是不知怎么，我觉得射麻雀没什么。

每个周三，克尔叔叔和亚当都会骑车去小克勒什赶集，我和加比也一起去。赶集对农场来说是件很大的事。他们用大柳条筐将葡萄和其他水果精心地装好，绑到自行车的后面。农场与小克勒什相距大约10公里，骑克尔叔叔那辆破旧的自行车去大概要花一个小时。我们需要先走一条满是车辙的土路，再上大路。大路虽也没铺过，却好走得多。克尔叔叔骑车，我斜坐在横梁上，加比则和亚当一起去。这些旅行让我想起与欣科一起在城市公园骑车的情景，只是这里的路况更糟，自行车颠得更厉害。

集市设在小克勒什的中央广场，每周举行一次。这个地区就这么一个集市，所以每次总是挤满了来自附近城镇的人。农民和商人们摆出的东西琳琅满目，从水果、蔬菜，到五金器具、衣服、家居用品、肥料，甚至还有家畜。卖家会用手提秤称量水果和蔬菜，然后买家就直接把它们放进购物筐。农场的隔绝生活使集市上这种摩肩接踵、人声鼎沸的讨价还价的交易场面变得尤为令人兴奋。但是广场上又热又脏又吵，几个小时之后，我就迫不及待地想回去了，但是，我必须等到克尔叔叔做完他的生意，而回去的路好像总比来时的漫长一倍。

从小克勒什回农场的路会经过我祖父母曾经住过的地方。每当我们从那里经过，我都感觉自己胸口发紧，因为此时我已经知道，我的亲人们正是从这个房子里被带走而惨遭德国人杀害的。

仲夏时分，小克勒什总有很多让人极为兴奋的事。这里将要修建从城边的火车站到中心广场的人行道。人们的关注点都集中在这项即将开工的工程上。修这条人行道花了几个星期的时间，中间修修停停，但在工程完成的时候，它看起来也只不过是一条铺平的人行道，有一条排水沟将其与土路分开。不过，小克勒什的居民都觉得他们的生活因此改善了许多。

在那个夏天，我自己的生活取得了两项进展——学会了游泳和骑车。

离农场一英里左右有一个灌溉渠，大概有 10 到 12 英尺宽，100 英尺长，里面灌满了淡盐水。渠底又脏又滑，四周是浅浅的斜坡，但中间很深，深到我无法站在那里。那个夏天酷热难当，我和加比经常去那儿玩耍。虽然走着去肯定会更热，但是我们更期待入水后的清凉一刻，而那种凉爽的感觉几乎会一直持续到我们回家。

加比会游泳，为了炫耀他的泳技，他会从灌溉渠的一头游到另一头。我也很想学会游泳，这不仅因为我想获得一种技能，也因为加比在渠中畅游让只能在浅浅的岸边扑腾的我颇感难为情。

我一直没有学游泳，因为双耳是我的命门，绝不可进水，甚至洗澡时都得慎之又慎。但我发现，如果不停地揉捏切得大小合适的蜡制耳塞使其发热，我就可以让它们很好地贴合在我的耳道上，达到防水的效果。不过即使这样，我仍然不敢把头沉到水里，但是至少我可以走进水里了。

我事先从布达佩斯带来了耳塞，以及由捆在一起的软木块制成的救生板。在我在腰间系上救生板之后，我就不会沉下去了，这让我心里有了底。当我意识到自己不会葬身渠底之后，我鼓足勇气站到了渠边，数完"一、二、三"后跳入水中，并将头高高地伸出水面，以防耳朵进水。借助这一跳，我便可游到水渠中间。我用力地划水，模仿着加比的蛙泳姿势，并始终让头露出水面，以保持耳朵干爽。令我诧异的是，每次划水我的身体只会向前移动一点点。当我最终靠近岸边，双脚可以触地并站起来时，我已精疲力竭。

尽管如此，我还是游过来了，这令我自信满满。我想就这一壮举寻求别人的认可或赞赏，却苦于无人见证。加比游到别的地方去了。我站在水渠较浅的地方喘着气，等呼吸均匀后，我就再次向对岸进发。

我一天天、一周周地坚持练习，渐渐地，我可以不太费劲，也不那么恐慌地游到对岸了。在我们要离开小克勒什时，我有了足够的信心在不系救生板的情况下尝试一次。令我惊讶的是，这样游起来更轻松。我开始顺着水渠游，我游得比加比慢多了，不过我相信，只要给我时间，我就可以和他游得一样快。对于学会游戏这件事，我感到十分自豪。我对体育运动极不在行，因此能够掌握一个项目自然让我欣喜万分。我觉得自己很了不起，因为我有很多朋友和同学还不会游泳呢。

那年夏天，我学会的另一项运动是骑车。有时，克尔叔叔或亚当很有耐心，他们把我放到那辆高大自行车的鞍座上，并在布满车辙的路上推着我走，让我找找掌控它的感觉。因为我的脚够不到脚踏板，所以我无法真正找到骑车的感觉。他们偶尔会撒开手几秒钟，让车自行走上一段，大多数时候，我都能让它保持不倒，但是心脏会怦怦直跳。只要我开始摇晃，他们就会上来扶住自行车，以免我摔倒。

后来我们上到一个长满草的小坡的坡顶。我爬到自行车上，他们中的一个推我一下，我就向坡底滑去，而另一个人则在坡底等着，在我快要倒下时拉我一把。然后，我把车推回坡顶，再一路滑下来，就这样一次次地练习，直到我在鞍座上掌握了平衡为止。

后来，克尔叔叔帮我借了一辆女式自行车。这辆车比他的那辆小很多，而且中间没有横梁，所以我可以主动降低身体以踩到脚蹬。在那辆大自行车上进行的滑行练习让我掌握了控制平衡的技巧，所以，很快我便能够在崎岖的路上骑车了。加比也开始用亚当的车和我一起练习。他太矮了，没法坐到鞍座上，也够不到脚踏板，但他仍然能够让车保持不倒。我摔过几回，但这丝毫没有浇灭我学骑车的热情。

遗憾的是，我不能在布达佩斯骑车。一来我没有自行车，二来我父母也不会听任我骑着车在街上穿行于汽车、卡车和电车之间。他们担心，因为我糟糕的听力，我会听不到这些车的声音，这将导致我在路上被车撞倒。

游泳则不同，回到布达佩斯我仍可继续练习。城市公园里有一个公共游泳池，比农场的灌溉渠大得多，大概 25 码[①] 宽，50 码长，很适合我练习游泳。

开学前的几周，我每天早上都起得很早，游泳池一开门我就进去练习，等里面全是人再出来，因为他们在我周围玩水溅起的水花不利于我集中注意力。起初，横穿泳池还挺费劲的，然而随着一天天的练习，这对我来说已是轻车熟路。仅仅几周以后，我就可以在泳池里游很多个来回了。

在暑假剩下的时间里，游泳池成了我每天的活动中心。后来，有几个我认识的孩子也在早上来了，所以每天余下的时间我们也都在那里度过。虽然有耳塞，但因为害怕耳朵进水，大部分水上游戏项目我都不敢参加。然而，游泳仍然乐趣无穷，所以我每天最重要的时间就是早上练习游泳的一个小时。

我一直希望游泳能让我变得苗条一些，但我仍然很胖。虽然我将

---

① 1 码 ≈ 0.914 4 米。——编者注

第七章　第一所大学预科：精英教育

在一所新学校开始一个新的学年，但我仍将是一个胖子。

从游泳池回家之后，我会在炎热、满是灰尘的公寓里溜达一会儿，听听电台。那时，电台在每天的大部分时间里都在播放对拉伊克的审判，人们也会尽可能地聚到收音机旁收听。我对此更是有一种病态的迷恋。我无法理解，一个曾经抗击过德国人，又是地下组织成员的人，如何能起来背叛他的事业和国家，但事实就是如此，他自己已经供认不讳。

就在新学年开学之际，他被判处了死刑。

第八章

第二所大学预科：兴趣培养

游向彼岸

母亲坐在我身边看着我。我在做我必须做的事情时相当努力。

这一学年，我是在新学校、新环境里开始的，不过我们并没有搬家。此前，匈牙利政府已决定，将用苏联著名人物的名字对布达佩斯市内具有象征性的街道重新命名。我家附近的那条环形大道被命名为列宁环形大道，我家与城市公园之间的那条林荫道被命名为斯大林大街，而我家所在的基拉伊大街则被命名为马雅可夫斯基大街——这是根据苏联诗人马雅可夫斯基的名字命名的。

我的新学校坐落在一条不起眼的街道上，那里离基拉伊大街约两个街区远。这条街被称为多波大街，它太普通了，以至于政府都没有为其重新拟定一个名字。那里狭窄、喧闹，街上有一个小邮局、几家毫无新意的商店，还有一个社区学校——与它周围的环境一样破败。

到了多波大街学校，我才意识到以前的埃翁盖利库斯大学预科是何等的优美、有序。表面上看来，这里与埃翁盖利库斯没有什么区别：两个学校开设的课程是一样的，班级的规模也差不多。其中，有些人像我一样，是从别的学校转到这里的，不过大部分学生都是一直就读于此的。在埃翁盖利库斯，树立庄重的目标对我们来说是最基本的事；但在这里，不论是学生还是老师，都没有任何目标可言。而且，我再也不能为校帽感到骄傲了，因为多波大街学校根本就没有校帽。

不过，这所学校招收女学生，只不过她们的上课地点是教学楼一个单独的侧楼，与我们是分开的。只有在进出教室或在课间休息时，我们才能在大厅里见到她们。

出乎我的意料，我竟然在这里遇见了那个在小学一年级时暗恋我的女孩子——埃娃。如果不是记得她的名字，从外表上我肯定认不出她。她打扮得很成熟，穿着长筒袜，这让我很着迷。我生硬地向她打了个招呼，然而，她连看都没看我一眼。我猜想，她对我的冷漠或许缘于一年级时我对她的态度——她在惩罚我。但后来我才知道，她对我不再感兴趣是因为我的肥胖。

一开始，这里与埃翁盖利库斯的评分制度是一样的。后来突然有一天，这项制度发生了改变。由此可见，苏联对我们生活的影响在日趋加大。以前，1级为最高级，5级代表不及格；而现在，5级为最高级，1级却成了不及格，这项评分制度在一夜之间就来了个大逆转。据说，苏联学校的评分制度就是这样的，因此校方觉得，匈牙利的学校也应该与其保持一致。

然而，这所学校与埃翁盖利库斯大学预科学校最大的不同体现在师资力量上。在多波大街学校，很多老师都刚刚入行不久。其实，他们能在这里从事教学工作并不是因为他们具备专业的教学技能，而是因为他们能有力地传达匈牙利共产党的政治观点。对匈牙利共产党来说，他们是极为忠诚的。作为党内的次要官员，他们被政府从各自的岗位上抽调出来，在接受了关于某个学科的短期培训之后，这些人便被相继委派至各个班级进行授课。

我们的地理老师根齐就是这些人中的一个。在匈牙利语中，"根齐"这个词的发音和俚语中的"精子"一词很像，所以上完第一节课之后，我们在私下里便称他为"精子"。我不知道根齐老师在没来我们学校时是做什么工作的，我只知道，每次上课时，他给人的感觉就好似课前他才刚刚学会那些知识点一样。

地理课主要讲述苏联及其盟国——社会主义阵营国家的地理知识。在课上涉及的所有国家中，有几个国家是根齐老师最喜欢的，包括苏联、罗马尼亚等。对于这样的国家，根齐老师会给我们进行详细的讲解，而对于其他国家，他只是一带而过。在地理课上，我没有接触到任何关于英国和美国的知识。

根齐老师行事总是遵从一定的规则，因此我们总是拿那些规则跟他开玩笑。当他叫一个学生站起来背诵课上所学的内容时，该学生会立即站到黑板前，不等根齐老师下令，就滔滔不绝地背起来。而背诵的内容永远都是我们正在学习的国家的简介。每逢这种时候，其他同学就都在下面窃笑着，我们很想知道根齐老师是否意识到了此举的另一重含义，但不幸的是，他对此从来都熟视无睹，没有丝毫的质疑。在学生背诵的过程中，他只是在不断地点头。

因此，同学们开始轻视他，并对他表现出明显的不尊敬，大家常常在他的课堂上无理取闹。以前，我总是因为爱在课堂上和周围同学聊天受到批评，而现在，这个毛病已经不会再让我难堪了。其实，我的毛病还在，只是课堂纪律比以前宽松了许多，所以我的调皮也不再像以前那样引人注目了。就在几个月之前，身在埃翁盖利库斯大学预科学校的我们还难以想象自己会在课堂上如此放肆，但现在，这种胡闹确实给我们带来了极大的乐趣。

一次，有人在踢球时不小心将球踢到了教室的窗户上，把窗上的玻璃打碎了。于是，校方找人用三角钉在窗框上钉了一块新玻璃，又在玻璃的周围抹上了一些软腻子，待腻子凝固以后，玻璃和窗框之间的空隙就被封住了，我们的窗户就这样被修好了。在埃翁盖利库斯时，我们也像现在这样每天都待在一间教室里，等着老师们一个接一个地来上课。在一位老师刚走、另一位老师还没进来的空隙时间里，我们便总是去抠窗框上的腻子。

有些学生总是能抓住机会，抠下窗框上那些还未凝固的腻子。然后把它们团成团儿扔着玩，不一会儿，教室里便到处都是腻子做的小球了。有人甚至还发明了一种新玩法，即把腻子球扔到天花板上，它会在上面停留一会儿，然后突然掉在地上摔碎，腻子球碎裂的声音会猛地吓到坐在下面的人。与此同时，为了避免被别人认出，扔腻子的那个人会在自己的座位上一本正经地坐着，假装看书。这个主意太棒了，我们都迫不及待地想试一试。

在上地理课前，班里几个调皮的男生便把腻子球扔到讲桌上方的天花板上。当根齐老师站到讲桌边上时，我们都安分地坐着，屏住呼吸等着好戏上场。根齐老师在讲桌边就座。他好像已感觉到有些不对劲儿了，教室里那种不同寻常的安静让他颇感疑惑。当天花板上的第一个腻子球掉到讲桌上、在他的教案上爆裂时，教室里顿时炸了锅。他出奇地愤怒，冲我们大声吼道："谁干的？到底是谁干的？"他瞪着我们，那目光让我们有些胆怯。而当第二个、第三个以及更多的腻子球相继掉到讲桌上时，我们再也控制不住自己，放声大笑起来，即使根齐老师依旧冲我们愤怒地叫喊，我们还是肆无忌惮地笑着。

总之，根齐老师的地理课并没有让我们学到太多知识。

历史课也有些怪异，只不过这种怪异是出于其他原因。那年的上半年，我们已经对匈牙利历史以及它在奥匈帝国中的位置有了大致的了解。年末时，我们以二战为中心，开始学习匈牙利现代史。

在我的记忆中，第二次世界大战并不是像历史书和历史老师所说的那样结束的。他们说，日本人因苏联军队的介入而投降。书中只有一句话提到了"原子弹"一词，并认为美国向日本发射原子弹这件事是美国为在日本战败中邀功而采取的一种孤注一掷的做法。我还依稀记得，1945 年 8 月，布达佩斯的大街上满是到处奔走的报童，他们除了喊"自动炸弹"，言语中并未表现出对美国的任何指责。当时，我周围的人都认为，是美国的原子弹结束了这场战争。我很想举手告诉老师，二战的结束并不是因为苏联的介入，而是因为美国发射了原子弹，但我左思右想，觉得还是不说为好——这毕竟不是埃翁盖利库斯的宗教课。

费尔德曼先生是这所学校最好的一位老师。他有一条腿坏了，走起路来一瘸一拐，但这丝毫不影响他在物理课上精力充沛、热情高涨地授课。费尔德曼先生与其他老师有着本质的区别，他的专业知识很丰富，而且他对教书这件事情有独钟。我特别喜欢物理，而后来发生的一件事让我在物理方面的学习兴趣大增。

有一节物理课上，费尔德曼先生让我给大家解释一下虹吸现象的原理。他在讲桌上放了一个里面装满水的高罐子，又在讲桌上摆了一把椅子，并在椅子上放了一个空罐子，然后在它们之间扯了一根橡皮管。随后，他在空罐子那端的管口处吸了几下，使高罐子里的水开始流动，然后他便放下管子走开了。让我们诧异的是，水并没有回到高罐子里，而是继续沿着管子向上流，最终流进椅子上的那个空罐子里。水沿着管子向上流不可能是因为它克服了地心引力，至于其中的原因，这正是费尔德曼先生想让我解释的。

我仔细地观察着这个实验，突然间恍然大悟。我满怀激情地向大家解释，水往上爬是必然的。当水开始流动之后，如果不继续沿着管子向上流，管子里面就会产生真空。所以，为了填补即将出现的真空，水必须要往上流，这就是原因。

完成了这个现象的解释让我很有成就感，我对自己很满意。我看了看费尔德曼先生，他微笑着向我投来赞许的目光："格罗夫，你在弄清一个问题的时候总是能够彻底地了解它，这就是我喜欢你的真正原因。"我顿时觉得无比高兴，就好像发现了一项新的物理学定律一样。从那以后，物理就成了我最喜欢的一门课。

与物理课相比，外语课要逊色很多。那时的外语课教的不是英语，而是俄语。其实，俄语老师掌握的知识并不比我们多，与根齐老师一样，他们往往只是在上课之前才学会那节课要讲的内容的。

我在内心里隐隐地感觉到，对苏联日益增长的仇恨在人们心中蔓延开来。这并不是我听说的，而是我从同学们阴沉的表情中感受到的。政治话题不再是我们家里谈话的主题。闲暇之余，我们谈论的往往是日常生活中的琐事、我们所遇到的各种人以及我在学校碰到的一切。人们对政治新纪元的激情消失了，取而代之的是无边的沉默。

在俄语课上，我们学到的东西也很有限。

在父母的一再督促下，我开始利用课余时间继续学习英语。父母给我请了很多家庭教师，有些老师会来家里授课，埃贡叔叔便是其中之一。他这个人看上去有些古怪，母亲一直怀疑他是一个同性恋者，所以每次上课时，母亲都会坐在我周围旁听。虽然这位老师从来都没碰过我，可母亲依旧时时提防着他。

当埃贡叔叔不再担任我的家庭教师时，我问父母，能否请恩德勒迪——我在埃翁盖利库斯大学预科上学时的英语老师来给我上课。据说，恩德勒迪老师在埃翁盖利库斯停课之后，已经谋得了另一份工作，也是教学方面的。为了改善自己的经济状况，他经常利用业余时间教人们学英语。让我高兴的是，他答应了我的请求并和母亲一起为我安排了每周的课程计划。

我是在恩德勒迪老师家里上课的。他家住在环形大道上的一座宏伟的大楼里，在那间色调并不明朗的房间里，只住着他和妻子两个人。他妻子既文静，又和蔼可亲。他们家比我家大，家里摆放着很多大的木质家具，一切都应和着那片灰暗，唯有木头光滑、油亮。客厅里的椅子和沙发上铺着用天鹅绒做芯、用带花纹的锦缎做套的厚厚的软垫，看起来奢华无比。这一切都与我以前看过的一出戏剧的舞台背景颇为相似。

能再次成为恩德勒迪老师的学生让我非常高兴，因此在他担任我的家庭教师期间，我的英语进步很快。他对阅读的重视程度胜过会话。我常常把手指放在书上，逐字逐句地读奥斯卡·王尔德的小说，以及那些根据莎士比亚的剧本改编的故事。在所有的故事中，《麦克白》是我最喜欢的。我被这一情节深深迷住：麦克白夫人不顾她丈夫的意愿，驱车把他带到了一个陌生的地方——那里离他想去的目的地很远。同样令我着迷的是，在反面人物背后往往还隐藏着作者对反面人物的构思。直到下课后，我仍然沉浸其中。

在校外学习英语的事我没有跟任何人说。并不是父母告诉我要这么做的，我只是猜想，这件事如果传出去的话，可能会对我不利。

学习英语使我的课业负担渐渐加重。虽然每次作业都不多，但我仍竭尽全力做好。我常常临窗而坐，天气稍好的时候，我会打开窗户，在基拉伊大街上来来往往的车辆发出的嘈杂声中做作业。每次父母下班回来看到我正在写作业，他们都会在桌前站一会儿。母亲通常会摸摸我的肩膀，父亲则会拍拍我的后脑勺，用这种独特的方式和我打招呼。我在数学方面的进步让父亲很高兴，因为数学是他最擅长的科目。他从来不主动给我讲解数学问题，而我也从不需要他为我讲解。

我13岁那年，父亲生病了。那天夜里，我刚刚和朋友们闲逛完。当我回到家时，父亲正躺在床上，捂着肚子喊疼，母亲已派人去请医生了，但她仍很担心父亲的病情，我也很担心。

不久，医生就来了。他是一位头发呈银灰色的年长的绅士。他手里提着一个棕色的医药箱，里面装满了各种重要的医疗仪器。当他给父亲做检查时，我被支到了自己的房间，父亲的呻吟声透过关着的门传出来，我感觉他的疼痛似乎更严重了。医生说，他的病情已不容耽搁，必须马上送到医院。次日清晨，父亲接受了手术。

在他住院的那一个星期里，我偶尔去医院探望他。父亲跟我说，他的体内长了一块结石，大小和他的食指尖差不多，手术结束之后，医生曾给他看过那块结石。在父亲刚刚接受完手术的那段日子里，他的身体特别虚弱，连坐都要借助绑在床架上的绷带。我很恐惧，父亲竟然要拉着东西才能让自己坐起来，我怕他的身体再不如从前了。

前来探视父亲的人特别多。在医院里，他的朋友们坐在床边与他交谈。那些人看起来很高兴，父亲也很愉快，看到他们如此开心，我的恐惧也渐渐消失了。

出院以后，父亲继续卧床养病。他的朋友们还是常常来家里看他，每次，他都躺在沙发上，摆出一副悠然自得的神态。在他们幽默而充满智慧的谈话中，父亲仍然是中心人物。看到大家经常围坐在他周围，我才意识到，与朋友们畅谈是父亲的一大乐事，在他生病之前就是如此：与不同的朋友见面，成为一系列谈话的中心人物，而且与人交谈时总是四肢伸展开，舒服地靠在沙发上。

来访的大部分人都是男人。父亲的老朋友亚尼和罗马茨是我们家的常客，此外，很多新朋友也时常过来，这些人要么是父亲的同事，要么是父亲在其他工作中认识的人。最后，老朋友、新朋友以及新朋友带来的朋友混杂在一起，我都不知道谁和谁是一拨的了。

他们谈话的阵势完全不像是在讨论，更像是在辩论，他们常常扯着嗓门冲对方说话，慷慨激昂地挥着手，不停地打断彼此的话。一开始，我被他们的这种阵势吓坏了，后来我才知道，当人们处在极度兴奋的状态中时，他们是不会真的同其他人发火的。

有时，我会待在父母的房间里，尝试去弄懂他们说的是什么。即使和他们隔着一段距离，我仍能听清他们说话，因为大家都在声嘶力竭地叫喊着。可是，他们谈话的主题对我来说过于复杂，我根本无法理解。我隐隐约约地觉得，他们争论的内容大多围绕着匈牙利政府所制定的法律中的某些详细条款，养猪和养奶牛带来的经济效益，以及父亲当时所负责的那些工作要如何展开。在一次关于法律问题的争论中，父亲和他的一个当律师的朋友争辩了起来。父亲在争辩时表现出了极强的辩论能力，这深深地影响了我。当我看到另一个人在父亲犀利的言辞中败下阵来时，父亲的口才再一次令我折服。

伊伦姑姑的丈夫——萨尼依也常常来拜访我们。萨尼依姑父的年纪比我父亲略大，因此父亲一直对他礼敬有加。他的头发呈灰色，行事严谨、态度端正，是一位名副其实的绅士。萨尼依姑父在一家报社任职，只要他们的谈话一涉及政治问题，他就会热情高涨，好像换了一个人似的。

伊伦姑姑虽然比萨尼依大 10 多岁，但她生性活泼，与她丈夫形成了鲜明的对比。她学识渊博，见多识广，是我父亲家中学历最高的人。每次见到她，她总会就我正在学习的课程盘问我一些问题。他们家住在离城市公园约一英里远的地方，因此他们每次进城都会路过我家。好多次，伊伦姑姑都是顺道来我家坐坐，几分钟之后便走了。她说话的速度很快，走路的速度也很快，远远望去就像一只蜂鸟似的。

伊伦的女儿马里卡比我大 10 岁，就读于医学院，她常常和伊伦姑姑一起来向我母亲借一些东西。伊伦姑姑上学时学的是药剂师专业，她能自己配制护手霜，所以她经常亲手调制一些，并将这些闻起来很香的小礼物回赠给母亲。她还经常试着做一些巧克力甜点，偶尔也会给我们家送一盘，我特别喜欢吃这些甜点。

曼奇姑姑已举家迁往布达佩斯，离我们家更近了，她经常和姑父米克洛什来我家。米克洛什在一家公司里找到了一份文职工作，曼奇则继续靠给别人做衣服或缝补衣服来赚取一定的收入。

父亲的身体康复之后，我们家的社交生活恢复了正常。夏天，我们常常和父亲的朋友们乘坐有轨电车到布达佩斯郊区游玩，偶尔我们还会乘坐索道到布达的山上游览一番。然后我们会在一家户外餐馆里用餐，用餐时大人们便又开始了激烈的争论。遇到不太好的天气时，我们常常去家附近的一家餐馆聚餐，只是我们去的餐馆总是同一家，父亲也总是点同样一道菜——炖肉，那是他最喜欢的。除了点菜，父亲和他的朋友们就一直在不停地辩论着。

用餐完毕，父亲总让我帮他算算该给服务生多少小费。擅长数学的父亲算得很快，每次他算完后，就会看着我做这件琐事。有时候我很快就算出来了，这时他便会对我投以赞许的目光；而有些时候我算得很慢，他便会对我失去耐心。每一次，他都会看一遍我的计算结果，确认它的对错。我的结果通常都是对的，而他总是向我点头，以示赞许。

父亲性情开朗、活泼，他常常能轻易地和素未谋面的人交谈起来。他总能找到与他相遇的那些人——饭店服务生、电车售票员或是邻桌的客人——之间的共同点。他对那些人好像总是充满热情。偶尔，我也会被他的这种热情感染，加入他们的交谈。通常情况下，我会集中精力听一会儿，不过我很快就对他们的谈话失去耐心，一心想着快点儿回家。

我一点点地长大了，和父母一起外出参加这种活动的次数也少了起来，那时，我开始更经常地和我的朋友们待在一起了。

自从所有的学校都被国有化以后，我和加比便开始在多波大街学校的同一个班级上课，这是个让我高兴的变化。课后，我们经常在一起玩。

每天放学后或者周末的时间，我们都会在布达佩斯漫步很久。战争给这座城市带来的伤害已不复存在，经过一番修整，如今的布达佩斯俨然成了一座生机勃勃的城市。不管是白天还是晚上，大街上总有外出的人，他们中的一些人是出来办事的，另一些人则是出来散步的。道路很宽，路边有很多咖啡馆。夏天到来时，坐在里面的人会一边吃冰激凌一边闲聊；而在其他季节，人们则会边喝浓咖啡边聊天。咖啡馆里的冰激凌是我的最爱，而且服务员用带着冷凝水珠的银白色金属盘子为客人端上冰激凌的方式也令我着迷。然而，这样的待遇并不是我时时都能享受到的，因为我的零用钱很有限。咖啡馆是有钱人经常光顾的地方，像我这样没有多少钱的人则很少去。

我和加比就是在这些咖啡馆外边走边谈的。那时，我们特别喜欢去多瑙河上的玛格丽特岛游玩，那里是布达佩斯的一个大型娱乐场所，岛上有饭店、运动设施、装船的仓库、游泳池等。每逢夏日，一对对热恋中的情侣便在小岛周边的长凳上坐下来，他们在那里亲热地爱抚着对方，相互拥抱着，这成了我们旅途中一道别致的风景。

加比对音乐甚为热爱，对歌剧更是如此。匈牙利人都对歌剧有一份特殊的感情。在布达佩斯的所有剧院中，有两家差不多是全年开放的，而且在布达佩斯电视台上也经常能看到歌剧节目。钢琴课的经历让我对古典音乐的美好情愫彻底消失了，钢琴课停课之后，我特别高兴自己从此以后可以摆脱它了。对于歌剧，我更是连半分兴致都没有。我觉得在整个故事讲述的过程中不停地唱歌是一种相当愚蠢的行为。所以，为了让我陪他一起去参加玛格丽特岛上的一个露天音乐会，加比颇费了一番周折。音乐会当天，我极不情愿地和他一起前往小岛——我几乎是被他拖去的。

在音乐会上，人们表演着歌舞，还有一些歌剧选段。我们的座位离舞台并不远，因此我很容易就能听清台上的歌声。表演《卡门》里的"斗牛士之歌"的是个嗓门很高的男人，他在表演时所展现出的活力以及他那低沉而浑厚的嗓音连同现场观众的热情欢呼在一瞬间触动了我，让我也深陷其中。表演结束后，我竟然和别人一起站起来高喊"再来一首"，这令加比感到很有趣。

一曲终了，我意犹未尽，便向加比坦白我很想看看整部歌剧。他跟我说，这并不难，不过以我的经济实力，我只能买到剧院高处和大厅靠边的廉价座位。后来，我们发现剧院果然有《卡门》的整场演出，我趁机去看了一回。就是那一次经历，让我对歌剧彻底着了迷。

那时，我已经开始变声。我的嗓音有些低沉，而且我只敢在家里没人时唱歌。我认为自己浑厚的嗓音比较适合做男中音歌手，所以，我对那种主要由低音、中音构成的歌剧给予了特别的关注。《卡门》——由斗牛士埃斯卡米罗唱男中低音的这部歌剧就是其中之一；还有一部是《浮士德》，这部歌剧中的男低音是由魔鬼梅菲斯托菲勒斯唱的。

我对匈牙利的男中音和男低音歌剧演员极为崇拜，特别是米哈

第八章　第二所大学预科：兴趣培养

伊·塞凯伊。听说，他去过纽约，并在那里的大都会歌剧院演唱过！我喜欢的另一位歌唱家是捷尔吉·洛松奇，他的声音虽然没有塞凯伊的那么迷人，但作为一个戏剧演员，他在综合表现上是最优秀的。我觉得他的多才多艺和良好的演技为我树立了榜样。不过后来我听说，他娶了一个我不喜欢的豪放型女高音歌手为妻。

父母将我们家里那部装有发条的老式留声机淘汰了，换成了一部电唱机。他们把收音机的扬声器连接在电唱机上，虽然它的声音没有老式留声机纯正，但它能连续播放唱片，不用我摇动曲柄，唱机就能自行运转。

可是，父亲并不喜欢歌剧，家里的唱片都是吉卜赛或通俗风格的，那是父亲所钟爱的音乐类型。看我对歌剧的兴趣与日俱增，伊伦姑姑便把她的旧唱片翻出来送给我。在一个周六的下午，她让我和加比从她那些落满灰尘的唱片中挑一些自己喜欢的，带回家去听。

回到家后，我们迫不及待地打开电唱机，试听每一张唱片，试图找到一张最好的。我们从一大堆唱片中随意地抽出一张，放到电唱机上，听完一张后，再迅速地换上另一张听。这些唱片听起来毫无新鲜感，我们沮丧地以为，也许根本就没有好听的。后来，我们又随意拿起一张唱片，连唱片的名字都没看就把它塞进了电唱机。

然而，房间里顿时被一种美妙的声音占据了，它婉转、有力，让人觉得很有生气。我们俩认真地听着，好像被催眠了似的，傻傻地站在那里。当歌曲结束时，我取出唱片，仔细地看了一下歌曲的名称和演唱者。我发现，那是穆索尔斯基的歌剧，名叫"鲍里斯·戈东诺夫"，是由俄罗斯男低音歌唱家费奥多尔·夏里亚宾演唱的。

我开始搜集所有有关于夏里亚宾的资料。资料显示，夏里亚宾原本只是一个工人，没有受过任何与音乐相关的专业训练。资料里面还说，他从没有认真研究过乐谱，不过他很善于临场发挥，每次演唱时，他都能将作曲家的意图表现得淋漓尽致。我认为，在这一点上，我与他有些相似。那时，我一直幻想着自己长大以后能成为一名歌剧演唱家。

此外，我还有另外一个梦想，那就是成为一位作家。我觉得为了实现这一梦想，我必须要多读些书。我读书很没有规律，有时会在短时间内一下子读很多书，有时又会在好长时间里一眼都不看。偶尔，我会碰见一个令我印象深刻的作者，他的作品会使我的阅读动力瞬间激增。其中，最令我敬佩的作家是卡尔·麦和凡尔纳。在刚开始上多波大街学校的时候，我就开始读 C. S. 福雷斯特的书了，书中描写的 19 世纪英国海军舰长霍拉蒂奥·霍恩布洛尔的故事让我特别着迷。

我沉浸在主人公的世界里。任何人都猜不到，我已把自己想象成一位近代的霍恩布洛尔船长——一个少言寡语却一字千金的人。我想象着自己身负重任，在甲板上背着手踱来踱去，我过着一种令我的同学们羡慕的充实的内心生活。如果他们知道了我的"真身"为何，我想他们会更加尊重我的，谁也不敢叫霍恩布洛尔胖子，谁也不敢再把他推来搡去了。

我们社区的图书馆里就有霍恩布洛尔系列丛书，因此我得以常常借来赏读。每次将要看完一本的时候，我总担心自己会借不到下一本。等我把整个系列的丛书通通读了一遍之后，我又从头至尾读了一遍。或许我想当作家的念头正是始于这套书，我想为读者展现一个多彩的自我。

成为假想中的某个人，在虚构的场景中以自己喜欢的方式从事着想象中的一切冒险活动，这一想法让我兴奋得难以自持。然而，这只是我丰富的内心世界的一部分，我没有将其告诉任何人，只是深深地将其埋藏在心底。

第八章　第二所大学预科：兴趣培养

我热爱写作，也很渴望自己的文章能得到大家的关注。所以，对于那些问我将来的理想是什么的人，我总是用一个模棱两可的答案敷衍了事。与我年龄相仿的孩子都在为自己的未来筹谋，这使得我周围的人更加频繁地问我关于理想的问题。在我的朋友中，已经有人说自己想当机械工程师或内科医师了，因此我也不得不说出一种职业。我对外宣称，自己的梦想是当一名新闻记者。

其实，我还真的遇到了一个成为新闻记者的机会。在我们学校举办的一个聚会上，许多学生都在积极讨论时事。聚会结束后，我和一位女士攀谈起来。她跟我说，她是一位编辑，任职于一家专门为年轻人办周报的报社，她很欣赏我表达自己思想的方式——从容不迫地论述着自己的观点。我问自己，我真的愿意为她所在的那家报社写一些关于我的日常经历的文章吗？也许，我应该去她所在的编辑部看看，感受一下那里的气息。

有机会去参观编辑部让我兴奋不已。编辑部坐落在一间公寓里，办公区域只占了两个房间大小的空间。走进他们的房间，到处都是一堆堆的纸，还有好多往期的报纸。编辑部里有两名员工，是两个中年男子，他们在自己的打字机上不停地敲着字。我从来没有参观过任何编辑部，眼前的一切已经让我觉得很好了。

不久，我就向他们投递了我的第一篇文章。这篇文章是以我暑假期间的经历为背景撰写的，大概有五六段那么长。出乎我意料的是，它竟然被刊登出来了！不过这份报纸并不是很畅销，我周围的人都不怎么看，因为大家都觉得它缺乏趣味性。不过，能在报纸上发表文章对我触动很大，我一直希望自己写的东西有朝一日能变成铅字。自从我的文章被刊登出来以后，我便成了这家报纸的忠实读者，无论走到哪里，我的手里都拿着一份这种报纸。父母也很为我骄傲，他们把我发表的那篇文章拿给伊伦姑姑看，伊伦姑姑又把它交给了姑父萨尼依——一名真正的新闻记者。我渴望得到萨尼依的表扬，但令我失望的是，他什么都没跟我说。

我常常投递一些新文章，这些文章的篇幅都不长，写的都是我每天的所见所闻、所思所想。在经过略微改动之后，它们总是能被刊登出来。编辑部还给我发了一个小小的工作证，上面有我的照片和我的称谓——7号通讯员。我自豪地带着它四处走动，希望人人都能看见它，以此彰显自己新闻记者的身份。可令人遗憾的是，没人注意到它，不过我的自豪感并没有因此减少。

我文章中的大部分故事情节都是我自己构想出来的。后来有一次，我接到了我的编辑，即两个男编辑中的一个（吸收我作为成员的那位女士的工作已经被其接手）交给我的一项任务——报道我们学校在布达佩斯第一次五一大游行中的表现。

5月1日那天，所有学生都要到学校集合，集体参加一个全市范围的盛大游行活动。游行队伍是由工厂的工人、办公室职员、学生和市民组成的。这次游行是强制性的，每个人都得参加。工人们以工作地点为单位，学生们以所在学校为单位，各自分成若干个组，而那些失业的人则以他们居住的公寓大楼所在的街区分组。

在我的印象中，那次游行活动好像是为了庆祝苏联共产党的某一件事而举行的。在游行中，我们缓缓前行，本来就对此缺乏热情的人们一步步地挪向城市公园附近的一个大广场——英雄广场。到广场后，我们无精打采地走过检阅台，上面坐着匈牙利政府的领导人。当人群缓缓走过检阅台的时候，各位领导人夸张地向大家挥手致意。烈日炎炎，到处都弥漫着灰尘的味道，我们不停地走，口干舌燥。如果游行总是强制所有的市民参加的话，那么它将漫长无比，而且永远不会有观众，因为每个人都是游行队伍中的一分子。

当我们已疲惫不堪时，喇叭里仍不停传来阵阵的欢呼声和叫喊声，后来我才发现，那些欢呼声是早就录好的，他们只是不断地播放它而已。我和加比对视了一下，心想，他们一定是事先把军队召集了起来，命令他们高声呐喊、欢呼，喇叭里的声音只是他们制作的录音。

我没有按照这位编辑的吩咐，撰写有关五一大游行的文章。不过，其他人倒是都交了，而且该报纸还特意为此出版了一本极具激情的文集。那些文章的内容无非是游行多么有趣、多么充满活力，布达佩斯的青年如何拥护匈牙利政府的领导等。

五一大游行之后的那个月，即1950年6月，传来朝鲜战争爆发的消息。那时，关于朝鲜战争的信息充斥于我们的生活，报纸、电台对其大肆报道。我们学校还专门以这场战争为题举行了一场正式的讨论会，但我们在会前被告知，一定要持反对帝国主义侵略行径的立场。关于朝鲜半岛的海报遍布布达佩斯的大街小巷，从这些海报中，我们不但能看到"不要干涉朝鲜"之类的标语，而且能清晰地了解到前线的信息。

不过战争很快就出现了转机，把朝鲜与韩国分开的那条线开始逐渐向南移动——朝鲜战胜了韩国，他们赶走了侵略者，掌握了主动权，并且很快就把韩国人及其美国盟友一步一步逼至朝鲜半岛的最南端。

对此，我很困惑。几年前，我见证了苏联红军打败德国人并把他们赶出布达佩斯的情景。朝鲜人固然是经过红军训练的，他们善于打仗并具有献身精神，可我不明白的是，苏联人用了相当长的时间才包围了布达佩斯，在德国人兵败布达佩斯之后，苏联人用了3个月的时间才清除了匈牙利的最后一股德军。而朝鲜比匈牙利要大得多，他们是如何在遭受韩国的突然袭击后迅速重整旗鼓，又是如何打败了一支对战争蓄谋已久并试图从中渔利的军队呢？

种种推理让我联想到我在埃翁盖利库斯所上的宗教课。我很愿意相信别人的说法，可我不能因此而将自己的疑虑完全抛诸脑后。我知道，我的疑虑是不能和任何人讲的，那是很危险的事。后来，我和父亲谈起了此事。看得出来，父亲似乎很不情愿承认事情与我们想象中的不一样。他匆匆打断我的话，告诉我说，"别傻了，安德里什，一切都是真的"，说完，他就转身走了。

我和加比常常在街上散步，而且每次散步的时间都很长。有一次，我把我的疑虑告诉了他——除我父亲之外，他是唯一一个知道我内心疑虑的人。不知不觉间，我们走到了斯大林大街上，秘密警察总部就坐落在那里。这座建筑物总是能勾起人们不好的联想。据说，那里关了好多被秘密警察逮捕的人。看到几个身着制服的警察在门口站岗，我们马上停止了谈话，悄无声息地走到了马路对面。在这种场合下探讨我们的疑虑似乎不怎么明智。

日子一天天过去了，前线局势又出现了变化。美军登陆朝鲜半岛，韩国的战局优势日益显现。在遍布大街小巷的海报上，出现了一个新的、会让人产生一种不好的联想的东西——一只外形丑陋的大臭虫，它被画在前线地图的旁边，意味着美国人和韩国人在用细菌战对付朝鲜人。画像旁边则是一句口号——"残酷的屠杀"。后来，地图完全被这些东西取代了。

在布达佩斯乡下，父亲养了好多奶牛和猪，因此，他常常去那里检查饲养设施，那是他工作的一部分。工作日时，他会让司机开车送他过去，到了周日，他偶尔也自己开车，载着母亲和我一起去。

对我来说，陪同父亲检查饲养设施一点儿意思都没有，那里又闷又热，气味还很难闻。然而，驱车前往乡下的过程十分有趣。我总是坐在副驾驶的位置上，一会儿看路两边的风景，一会儿看父亲开车。那一刻，我觉得自己长大了。

有一次，我们到了小克勒什附近的一个小村子里，父亲在一座房子前将车停下。房子的主人是父亲小时候的数学老师。他们已经很多年没有见面了，但是，当父亲出现在他面前时，他一眼就认出了父亲，并以极大的热情欢迎他的到来。在那里，我们待了约一个小时。当我们即将离开的时候，老人问我是否擅长数学。我跟他说我只是喜欢数学，谈不上擅长。他夸赞父亲是一个数学高手，并希望我在数学方面的造诣能与他一样高。不过我从来不敢这么想，所以我只是无奈地冲他耸了耸肩。

在我们的另一次旅行中，我同样坐在了副驾驶的座位上，母亲则坐在后排座位上看报纸。

突然，母亲大叫一声："我的天，听听这个消息！"接着，她开始给我们读一篇文章，那是一篇关于某位党员的谈话的文章。在谈话中，他指责我父亲不遵守官方规定，偏袒"资产阶级分子"。

父亲所负责的这个饲养项目是受政府指派的，他本人并不熟悉这个项目，因此必须求助这方面的专家，而这些专家包括前任政府的留用官员和非党员干部。父亲被指责的原因好像是他推荐他们中的某个人到一个特殊的岗位任职，但政府则对此持反对态度。

报纸上的批评我们轻视不得，因为那样的批评通常意味着不久之后麻烦就会找上门来。父亲盯着前面的路，两手紧握着方向盘。虽然他仍在开车，但我能明显看出他受到了震动。他或许在担心，或许在生气，我猜不出他真实的心情，那次外出我们扫兴而归。

1951年年初,有一天夜里,姑父萨尼依和他的女婿被秘密逮捕了。次日清晨,伊伦姑姑便来到我家,她吓坏了,可又不得不接受这个残酷的现实。没有人知道他们被带到哪里去了,也没有人知道他们被逮捕的原因。没有指控,没有质疑,他们就这么被带走了。

　　在这种情况下,做什么都无济于事。我们唯一能做的,只是静静地等着,看事态会怎样发展下去。

　　没过几天,父亲就被解雇了。而且,他们还规定,不管父亲将来从事什么工作,他的工资都不得超过原来工资的25%。

　　人们再也不来我家和父亲谈笑风生了。除了亚尼和罗马茨仍然会过来,其他人都躲得远远的。

　　我在学校的生活一切如旧,但是不久之后我才逐渐意识到,我最近投的几篇文章都没有被发表。我找到编辑,想问明其中的原因,他不耐烦地冲我摆摆手,让我离开,并且对我说:"你只是写得没有以前好。"当我追问其中的缘由时,他闪烁其词,用一些模棱两可的话敷衍着我,还让我赶紧走,不要浪费他的时间。这样的反差让我既震惊又难受。

　　从编辑部出来后,我忽然想到,是不是因为姑父在蹲监狱,他们才对我的东西这样厌弃,然而我又觉得这似乎不太可能。到家后,我问母亲我的猜测是否正确,母亲静静地听着,然后冲我点点头,泪水湿润了她的眼眶。

　　新闻记者这一职业就这样在一瞬间失去了魅力。

第九章

第三所大学预科：化学、写作与一生的朋友

游向彼岸

下图：我的朋友彼得是个严肃的学生，他是文学小组的主席。

上图：教我物理的瓦伦斯基先生，他是我最喜欢的老师，也是一个有个性的人。

右图：我最好的朋友加比。在我们去了不同的学校后，我非常想念他。

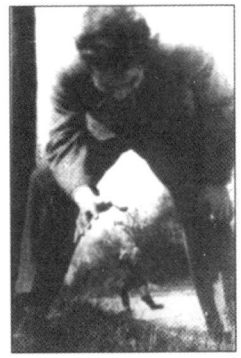

左图：我的新密友布比，照片中他自愿接受了我那恶作剧般的摄影尝试。

多波大街学校的学生并非全上大学预科。大学预科是一个中等教育机构，只接收那些想上大学的14岁左右的学生。其他学生则可以进入被称为"工艺学院"的中等技术教育机构学习。就读于工艺学院的学生毕业后仍然可以选择上大学，但如果他们不愿意，他们也可以因其所受的职业培训而找到一份很好的工作。有些学生选择进入电子或机械工业类的工艺学院——加比就一直对木头的加工特别感兴趣，所以他上了一所专门培养林业技术人员的工艺学院。

我不知道自己到底想干什么，而成为作家或新闻记者已经不可能了。虽然我不能完全确定自己想学什么，但我知道，我想继续上大学，因此我选择了大学预科学校。

我被分配到毛达奇大学预科学校这所中等学校，它曾经因教学成绩突出而名噪一时。与埃翁盖利库斯一样，它曾经也是8年学制的学校。但是，在学校被国有化之后，它的教学结构也发生了改变，现在只开设传统大学预科后4年的课程。

从我家步行至毛达奇大学预科学校需20分钟。那是一座华丽的建筑，楼梯很宽，有很多高高的窗户。很显然，这座大楼曾经宏伟壮观，但现在它已残破不堪，墙面涂料脱落，下面的灰浆因此露了出来。

入学注册时，我们被分成3个班，分别是1A、1B和1C，每班约有30名学生。后来我才发现，两个并列的男生班1A和1B特质明显不同：1B更严谨、认真，班里的学术氛围更浓；1A则吵吵闹闹，班里全是调皮捣蛋的学生。完全出于偶然，我被分到了1A班。

在学年刚刚开始时，老师带领我们到布达佩斯动物园进行校外考察旅行。动物园位于城市公园，离学校很远，但我们还是步行去了那里。在老师的带领下，我们排队行进，4个人一横排。出发时我们秩序井然，但不大一会儿，队列就散了，我们三五成群地拖着步子往前走，互相捅来捅去，把大部分人行道都占据了。

到了动物园，老师让大家在一边等候，他去售票厅为我们办理入园手续。我们在入口处乱转，情绪躁动，难以自控。突然，几个男生从队列中跑出去，向动物园的围栏奔去。他们爬到围栏上面，然后跳进动物园，转眼间就消失得无影无踪。

短短一会儿时间，队列中的其他人就蠢蠢欲动起来。很快，我们其他人也像一群野马似的冲出队列，向围栏跑去。我们沿着围栏散开，直到离开了正门工作人员的视线，然后就去爬铁栏杆。为避免被栏杆的金属尖刮着，我决定从固定铁栏杆的一个石柱子上爬过去。慌乱中，我爬上了石柱，然后纵身一跳，整个人便置身园中了。

进到园里之后，我和其他同学一样沉浸在兴奋之中。我们三四个人一组，从一个展区跑到另一个展区，累得上气不接下气，兴奋得满脸通红。当我们从人们身边飞驰而过的时候，我们总会吸引他们的目光。在动物园里，随处可见其他小组的同学，所有人都围着笼子追逐嬉戏，胡乱地跑着。很快，我们便分散到了动物园的各个角落，但没有人关注那些动物。

在那个早秋的工作日里，动物园里的人并不多，所以在所有的游客当中，我们能很容易地被识别出来。没过多久，动物园的工作人员

第九章　第三所大学预科：化学、写作与一生的朋友

就开始四处围捕我们。不一会儿，我们就被抓到一起并被带到正门入口处，回到怒气冲冲的老师身边。当最后一个"淘气鬼"被抓住之后，我们又重新站好队，返回学校。这一回老师紧紧地跟着我们。回到学校后，我们被告知要在操场上排队站着。我们静静地等待着，兴奋劲儿过去之后，大家都有了一丝挫败感。过了一会儿，校长来了，他个头不高，但很健壮、很有威严。他愤怒地盯着我们，严厉地批评了我们。他说，他绝不会让我们变成小流氓。而且他还警告我们说，我们的这种行为将会产生可怕的后果。

到了午休的时候，我们搞恶作剧的消息便像野火一样迅速蔓延到了学校的每一个角落。其他班级的学生，甚至包括那些我们一直很尊敬的高年级学生，都围着我们，询问这场恶作剧的所有细节，我们一下子名声大振。

在这次动物园恶作剧中，我玩得十分开心，但在这个班里，我并不快乐。我想念和加比在一起的日子，在这里结识新朋友对我来说很难。对于我们要学习的课程，班里的大部分人都不感兴趣，我却对此情有独钟。他们越是胡作非为，越是对老师及其所教课程感到反感。

这大多数捣乱的学生占据了班里的主导地位。他们嘲弄我们少数几个认真写作业、从来不抄作业的人。他们还经常向我们借作业，或者直接把我们的作业拿走，就好像他们已经完成了一样。

没过不久，我们几个爱学习、不爱胡闹的学生便形成了一个小圈子，而且开始经常待在一起。

在我的新朋友中，有一个绰号叫布比（这是一个带有贬义色彩的绰号，指那些个头较小的人）的小个子男生。他在数学和物理方面表现突出，而且很擅长修理一些小玩意儿。也许他从来就没有长高过，但是他肌肉发达，而且擅长体育活动，这在一定程度上减少了别人对

他的嘲讽。

我的另一位朋友叫伊姆雷，他与布比恰好相反，他身材高大、瘦削，但动作有些笨拙。他喜欢文学以及与文化相关的事物，在这方面我们有共同语言，我可以找他讨论我们共同读过的东西。对于同样一本书，他可能已经读过好几遍了。

我这个圈子里的第三个朋友是班里的数学天才。他总是早早就学会了我们将要学习的东西，而且他对高等数学和抽象数学很痴迷。但他的外表看起来让人很不舒服——衣冠不整，头发油腻，一脸粉刺，手指甲脏兮兮的，还不停地抽着鼻涕。那个学年开始时，我们班开始学习希腊神话，不久，有人便根据丑陋的牛头人身怪物弥诺陶洛斯的名字给他起了个绰号——弥诺斯。这个绰号被大家沿用下来。

此外，我在1B班还有一个朋友，他名叫陶马什，擅长物理，就像弥诺斯擅长数学一样。陶马什能熟练地演奏小提琴，并能弹一手漂亮的钢琴。

在朋友们中间，我有些自惭形秽。我不会拉小提琴，对其他乐器也一窍不通，也不是数学或物理天才。我只是一个普通意义上的好学生，我在任何一个领域都不十分突出，而且，除了游泳，所有体育运动项目都是我的软肋，但他们还是一视同仁地接纳了我。我想，与他们相比，我的最大优势是我更容易与班里的其他人相处。我是他们与那些调皮学生之间沟通的桥梁。

除了爱学习，我们之间还存在另一个共同点——我们5个都是犹太人。其实我们并不是班里仅有的几个犹太人，只是我们与班里的其他犹太人没能成为朋友。但是，当我们这些志趣相投的伙伴在课间或课后一起闲逛时，一道无形的围墙不知不觉地在我们周围形成了。虽然从来没有人对我们表现出明显的反犹行为，但这种隔阂的的确确是

第九章　第三所大学预科：化学、写作与一生的朋友

真实存在的。

对于我们是犹太人这个事实，我们从来不讨论。就像班里的其他学生一样，我们只是清楚地知道自己是犹太人。无论是大人还是小孩儿，匈牙利人总能弄清谁是犹太人，而谁不是。这几乎已经成为大家的第六感，一种永恒不变的隐性意识。

毛达奇大学预科学校与多波大街学校的上课方式几乎是一样的。学生要在一个特定的教室里上课，除了课间休息、体育课以及物理和化学实验课，我们不会离开教室。在一天里，每隔一小时就会换一位老师来教室给我们上课。

毛达奇大学预科的老师比多波大街学校的老师好很多。其中最有趣的老师当属我们的匈牙利文学老师——泰莱格迪先生，他是一位身材高大、秃顶、驼背的老人。其他老师在上课时通常都穿着休闲装，而泰莱格迪先生却总是将一件老式的、破旧的黑色工作服套在便服的外面，而且，他身上总是透着一种和他的工作服一样格格不入的老派的高贵。

在这里，差不多每个老师都有外号，而泰莱格迪先生有两个。有时，我们叫他塔代，这是根据歌剧《丑角》中一个不幸之人的名字起的。这部歌剧在那些日子很受布达佩斯人的欢迎，即使没去看过它的人也都知道剧情。在学生回答问题时，泰莱格迪先生会习惯性地把头歪向一侧，好奇地听着。他还会将右手伸到背后抓住左手肘部，并将重心转移，那姿态看上去很笨拙，而他脸上那茫然而冷淡的表情正好与之相匹配。他因此有了另一个外号——麻雀。

塔代酷爱文学。当他向我们讲授匈牙利小说或诗词时，他的激情

溢于言表。班里的很多学生都认为他的热情有些滑稽。在塔代的课上，他们肆意地胡闹、耳语、做鬼脸，还不停地故意让铅笔掉到地上。

有一天，学生们捣乱的方式发生了变化。有个学生从外面带回一口袋小圆石头。当塔代背对着同学们在黑板上写东西时，那个同学便开始不停地向黑板上扔石头子儿，他小心翼翼地扔着石子儿，以免打着塔代，同时又要保证达到扰乱课堂秩序的目的。每当一个石头子儿被黑板反弹下来噼里啪啦地落到地上时，塔代就会转过身来，摆出他那麻雀般的姿势。他向教室里四下望了望，看起来有些伤心，然后就默默地转过身去，继续在黑板上写着，直到下一个石头子儿再次打到黑板上为止。

在课堂上胡闹引起了大家的兴趣。第二天，很多学生来到教室时都带着石头子儿。到了第三天，这么做的人就更多了。

第四天，在大家扔了更多的石头子儿后，泰莱格迪先生拂袖而去。随后，校长来到我们班，站在讲台上，以恐吓的口吻对我们进行了一番教育，然后他宣布，在泰莱格迪先生对我们的行为感到满意之前，我们不能离开教室，休息时间也不例外。大家立刻便停止了这种行为。

快下课时，同学们让我问问泰莱格迪先生，我们的表现是否令他满意，他什么时候会解除对我们的惩罚。他严肃地对我说："不扔石头子儿并不意味着表现良好。我希望你们能表现得更好。"

一堂课又一堂课过去了，他始终坚持着自己的立场，丝毫不纵容我们。此后，他的课堂上再也没人扔石头子儿，没人捣乱，也没人闲聊了。

在校外看到自己的老师会让人感觉怪怪的。有一次，我惊奇地在歌剧院里看见了泰莱格迪先生。我坐在顶层那个我常坐的最便宜的座位上，他则和一群人坐在舞台正上方的歌剧导演的包厢里。他没有穿那件工作服，而是换了一套看起来很合身的西服。第二天我就迫不及待地告诉他，我在歌剧院里看见了他。

他说他前一晚是去了歌剧院，因为那部歌剧的导演是他的一个朋友。我问他对这场演出感觉如何。那是一部匈牙利的经典歌剧，是由我最喜欢的男中低音歌唱家捷尔吉·洛松奇主演的。泰莱格迪先生对演出的评价非常复杂，他并没有像我一样沉迷于洛松奇，他的客观使他的评价彻底征服了我。他说："他的确是一个好演员，但是他在演唱时嗓子里好像塞了一个面团儿似的。"从此以后，每次听洛松奇唱歌，我都会想起泰莱格迪先生的评论，而且越来越赞同他的观点。

一个月过去了，有一天，他邀请我和伊姆雷去他家讨论文学问题。他的家很破旧，面朝所处的那栋破败的公寓大楼的内院。房间的地板和桌子上摆满了各种书，到处都是灰尘。泰莱格迪先生从厨房拉过来两把椅子让我们坐下，他自己则坐在一张旧沙发上，然后我们便开始谈论文学。我们的谈话趣味十足，但我总觉得房间里的气氛出奇的压抑和悲伤。让我意想不到的是，我竟然对泰莱格迪先生产生了惋惜之情。我，这个不值得尊重的1A班的学生居然对泰莱格迪先生感到惋惜，这一点更增添了我的苦恼。在我们离开他家之后，我便尝试着将泰莱格迪先生那破旧的家的画面以及由此带来的困惑从头脑中彻底清除。

瓦沙尔海伊夫人是我们的历史老师，她的教学风格与泰莱格迪先生的截然相反。她年轻、漂亮、有活力。虽然大家都推测她嫁给了某党的一位官员，但在我们心中，她仍然是一位好老师。在上历史课之前，那些调皮的学生都会对着窗户梳理自己的头发，检查自己的形象，好给她留个好印象。她毫不费力地就能使我们在课堂上保持安静。

因为听力的问题，我总是坐在第一排。平时和我同坐一条板凳的那个学生有时候会因故不来上课，那时瓦沙尔海伊夫人便会坐在他的桌子上，双脚放在我旁边的座位上。那一刻，她离我很近，我甚至能闻到她身上的香水味儿。她总是穿着开领的宽松上衣，从我坐着的角度，我可以看到她的脖子和下巴内侧。我觉得自己一直盯着她看不好，但目光又无处可放，于是就盯着她的脖子看。每当这时，我都有些局促不安，但当我的同桌缺课时，我又总是期待无比。

有时，瓦沙尔海伊夫人会在课间休息时和泰莱格迪先生一起聊天。他们说话的声音很低，而且总是亲密地相互靠在一起。每每见到这种场景，班里就会流言四起。我们不敢想象他们两个能够浪漫地喜欢上对方，但这种可能性对我们来说着实有趣。

在所有老师中，我最喜欢物理老师瓦伦斯基。他个子较小，年龄较学校的大部分老师要长，他头发不多，呈红棕色，常常向后梳着。他是一位非常好的老师，物理也是我最喜欢的科目之一。更重要的是，他是一个很有个性的人。

他总是用他那只名为"穆基"（一个温柔亲切的俚语词，意为"小家伙"）的狗的故事来逗我们开心。他的物理问题常常贯穿于故事当中，例如："如果我把这个物体扔给穆基，它这样接容易还是那样接容易？"有时，他甚至会把我们在课堂上的表现与他的狗进行不怎么恰当的对比。

瓦伦斯基先生讲的故事让班里的每一个人都从中体验到了极大的乐趣。或许，这就是他从来不费吹灰之力就能让学生遵守课堂纪律的原因。

瓦伦斯基先生的记忆力很神奇，他能记住20多年以前发生的事，同时也会在见到你的几个小时之内就忘记你的姓名。尽管我不敢确定

第九章 第三所大学预科：化学、写作与一生的朋友

他是否认识我，但我依旧十分喜欢他，我想他也应该喜欢我。后来有一天，我知道了他是认识我的。

在那年秋天的家长会上，瓦伦斯基先生对与会的家长们讲道："人生就像一个湖泊。所有人都要从湖的一端跳进水里游泳，然而，并不是每个人都能成功地游过去，不过，我相信有一个人肯定能抵达终点——他就是格罗夫。"我父母当时都在场，回家后，他们把这件事告诉了我，脸上洋溢着自豪的神情。

同时，他们还把它告诉了其他很多人，以至于随着时间的流逝，我能游过生命之湖的论断已经成了我们这个家的陈词滥调。尽管我已经厌倦了这个故事，并且因为父母的一再提及而感到尴尬无比，但我仍旧从他们的每一次叙述中汲取了巨大的勇气和力量。我希望瓦伦斯基先生的预言是对的。

在那次家长会上，泰莱格迪先生也当着所有学生家长的面，给予了我极高的评价，但是他的描述让我心里有些不舒服。他说："未来的某一天，我们会坐在格罗夫的等候室，等待他的接见。"我想象着他瑟缩地站在我的等候室里、被秘书和其他人所忽视的情景，忽然觉得挺对不起他的。事实上，我那时就已经感觉有些对不起他了，因为我觉得自己不可能成为那样的人。那种认为我在未来会专门设一个房间让等候我的人坐在里面的想法，实在令人难以置信。

姑父萨尼依和表姐夫仍然被关在监狱里，父亲也仍在工作上遭受冷遇。丢掉了政府部门的工作之后，父亲的一个朋友大胆地雇用了他，让他管理国有乳品厂的一个会计小组。经过双方协定，他的工资是原工资的四分之一。

我们的生活方式因父亲工资的降低而产生了极大的变化。虽然我们有一定的积蓄，但随着收入的减少，生活中那些小小的奢侈也一去不复返了，周日我们不再出去吃饭，不再去看电影，我也不再奢望能在歌剧院里弄到一个稍好一些的座位，不再向往栗子蓉之类的美味。那时，我们每周只吃一次肉。

在国有乳品厂工作了几个月之后，父亲的这位朋友又给他介绍了另一份工作——在一家建筑公司做会计，工资比乳品厂的稍多一些。在提出了相应的申请，并经过当局的反复审查之后，父亲得到了这份工作。这家建筑公司坐落在布达佩斯的郊区，所以父亲上班时要乘很久的电车才能到。他每天往返于这条漫长的道路，却丝毫没有怨言。

对于失去工作的事，父亲从没有抱怨过。事实上，他从来就不抱怨什么，他开始变得沉默寡言。过去，他愿意与人讨论政治，现在他却拒绝讨论任何与政治相关的话题，而且，压根儿也没有人跟他讨论了，他的大部分朋友仍然与他保持着距离。

在我的同学中，有些人已经找到了女朋友。课间休息时，他们不断地炫耀着和这个女孩出去、和那个女孩看电影之类的事。自称在这方面较为成功的那些人一般都擅长体育运动，而且打扮得比我们这些人要时髦得多。在学校举行的重要活动中，其他人都衣着普通，他们则上穿肩部被精心垫高的夹克，下穿锥形裤。他们对学习成绩漠不关心，因为在他们看来，成绩不是吸引女孩子的资本。

而在我的朋友圈里，没有人会过多地讨论关于女孩子的事。其实，我是没什么可讨论的，但我不想承认这一事实，不过我猜我的朋友们在这方面也没什么可说的。然而，我仍然暗自期望，自己会是这

第九章 第三所大学预科：化学、写作与一生的朋友

个小圈子里第一个成功找到女朋友的人，这样我便可以在其他男生面前炫耀了。

在学校里认识女孩子的机会很少，因为我们和女生们不在一个班里，所以我必须另谋出路。

我的一些"圈外"同学会跳舞，这让我很是羡慕，但是，我又不想因此影响我在那几个聪明朋友心目中的位置。我真的很想和女孩子见面，并用我们班其他同学的惯用伎俩赢得她们的芳心。

在我看来，跳舞是一件很神秘的事。我不清楚人们怎么会知道自己的脚步该是什么样的，我也没有勇气走到女生面前邀请她跳舞，这种想法让我有些害怕。不过，对跳舞的无知和恐惧促使我下定决心学会它。

基拉伊大街上就有一所舞蹈学校，离我家只有几个街区远。这所学校就在街边，晚上路过那里时，我总能听到从开着的窗户里传出的音乐，还能看到一对对舞者翩翩起舞。我鼓足勇气过去看了看报名所需的东西，发现报名只要交钱就可以了，而且数额并不大。这所舞蹈学校也和很多企业一样，由国家提供一部分资金支持。

我自己没有零用钱。家里的零用钱都藏在父母衣柜里父亲的内衣下面，父母是允许我在需要时从中拿一些用的，只要告诉他们一声就行。然而，从家庭生活开支中拿钱学跳舞让我有些介怀。

好在舞蹈课的费用不高，而且在父亲有了新工作之后，家里的境况改善了不少，因此父母同意我去学舞蹈。于是，我在上毛达奇大学预科的第一年春天，报名参加了一个初级舞蹈班。

舞蹈并不像我想象中的那么难、那么吓人。舞蹈班的学员大多是像我这么大的学生，大部分都是男生，只有几个女生。舞蹈老师是一位中年男子，他身材瘦削，满脸皱纹，眉宇间却透着一股自信和成熟。

他穿着西服，打着领带，这更为他平添了几分优雅。在布达佩斯，很少有男人穿西服，而且他们的西服总是不太合身。这位舞蹈老师的西服虽然明显有些旧了，但裁剪得很得体，布料也十分精良，看上去一点儿也不过时。这种衣冠楚楚的优雅与我以前的英语老师恩德勒迪先生颇为相似。这位舞蹈老师给我留下了深刻的印象，我甚至有点儿嫉妒他了。

我们在挂有一面镜子的墙前列队站好。老师先教了我们一些简单的舞步。大家要齐数"一、二、三、四"，并且按照他的要求迈左脚、迈右脚，但我感觉我们不像是在跳舞。我尽量不看镜子，而是专注于把舞步走对。后来，老师开始放音乐，当我们跟着音乐数起拍子时，我们就真的是在跳舞了。在同样的音乐伴奏下，我们一遍又一遍地练习狐步舞、华尔兹和探戈。我找到了自信的感觉——至少在我独自跳舞时，我的感觉很好。

有一天，老师让男生和女生结伴跳舞。老师先和一位女士一起跳了一次，给我们做了示范。那位女士是我们老师的助手，常常在舞蹈学校里闲逛。而且，她衣着过时，看起来并不高雅，但是，当他们共同起舞时，他们在地板上滑动脚步的姿势非常优美。我们都希望能跳得和他们一样好。

在舞蹈班里，男生多于女生，所以我们只能轮流和女生一起跳舞。轮到我时，我用一只手臂搂着那个女生的腰，另一只手握着她的手，那种感觉特别神奇。其实跳舞并没有想象中那么神秘。我们俩的手心都出了汗，而且我一直在不停地数"一、二、三、四"。我真希望舞曲马上结束，而在我的印象中，一曲结束时，我的舞伴也像我一样如释重负。

后来，我的舞步越来越自然了，即使不在脑子里数数，我也可以跳好舞步。我甚至可以轻拍一下某个男生的肩膀，然后撬过他的舞伴一起跳舞。然而，我在舞蹈学校学跳舞期间并没有发生什么浪漫的故事。我们都在用心地学习舞步，舞伴只不过是陪我们练习的工具罢了。

我对狐步舞、华尔兹和探戈尤为痴迷，但这些舞蹈常常被人们忽视。当时，匈牙利流行美国的比博普爵士舞，跳这种舞时，你的舞步必须流畅，要转动舞伴的身体，使她的裙子旋转起来，同时你的双脚还要做出复杂的动作以扭动身体，那样子就好像双膝是由果胶做成的一样。匈牙利当局极力反对这种舞蹈，因为它来自西方。人们只在家里用那些从联邦德国或奥地利走私进来的唱片伴奏，偷偷地跳这种舞。

所有人都对这种舞感兴趣，但这种舞舞蹈学校是不可能教的。有一天，在课间休息时，一个学生在班里尝试着跳了几步比博普。老师眉头紧锁，以示反对，然而那个学生继续扭动自己的身体。过了一会儿，老师强行令他停下来，对他说："如果你要学这种舞步，至少应该保证舞步是正确的。"接着，老师换下了狐步舞的舞曲，转而播放了一首节奏更快的现代舞曲，他的双腿极具弹性，手臂也很柔软，像腻子一样。看着他的精彩表演，我们顿时对他肃然起敬。过了一会儿，他从那种忘我的状态中抽离，停下来对我们说道："如果你们跳得没我好，就不要在这上面浪费时间了。"当然，没有人能跳得像他那么好。

我们的舞蹈课在 6 个星期之后结束了。舞蹈学校举行了毕业典礼，全校的师生都参加了。在典礼上，我们在老师和助手的注视下双双起舞。现在我已经知道如何跳舞了——至少我自己认为是这样。从此以后，在学校的各类舞会和特殊活动中，我一改往日唯恐避之不及的心理，变得敢于抛头露面了。但大多数情况下，我都是靠墙站着。因为我知道，除了知道在跳舞时应该把自己的脚放在什么地方，能赢得女生芳心的东西还有很多。

除了学校开设的俄语课，我还报名参加了一个免费的俄语补习班。学校里的俄语教学太基础，我担心自己学无所成。我认为既然俄语是我必须要学的一门语言，我就应该真正地学好它。

补习班的课程都安排在晚上。具有讽刺意味的是，我们的上课地点安排在以前埃翁盖利库斯大学预科的一栋大楼里。在被国有化之后，那栋大楼已被挪为他用。这个班的成员大部分都是成人，只有几个与我年龄相仿的学生。其中，有个女孩让我特别着迷。她个头不高，金发碧眼，而且个性勇敢。老师希望学生们彼此能用俄语名来称呼对方，那个女孩的俄语名叫加林娜。

后来我知道，我和加林娜回家正好同路，她在回家的途中正好会路过我家。不久，我们便达成了一种默契——下课后偶尔一起步行回家。我很期待能和她步行回家。其实，我心里清楚，我盼望与她一起回家的心情远比盼望上俄语补习班强烈。俄语班的老师教得不太好，或许是我学习俄语的动力不足的缘故吧。我能坚持上课就是为了能见到加林娜，可我一直不敢和她约会。

在学校的休息时间，我也有机会与女孩接触。然而这并不容易，因为女生们乐于聚成一些小团体，他人很难介入其中。男生们也总是一伙伙地在外面闲逛，很难分开。你可以若无其事地走到一群女生跟前，随便对她们说些什么，或者在进出教室的楼梯上向某个女生暗送秋波。不过，在校园里的任何地方和女生交谈都会引起别人的注意。

我已经15岁了，与我同龄的那些男孩都和女孩一起约会过。所以，在毛达奇大学预科的第一学年的期末，我找到一个女孩，鼓足勇气问她，放学以后能否陪我出去散散步。令我又高兴又惊奇的是，她爽快地答应了。我们将约会的时间定在第二天下午3点，地点是基拉

第九章 第三所大学预科：化学、写作与一生的朋友

伊大街与环形大道交叉处的一座街头大钟下面，那里离我们两家的距离都不远。

我提前15分钟到了那里。在那个繁忙的街角上，我来回地踱着步，看着那座钟的指针慢慢挪动，练习着见到她时我该说什么——我该怎样泰然自若地跟她打招呼，就仿佛我每天都那样做一般自然。3点钟到了，那女孩并没有来。我安慰自己说，她可能会迟到几分钟。不管怎样，女生迟到是很正常的事。

又过了5分钟、10分钟、15分钟，失望和沉重逐渐占据了我的胸口，兴奋和期待则一扫而空，我陷入与自己的激烈争论中。我从商店的橱窗里看到了自己来回走动的身影，我看起来又胖又笨，怎能希望她真的会和我约会呢？3点半的时候，我再一次四下望了望，然后就往家里走去了。我很蔑视自己，而且对女孩——所有的女孩都感到很生气。

第二天到学校后，我强迫自己不看那个女孩。和往常一样，我只和1A班的朋友们一起闲逛。值得庆幸的是，为谨慎起见，我事先没有告诉任何人我那场所谓的约会，因此也免去了告知别人约会没有成功的麻烦。

我和父母从来不谈论女孩子的事。他们虽然知道我已经上过了舞蹈课，却并没有问我与舞蹈课相关的问题，当然，我也没有主动谈过任何事情。他们的这种克制让我心存感激。

然而，有一个人却对我在女孩子方面的经历非常感兴趣，他就是曼奇的丈夫米克洛什。在我的印象中，他特别想与我分享他的故事，因为他认为自己年轻时在这方面是非常成功的。他总是用胳膊搂着我的肩膀，面带一种自己很专业的表情，用探询的目光注视着我，问我："安德里什，你和女孩子们相处得如何？"每次见到我，他总会

这么问。

我不愿意见到他,而且很讨厌他的问题。在这方面,我没有什么东西可向他汇报,而我又不愿承认这一点。我试图像霍拉蒂奥·霍恩布洛尔一样紧闭双唇,用一本正经的态度来敷衍他。但是,下次再见到我时,他还是会用相同的眼神和过分亲热的方式跟我打招呼。其实,我的内心已经产生了一种强烈的欲望——想告知他一些东西,可令人失望的是,我根本没有什么可以说的。

在毛达奇大学预科第一学年结束的那个夏天,我开始到玛格丽特岛上的帕拉蒂努什公共游泳池里游泳。与城市公园的游泳池相比,这个游泳池离我家的距离要远一些,但我更喜欢在那里游泳。因为那个游泳池很大,如果我去得比较早,我可以一口气游很多圈;而且,那里的社交氛围也比城市公园的活跃。

好多人都会结伴来这里游泳,他们常常坐在游泳池旁边那块被修理得很整齐的宽阔草坪上。中午时分,一群群身着五颜六色泳衣的人就在那儿野餐、玩排球、晒太阳或者进行交际。有时候,我会在连续游完几圈之后约一些朋友在那儿见面;有时候,我独自一人前去,事先没有约人,却也总是会在那里碰见一些熟人,和他们一起坐下来聊天。

我热爱游泳,不过那里最吸引我的是我可以呆呆地凝视着那些身着比基尼泳装四处招摇的姑娘。不过我只能从远处看着她们。我从来没有尝试过和一个陌生的女孩交谈,我的头脑中从来就没有这一概念。

有一次,我在那里偶然遇见了和我一起上俄语课的加林娜。见到我,她好像很高兴,我也很高兴。我们在游泳池里同游了一会儿,但

第九章　第三所大学预科：化学、写作与一生的朋友

当她准备离开的时候，我才意识到我已经兴奋过度了，根本无法跟她一起走。我拼命地在游泳池里来回游了几圈，以使自己放松下来。这个方法果然起作用了，但是当我觉得自己可以坦然面对她时，加林娜早就和她的朋友们走远了。

1952年，夏季奥运会在赫尔辛基举行。在那届奥运会上，匈牙利代表团取得了相当好的成绩，击剑队的运动员表现得尤为出色。比赛的实况报道我是从收音机里听到的，这激发了我极大的兴趣。体育运动极具霍恩布洛尔的风格——魅力四射，野性十足，又不失理性。我没有看过击剑比赛，但即便如此，我仍然决定学习击剑。

我家附近正巧有一个击剑俱乐部。我可以免费成为它的会员并使用那里的设备，因为该俱乐部是由国家赞助的。很多体育俱乐部都是由国家赞助的，那些培养奥运会选手的俱乐部更是如此。具有体育方面的优秀才能不仅值得个人骄傲，也体现了整个国家的优势。

不久，我就成为击剑班的一名初级学员。击剑课在刚开始时与舞蹈课很相似——一大群身穿运动服的男孩和几个女孩在镜子前面站好。教练高喊"弓箭步刺"，我们便笨拙地向前迈动右脚，摆出弓箭步刺的姿势。然后，教练向我们讲解手和膝盖应该做什么动作，并且向我们演示什么是正确的弓箭步刺姿势。然后，我们便开始反复地练习。第二天早上起来，我累得几乎动弹不得。

与学舞蹈一样，没过多久，我们就掌握了脚下的基本动作，并且开始学习花剑——击剑运动中最容易掌握的一件器械。对此，我有些失望，因为我想学习佩剑——匈牙利的奥运英雄就是佩剑冠军；然而我必须按照教学进程的要求，在掌握花剑技术之后，再学习佩剑。

我不能算是真正的运动员，因为在学校我就不擅长体育，甚至讨厌体育，但是击剑运动让我深深着迷。不仅仅是因为奥运冠军这一头

衔对我具有吸引力，还因为终于有一种比赛，我的表现不再是班里最差的了，虽然有些争议，但我还是超越了很多人。

课堂上，我很用心地学习，一直与我的同伴练习；在家里，我也经常练习步法；甚至在大街上走路时，我都在用右臂练习躲避动作。有一天，邻居家的一位女士用一种十分关切的口吻对我父母说，安德里什可能什么地方出了问题。自从在大街上碰到我，她就一直跟着我，看着我一直在边走边用手腕练习一些令人费解的动作，她以为我是癫痫发作了。

我的肌肉并没有因为击剑运动而明显变发达，我的体重也没有因此减轻。这项运动对我身体的影响是，我的右手食指变得比左手的粗壮，因为要支撑花剑的重量，它有些向里弯曲。

过了一段时间，我被教练选中，代表我们俱乐部参加正式的击剑比赛。这些比赛虽然水平不高，却是有裁判裁定的真正比赛，所以我很兴奋，而且我是有备而来的，我还想利用这个机会参观其他俱乐部。不过不久后我就意识到，我在短时间内是无法参加奥运会的。因为我在预赛或者最多在半决赛中就会被淘汰出局。但是，只要一有机会，我还是会去参加这种击剑比赛。

在15岁那年的夏天，我得到了人生中的第一份工作。由于伊姆雷的父亲在一家国有印刷公司任职，所以他在那儿给伊姆雷、布比和我找到了一份工作——往卡车上装卸图书。大多数时间里，我们都紧密地团结在一起，像团队一样努力地工作。

在印刷厂，成箱的图书被我们装上卡车，然后我们坐到书箱上，等卡车到达库房之后，再把这些书箱卸下来，放到卸货斜槽上。其他人则负责拆开箱子，把这些书码在库房里。运完一车之后，我们就回印刷厂再运另一车。虽然这项体力劳动非常具有挑战性，但我们把它

第九章　第三所大学预科：化学、写作与一生的朋友

当成了一种体育运动。我们形成了工作链，相互比赛。在工厂时，我们比试谁能用最短的时间把成箱的书装上卡车；在库房时，我们则比试谁能用最短的时间把书卸到卸货斜槽上。在运送图书的路上，我们坐在卡车上穿过布达佩斯的街道，这让我们觉得很有趣。

卡车司机是一名正式员工，他年纪不大，总是像兄长一样乐呵呵地看着我们干活。炎炎夏日，当我们热火朝天地把书箱搬上搬下的时候，他就一边懒洋洋地靠着卡车抽烟，一边不时地与路人聊天或和女孩子调情。他的工作好像比我们的轻松得多，我有些羡慕他了。他让我质疑上学的意义，不过这种想法转瞬即逝。

上大学预科期间，我对化学的兴趣日渐浓厚，这种兴趣在我上多波大街学校的最后一年就已初露端倪了。那时，我在无意之中找到了一本儿童版的有关简单化学实验的书。我之所以喜欢化学，一方面是因为这些实验本身就很有趣；另一方面则是因为，在我的记者梦破灭之后，我渴望在新的行业培养自己的兴趣，并且希望这一行业不会轻易被主观因素左右。

一开始的化学实验都很简单，所用的实验材料在家里就可以找到。我把糖溶解在水里，吊起一根绳子，让它的一头浸在溶液里，然后让水蒸发，观察糖的晶体慢慢沉积在绳子周围。我还用酒精灯加热这些白糖，观察它熔化、变色并且释放出焦糖味的气体的整个过程。白糖在当时是一种不可多得的美味，方糖更是如此，但是我总能设法弄到一些，便于我在科学实验中使用。

在结束了开始阶段的简单实验之后，我按照书上的指导继续进行更加复杂的实验。但是，这些复杂的化学实验所需的材料也更加专

业了。

我看的这本书是二战之前出版的，当时的社会还很繁荣，很容易就能找到化学药品。在这本书中，作者描述完一种实验材料之后，总是用"这种化合物在绝大部分的正规药房都能买到"轻松地结束那一章。我越来越讨厌这句话，因为在我们的现实生活中，连普通的肥皂都得不到及时的供应。

化学药品专卖店也总是缺货。在中央计划经济体制下，每一样东西的短缺都很司空见惯。

这种挫折我以前在购买相纸的时候就曾遇到过。曼奇姑姑教过我一些照相技术，我还曾笨拙地在家里冲洗过自己的胶卷，把照片放大。夏天的时候，照片的黑白对比很强烈，为了提升照片的效果，我必须选用低对比度的相纸；而到了冬天，一切都笼罩在灰暗当中，所以印相片就需要高对比度的相纸。毫无疑问，夏季总是买不到低对比度的相纸，而冬季则缺少高对比度的相纸。最后，我想了一个办法——在前一个季节购买相纸，为下一个季节做好充足的准备。

对我来说，为实验购买化学药品也是一件充满变数的事。没有商店卖化学药品，我只能到药店、油漆店或布达佩斯郊区的化学品库房去一一寻找。我常常为了一点点化学药品与化学品库房里的工作人员软磨硬泡。通常情况下，他们都会尽力帮我。但是，因为所需的东西不可能在同一个地方找到，所以为了将下一组实验所需的材料全部搜集到，我必须跑很多地方。

一开始，我的实验只限于把两种液体简单地混合起来，看着它们相互反应然后变色——蓝色或紫色，或者看着它们蒸发后变成白色粉末，对此，我颇为满意。那时我只是模糊地理解实际发生的反应，所以那些实验对我来说总有一种魔幻般的色彩。直到学校的化学课讲到相同的部分，我才真正理解了实验中所发生的化学反应。换句话说，在家里所做的实验是对上课时学到的化学式的一种直观感觉上的辅助。

后来我知道了怎样制造烟火。

如果说把两种液体混合在一起然后看着它们变色是一件趣事的话，那么，把两种混合的粉末放在一块金属板上，然后用锤子猛敲，伴着一声巨响冒出一股烟的过程就有些惊心动魄了。

有些实验我特别喜欢，课后我常常反复地给朋友们演示。在其中一个实验中，我把一个小棉花团儿变为了易燃品。当我给这个小棉花团儿"施加魔法"后，从外观看上去，它仍是棉花，但是，当我点燃它的时候，它立刻就会燃烧起来，然后很快就不留任何痕迹地消失了。在我最喜欢的那个实验中，我把一小部分经过处理的棉花团成团儿，并把它放在一个金属管的底部，然后在棉花上面放一个弹珠。当棉花被导火索引燃时，弹珠就会像一个微型炮弹一样从金属管里射出去。

在另一个实验中，我把少量的磷与另外一种化学药品混合起来，制成一种粉末，这种粉末一受撞击就会爆炸。我小心地将少量的粉末倒入用过的子弹壳，然后用加热后的蜡把子弹封起来。当我用气枪向一面墙发射这些重新填装好的子弹时，子弹会立即爆炸，并且发出噼啪的爆裂声。这十分有意思。

有一次，我从通风井上面的窗户向基拉伊大街对面的另一座大楼开了几枪，子弹正好打在对面楼上一对正在谈情说爱的情侣旁边的墙上。当时，他们正在窗边向外望着，听到响声，他们吓得从彼此身边跳开，紧张地环顾着四周，想弄清是什么引起的爆炸，我幸灾乐祸地看着他们，觉得这一切很有趣。

在我的化学生涯中，制造真正的硝酸甘油是最精彩的部分。（硝酸甘油是用来制造炸药的，所以这一制作过程让我有些害怕。）这个实验过程很复杂，我每一步都得严格按照要求去做。实验结束后将有一小滴很稠的黄色液体产生，而它会引发爆炸。

最初做这个实验是在家里，我是趁父母不在家时偷偷做的，不过我的第一次尝试失败了。我把残留物倒进马桶，冲入下水道，然后进行了第二次尝试，但这次还是没能成功。到第三次实验时，我有些失去信心了。我决定最后再做一次，这次，每一个步骤我都严格按照书上的指示做，最后我终于制成了一滴和书上说的一模一样的黏稠的黄色液体。

我把这滴液体放到了一块金属板上，然后用锤子小心翼翼地敲它。我很紧张，但它并没有爆炸。后来我稍微用了点力，又敲了一次，它仍旧没有爆炸。我又敲了一下，这次终于如我所愿，一声震耳欲聋的爆炸声响起。我手里的锤子被爆炸产生的反冲力弹了回来。当我的耳朵停止轰鸣之后，我的心仍在狂跳，整个人吓出了一身冷汗。那感觉好似刚刚翻越了一座大山。

那天晚上，父母回家后便立刻问我当天下午都干了什么。显然，在公寓大楼另一端的看门人妻子听到了爆炸声。这一次，那些对我偶尔弄出一些声响置若罔闻的邻居也都说我做得有些过分。

不过我还是得到了另一个机会——在学校里制作硝酸甘油。

在毛达奇大学预科上一年级的时候，我就告诉了化学老师我在家里做化学实验的事，从那以后，他经常让我在课堂上准备实验并分步展示实验过程。上三年级时，他让我给二年级的一个女生班演示硝酸甘油的制作方法。我很高兴能借此机会对这个实验过程有更深入的理解。

在30名女生的密切注视下，我顺利地完成了这个复杂的实验，得到了一小滴珍贵的黄色黏稠液体。我问是否有人愿意上来尝试一下，

第九章　第三所大学预科：化学、写作与一生的朋友

过了一会儿，一个女生走上了讲台。我把锤子递给了她。她紧闭双眼，战战兢兢地敲击这种液体，然而什么也没有发生。这个女生有些失望，把锤子还给了我，我接过锤子，像一个骄傲的、成就卓著的科学家似的，使劲儿地敲了一下那滴硝酸甘油。砰！一声巨响之后，同学们发出一阵尖叫，都兴奋地为我鼓掌。而我则心满意足地享受着这荣耀的一刻！

胜利让我激动不已，我开始跟那个自告奋勇的女孩攀谈起来。她叫伊丽斯，聪明伶俐、体态丰满。在我们的谈话中，她表现得相当友好，所以我鼓足勇气问她，放学后可否和我见面并一起散步。

一年前别人的爽约仍让我感到羞耻，而且我对约会也变得很敏感，然而那天下午，伊丽斯出现了。我和她向城市公园的方向慢慢走着。在那个早冬的傍晚，天很快就又黑又冷了。路上，我悄悄地拉起了她的手，而她没有缩回去。和一个女孩手挽手一起散步让我极为兴奋，不亚于令一滴硝酸甘油爆炸带来的喜悦。

到达城市公园以后，我们便向一座城堡一样的建筑物走去，那是一个博物馆。博物馆的门锁着，我们俩探着身子，试图看清门牌上的内容，结果发现早已过了参观的时间。我们相互看了一下，耸耸肩笑了。我们的头离得很近，能握着她的手让我一直处在激动和兴奋之中，所以我低头吻了她，她也吻了我。

我高兴得忘乎所以，不知道该怎样表达那种喜悦，她也一样。我们静静地手挽着手，回头往家里走。

我把她送到了她家门口，说了声"再见"，便立刻转身，飞快地往家跑。当我飞奔在回家的路上时，那种兴奋感逐渐消散了。我突然想：我会不会因为那个吻感染上细菌？所以到家后，我使劲儿把嘴漱了一遍。

我终于有东西可以向我的朋友们和姑父米克洛什汇报了，然而最终我什么也没有跟他们说。此后，我又和伊丽斯出去散了几次步，但是我们的约会不再那么令人兴奋了。几个月之后，在学校的一场舞会上，我的一个长相出众的同学引起了伊丽斯的注意，她对他表现出了远远大于对我的兴趣。不久，他们就一起出去约会，而对此我只有一点点伤感。

正当我感觉自己在女孩子和化学两方面前途一片大好的时候，我的朋友伊姆雷却突然变得一蹶不振。

刚上毛达奇大学预科的时候，伊姆雷还是一个品学兼优的好学生，他特别喜欢文学和历史。但是，随着时间的流逝，他在不知不觉间一步步陷入了平庸。他总是以生病为借口旷课。他的"病"从来都没有治好过，他的学习成绩也越来越差。上三年级的时候，这个问题变得更加严重了，因为大学申请迫在眉睫，成绩作为大学录取与否的主要决定因素，其意义也越来越不容忽视。

伊姆雷的成绩下滑令我们圈子里的所有成员都为他感到担心，而且我因为不明就里，所以对他感到特别失望。我们的友谊发生了动摇。为了重建我们的友谊，我做了几次尝试。每一次和他出去散步，我们都会走很远，但是伊姆雷并没有对我多说什么。有一次他无意中说，他不上课的时候，走遍了布达佩斯的大街小巷，并且发现了很多古老的建筑。除此之外，他什么都不说。

我根据他泄漏的一点点信息推断着他这么做的真正原因。我充分发挥自己的想象力，在一次外出散步时，我突然间觉得我已了解了他的故事。我十分确信所发生的事就如我想的一般，我想立即动笔写一个关于他的故事。

到了晚上九十点钟,我们的散步结束了,我回到家里,关上房门,在父亲的打字机上夹上纸,开始撰写这个故事。我的思绪在驰骋,随着我连续敲击打字机,故事也渐渐成形。我迫不及待地想写完伊姆雷的故事,直到凌晨两点钟才上床休息。当我从头到尾地把这个故事又读了一遍时,我的心情比看到硝酸甘油爆炸时还要激动,就好像这是一篇真正的短篇小说似的。我把这个故事命名为"失望"。

我又反复读了几遍这个故事,但是读得越多,我就越难以判断故事的好坏。我急切地盼望父母下班回家,好拿给他们看。当他们到家时,我很害羞地跟他们说:"我写了点儿东西,想请你们把把关。"

他们两人在沙发上并排坐下。母亲开始读这个故事,读完一页递给父亲一页。我坐在椅子上静静地看着他们,他们的脸上没有任何表情。我有些坐立不安,心脏狂跳不已,但是为了不分散他们的注意力,我只能强迫自己安静地坐在那里。

当父亲读完最后一页之后,他和母亲对视了好长时间。然后母亲对我说:"安德里什,这是一部严肃作品。"父亲对母亲的说法表示赞成。

通过了父母的"测试"之后,我打算进一步验证这篇文章的价值。

学校里有一个文学小组,由泰莱格迪先生负责管理。每隔几周,他便和小组的成员们举行一次聚会,讨论大家都读过的作品。有时,文学小组成员写的文章或诗词也会被拿到会上宣读。在 A 班中,没有学生参加过文学小组的讨论,这一小组只受 B 班学生的欢迎,只有他们才会积极参与这些活动。

我想把我写的这个故事交给他们看看,但是我在提交时又不想让他们知道故事的作者是我。不知道为什么我不想公开承认这一点，或许是因为我从来没有申请加入过这个文学小组，或许是因为我为自己来自爱捣乱的 A 班而感到耻辱，抑或是因为我仍然痛心于那份青年报纸对我的拒绝。但不管怎样，我真的希望能得到一个客观的评价，因此我精心地策划了一下。

首先，我让伊姆雷看了这个故事。读完后，他承认这个故事很精彩，但并不认为这个故事与现实生活中的他有任何联系。有了他的支持，我感到很高兴。我将这篇故事折了起来，装进一个信封，用打字机在信封上敲上地址，然后让伊姆雷把它交给学校的门卫，让他转交给泰莱格迪先生。

一切事毕，我便静观其变。

几天之后，我预料中的事情果然发生了。在一节匈牙利文学课刚刚开始的时候，泰莱格迪先生摆出了他那惯有的笨拙姿势，然后，他清了清嗓子，宣布下周的文学小组聚会将有一件不同寻常的事情发生。他说，他收到了一篇非常有趣的文章，是由一名学生匿名提交的，他建议我们班的所有同学都去听听。

这种邀请是极为难得的。事实上，泰莱格迪先生以前从来没有邀请过 A 班学生参加文学小组的活动。我竭力对此装出丝毫不感兴趣的样子，以致错失了原本应该尽情享受这一时刻的机会。

到了那天，我和伊姆雷以及 A 班的其他几个同学一起，在指定的时间参加了文学小组的讨论——对 A 班的同学来说这还是第一次。教室里来了很多学生，有些学生甚至站在教室的两边和后面，不过我还是设法在人群中间找到了一个座位。

文学小组的主席名叫彼得，是一个来自 B 班的很严肃的学生。他先让大家安静。在开场白中，他发表了一段很复杂的讲话，讲述这个故事是如何的不同寻常；接下来，他说这个故事很有趣，而且是我们的同龄人写的。他还说，事实上，他对一个学生能写出这样的故事表示强烈的好奇，所以他忍不住去调查了一下作者的身份。他说，读完这个故事之后，他将公布他的发现。

我不喜欢他的讲话，因为我不希望被认出来，尤其不希望当着一大堆同学的面被认出来，但我对此无计可施。

接着，彼得坐了下来，文学小组中的一个女生走到教室前面，开始读我写的故事。她读得很流畅，声调的抑扬变化也恰到好处。学生们听得很专心，直到故事结束。故事的最后一段写的是，我根据伊姆雷虚构的这个人物突然间意识到了自己无法进入大学这个事实，以及他与这个事实展开的斗争：

> 他的头很疼，而他还在坚持着。他的脑子变成了一锅糨糊，难以再思考下去。当另一间房子里的钟敲响了1点的钟声时，他熄了灯，拖着疲惫的身体缓慢而费力地摸黑上了床。他机械地用慢动作脱掉衣服，穿上睡衣，然后四肢伸展地躺在床上。突然间，一种深深的失望袭上他的心头。他把脸埋在枕头里，低声地哭了起来，直到他渐渐睡去。

当读完故事的最后一句时，教室里寂然无声。然后，彼得再次走到讲台中间，发表了一段冗长的分析。他解释说，这个故事中人物的心理反思被描写得非常深刻，而作者不可能对另一个人的内心世界有这么深刻的了解，所以他认为，作者一定是在写他自己。他继续说，这个故事让我们隐隐约约地联想起伊姆雷在学校的生活情况，而且故事主人公的姓是以 V 开头的，而伊姆雷的姓以 T 开头，两个字母都处在字母表靠后的位置，这说明作者一定是伊姆雷。

听到他的这一论断，伊姆雷立刻涨红了脸，他挥着手，急得直跳脚，大声断言这个故事不是他写的，也不是写他的，他与这个故事没有丝毫的关系。对于伊姆雷的话，彼得始终以一种屈尊俯就的态度来接受，这使伊姆雷更加恼怒。泰莱格迪先生及时出面，打破了这种紧张。他提示大家这次会议讨论的主题应是故事本身的内容，而不是作者是谁。

大家的讨论大多包含着这样一个内容：这个故事很现实，写的都是我们生活中司空见惯的零碎小事。泰莱格迪先生对大家的讨论进行了总结，他说："不管作者是谁，我确信这不是他给我们讲述的最后一个故事。"

大家都在兴致勃勃地研究这个故事，屋子里的嗡嗡声一直没停。过了一会儿，当我确定我所听到的评论已足够多时，我站了起来，所有人都把目光投向了我，我说："我要补充一点。我相信伊姆雷所说的话是对的，我可以肯定这个故事不是出自他手，因为我就是作者。"

教室里顿时一片哗然。会议立刻被学生们的兴奋淹没，他们拍着我的后背，向我表示祝贺；但重新回味了一下后，他们又频频摇头，难以相信这一事实。泰莱格迪先生握着我的手，不停地夸赞这个故事很棒。会议结束后，我便和伊姆雷以及其他几个朋友出去散步，我们在外面逛了好几个小时。

我的一生中最激动人心的事莫过于此。

回到家以后，我躺在床上辗转反侧，迟迟不能入睡，我不想终止这种感觉。尽管到现在我仍然对化学很感兴趣，但是，我以前想成为作家的想法现在在现实中也得以立足，这让我颇为满意。

第二天，我步行去了伊伦姑姑家，把我写的这个故事给了她一份。除了萨尼依姑父，伊伦是这个家里最有文学素养的人了。我希望萨尼依能够看到我的故事，但是，在他被捕后的两年时间里，我们没有得到任何关于他的消息，我们甚至都不知道他是否还活在这个世界上。

伊伦读了我的故事，认为它很精彩，而且主动把这个故事转交给了她的一位作家朋友。

在接下来的几天中，我经常这样想象着：我这个17岁的文学天才被别人发现了，我所写的故事也得以在一本真正的杂志上刊登出来。然而几周过去了，我没有得到任何消息。最后，那位作家给我寄来了一封打印出来的短信，在信中，他很感谢我让他看我的稿子。他还说，在我的主人公的生活中缺乏一个正式的学校青年组织，这让他甚为吃惊。很明显，在现实生活中，这个青年组织应当介入并且帮助我的主人公战胜绝望。他建议我把故事修改一下，以说明青年组织是如何帮助我的主人公的。另外，他还建议我多读大众作家的作品，他坚信我会从中获益良多。

看过这封信，我真庆幸我还有化学这个理想。

这篇短篇小说给我带来的另一影响是，我因此被认为是一个具有某种文学天赋的人，这使我与A班其他的捣蛋鬼区分开来。此后，我偶尔会参加一些文学小组的会议。那些以前很少与我打交道的人现在也开始关注我了——彼得就是其中之一。

与我或我其他的朋友不同的是，彼得学识渊博，而且他还尽力使自己的言行举止看上去更成熟。即便如此，我们对文学的共同爱好、对学校和同学的共同看法还是弥补了我们之间存在的这种差异。

我碰到了一个女孩，名叫埃娃。据说，她也曾向文学小组投递过一篇号称是她写的短篇小说。但是，当她的短篇小说被公开朗读时，有人发现她的故事与一本已发表的文选中的某篇文章是一模一样的。一夜之间，埃娃就成了众矢之的。

对此，我的反应却与大家不同。写完伊姆雷的故事之后，我开始研究人们为什么会做那些明知不可为而为之的事，所以埃娃的经历让我兴趣大增。

课间休息时，我开始和她交谈。她是一个被大家遗弃的人，所以我的关注让她受宠若惊。过了一段时间，我就开始步行送她回家，并时不时地一起出去散步。我发现她很聪明，而且一心想成为她永远不可能成为的那种人。我想，我应该像一个白马王子一样把她从自我中拯救出来，这对我来说是一个挑战。

有一天下午，我们一同乘着有轨电车前往布达佩斯的郊区。我们四处逛了一会儿，然后在一个长椅上坐下来，过了一会儿，我吻了她。可我总觉得有什么地方不对劲儿。埃娃把嘴张得大大的，也许她在模仿电影中的接吻镜头，这让我不管怎么努力，都无法对上她的嘴。我伸出手，想把她的下巴轻轻地往上推，但她生气地推开了我，并且告诉我她要自己待一会儿，她还说自己很清醒。

我们争论着什么是正确的接吻方式。争论完之后，之前的浪漫已荡然无存。此后，我再也没有和她约会过。

第十章

我想上大学

游向彼岸

右图：18岁的我终于不再又矮又胖了。

下图：母亲是个游泳好手。在巴拉顿湖度假时，我们抓住一个橡胶充气垫游到湖心，在那里漂流、闲聊。

右图：大学预科生活正式结束了。这是我的毕业照。

我现在已经记不清楚驱逐行动是从什么时候开始的了。在毛达奇大学预科上学期间,我总是听到这样的流言,即在没有被预先通知的情况下,有人被流放到了荒芜之地。我并不认识那些被驱逐的人,但是,流言来自四面八方,让人很难置之不理。等我升入二年级、三年级的时候,这样的流言已经铺天盖地了。

关于被驱逐的故事都有一个共同的情节:深夜,某个穿制服的人敲门,向住户递交放逐令,要求他们在天亮之前把行李收拾好。在指定的时间,这一家人连同他们的行李会被一辆盖着帆布篷的卡车拉走。

据说,驱逐过程受到了秘密警察的监视。秘密警察是警察部门的一个特殊分支,专门处理政治性罪犯。很多被驱逐的人都被指控犯了"资产阶级倾向罪",而具体的理由则不得而知;然而,人们说这其实暗示着某位高级官员对这些人的公寓的觊觎,这才是真正的原因。

我们的生活充满了关于驱逐的流言以及因驱逐而产生的无形的恐惧,这种恐惧时刻萦绕在我们心头,这让布达佩斯变得与以往不同。在我眼中,布达佩斯的商店、行人、公寓大楼似乎都比以前好看了许多。由于随时有可能被别人强迫搬到农村,即将失去的一切让我更加珍惜在布达佩斯生活的每一寸时光。

一天夜里,有人按响了我们家的门铃。我正在卧室与门口之间的走廊里摆弄我的化学药品。听到门铃响，我起身去开门，透过门上的磨砂玻璃，我看到一个穿着浅褐色军服的人站在那里。

我的心怦怦直跳，甚至无法正常呼吸。我站在那里，使劲地咽了口唾沫，满腹狐疑地走到门前，小心翼翼地打开了门。随后我长长地松了口气，差点儿晕了过去。那人是我们家的一个远房亲戚，是一名军医，正巧从我们家附近经过，所以顺便进来看看我们。

政治压迫不断加深，而人们能做的唯一反应就是制造很多关于这种压迫的笑话。作为一种发泄途径，这些笑话令人们长期以来难以言说的各种感受得到释放。关于布达佩斯当前境况的笑话已发展成为一种艺术形式，并以极快的速度在大众中传播。

有一个流言曾在布达佩斯广为流传。这个流言来源于这样一个事实：一辆载满乘客的公共汽车发生车祸，撞到了多瑙河上一座桥梁的侧面，车上的70多人全部遇难。而报纸对当地的事故从不进行任何正式的报道。在它们看来，车祸、洪灾、暴风雨以及其他的自然灾害只会发生在西方，与匈牙利、苏联及其他东欧国家无关。因此，车祸刚刚发生时，我们并没有在报纸上看到任何有关这件事的消息，这是意料之中的事。后来官方发布了一则简短的消息，正式承认那辆公共汽车从桥上翻了下去。但是，消息说的是那辆公共汽车出事时正好处于收车途中，所以伤亡者只有司机和售票员。

很快，一则关于这场事故的笑话诞生了：在天国之门，圣彼得正在招待来访的客人。这时，一个穿着制服的人来到他面前说："圣彼得，我是在布达佩斯大桥上翻车的那辆公共汽车的司机。"圣彼得说："请进，我的孩子，请自便。"不一会儿，另一个穿着制服的人也向他走来。"孩子,你是谁?"圣彼得问。那人回答说:"我是在布达佩斯大桥上翻车的那辆公共汽车的售票员。"圣彼得说:"欢迎你。请进,随便坐。"不久,70多名男女老少一起聚集到了天国之门。圣彼得甚为吃惊,问:"你们是谁?"这些人答道:"我们是在布达佩斯大桥上翻车的那辆公共汽车上的乘客。"圣彼得直起身子,对他们厉声喝道:"你们以为我是傻子吗?我看过布达佩斯的报纸,报上根本没有提到你们!滚开!别来烦我!"

不过,如果把这样的笑话讲给不合适的对象听,那将是十分危险的事,这在另一则笑话中得到了证明:两个人同时看到了一辆疾驰而过的西方制造的新轿车。其中一个人说道:"这辆车正是对我们的友好国家——苏联的技术水平的有力展示,不是吗?"另一个人轻蔑地看着他,反问道:"难道你对汽车技术一窍不通吗?"第一个人答道:"我了解汽车,但对你则一无所知。"

这些笑话都是我从同学那里听到的。政治不能出现在家庭玩笑中,这是我家的共识。不过在短短的几年之后,政治话题便逐渐摆脱了这种束缚,出现在我们的闲聊当中。

从一开始,母亲和我就对生活中丑恶的一面十分不满,不管是羊毛衫还是肥皂,每一种商品都供不应求。当国有农场宣称自己的收成再创纪录时,我们连最基本的食物供给都难以得到保证。即使允许选购,那些有限的商品也令我们不得不无休止地排起长队。无处不在的标语口号常常令我们怒由心生。其中最烦人的一句是"工作是一种荣誉和义务"。这句标语被贴得到处都是——工厂的墙面、商店,甚至是街道上的标示牌——刚好位于那些无精打采的行人的头上,而事实上,这些人时刻都想摆脱自己的那份烦闷的工作,哪怕只是一小会儿。

刚开始,父亲还尽量让自己乐观看待当前的形势。有一次,他偶然撞见母亲和我在对彼此发牢骚，便气急败坏地骂我们是"长舌妇"。从那以后，无论在哪儿，无论何时，我们都不再轻易发泄自己的愤怒。

然而，父亲的立场很快就因姑父萨尼依的消失而发生了彻底的改变，这不单单因为他们是非常亲密的朋友，还因为姑父的消失起因在于他。他开始对当前的政治形势避而不谈，并且不再为一些站不住脚的东西辩护。在母亲和我对现实表现出不满时，他也无意与我们争辩了。

父亲从来不愿过多谈起他在战争期间受到的折磨，但自那以后，他开始向我们零星地透露一些。

据他讲，匈牙利士兵对待犹太劳工的残酷暴行令人发指。其实，我们对此并不惊讶，因为大家已经对劳工营里曾经发生的事情有了大致的了解。不过，有些故事听起来还是会令人毛骨悚然，让我难以接受。父亲所在的劳工营里，生还者只占10%，其余丧命的90%的人，大部分是被匈牙利士兵折磨致死的。

最令人难以想象的事情发生在一个冰冷刺骨的冬夜，当时，士兵们扒光了父亲和劳工营里其他人的衣服，强迫他们往树上爬，并且不断地往他们身上浇水。看着他们接连从树上掉下来冻死，士兵们狂笑不止。

我一直觉得，随着父亲的劳工营被苏联人占领，苦难就会结束。然而事实证明，情况并非如此。他们的日子并没有因此好转。

劳工营里的人在被接管后，又被锁进运畜拖车在严冬中运送了好几天，没有食物，没有水，也没有任何取暖设备。当他们最终到达目的地时，每辆拖车上仅有少数人还活着。幸存者们随后被强行带去了一个曾被苏联军队用作夏季训练场的营地，那里满是积雪。为了建造避难所，他们不得不徒手在雪地里挖洞。

父亲虽然时时为病痛所折磨，但在周围人像苍蝇一样死去的同时，他则在那种恶劣的环境中顽强生存了下来。返乡时他已骨瘦如柴，只剩下一个精疲力竭的衰老躯壳。

有一个故事让我们特别难受，后来演变成了我们家的一个内部笑话。那是一个冬天，父亲和其他劳工藏在一个他们从雪地里挖出的洞里，结果却被困在那里。他们非常冷，身体也很虚弱，根本没法到洞外解手，所以他们就用吃饭的那个金属盘子接着，用完后再用雪擦干净。听过这个故事后，每次他吃完饭不刷盘子，母亲和我就拿这件事取笑他。

父亲返乡时带回来一些照片，那是他在被抓去充当劳工的几年里设法保存下来的。那些照片可以装在钱包里，我记得，那还是在他离开之前，母亲和我陪他去照相馆照的。当时，我们只想让他在孤身一人时，有我们的照片一直陪伴着他。父亲将这些照片视为珍宝，一直带在身上。在他最需要关怀的时候，这些照片给了他无尽的力量。在那段最黑暗的日子里，当他病得几乎要死掉的时候，他在照片的背面写上了给我们的告别语。

我反复地读着他的这些临终话语，其中有一段话深深地触动了我。这段话写于1945年4月，那时，战争已接近尾声。这段话写的是："我的亲人们，在我临死之际，我是多么希望再见你们一面。我的生命又遭受了另一种病痛的折磨——某种皮肤溃疡。这种病每天都在传播，但这里没有药，也没人知道该怎样医治。我正在慢慢走向死亡。看来我在过去3年里为生存所做的一切挣扎终究还是无济于事。现在我只希望能再见你们一面，并知道你们一切安好。我已行将就木，只是对你们的爱仍让我苟延残喘。久尔坎。"

5个月之后，父亲获准返乡。

1953年3月，斯大林逝世。在我的印象里，斯大林的画像与苏联的形象一样，都是不可磨灭的。那幅身穿制服、留着小胡子并且表情和善的画像充斥于生活中的各个角落——在办公室、学校和庆典活动中，各处建筑物的墙上都挂有那幅画像。尽管当时我已经不太相信苏联所标榜的正义和善良，但是，斯大林的死和那副无处不在的友善面孔的消失仍让我思绪万千。

我既高兴又悲伤，这种感觉非常复杂。

为表示对斯大林的哀悼，布达佩斯全市举行了一次以英雄广场为目的地的大游行。与五一大游行期间的场面一样，斯大林大街沿途的树上挂满了大喇叭。但与以往不同的是，广播的内容中没有欢呼，只是不停地播放那首经典的葬礼进行曲。五一大游行期间，我们可以漫不经心地缓慢而行，可是现在，我们却不知道该怎么走了。即使面对我的好朋友，我也不愿谈论这件事，其他人的感觉好像也跟我差不多。我们不能讨论斯大林，也没有兴致去讨论其他事情，所以大部分时间里，我们只是默默地跟随队伍向前走着。

游行期间，曾有人因失控而笑出了声，但是，大多数人还是会马上控制住自己不去随之咯咯地笑。老师时刻盯着我们，很明显，在这种场合下笑是一件很危险的事，但是，我们还是笑了几声，也许正是出于它很危险的缘故吧。

最终，我们恢复了平静，郑重其事地继续我们的游行。葬礼进行曲响彻天空。我在想，时局将会变好还是变坏？

报纸上没有任何关于此事的报道。这位以前不为人知的苏联政治家虽然功勋卓著，但在历史车轮的推动下，依旧没有摆脱从人们的视线中淡出的命运。在接下来的一段时间里，一切都相安无事。

时局第一次发生好转是在1954年的春天。有消息称，政府已经开始释放政治犯。忽然有一天，在我们毫不知情的情况下，姑父萨尼依被释放了。

服刑期间，姑父苍老了许多。他的身体本来就很瘦弱，艰苦的牢狱生活使他看起来更像一个苦行者了。他的头发全变白了，面容也十分憔悴。他告诉我父母，那些人要他承认一大堆与他无关的事，如参加反革命活动等，但他始终没有承认。

姑父因此被判了死刑，他在死刑牢里度过了一段漫长的岁月，等待生命的终结。他坦然面对一切，即将发生的任何事对他来说都已不重要了。在这种任人摆布的处境里，他唯一想做的就是在临死之前将他正在读的书读完。即使身在牢房，他依旧夜以继日地读着书。

不久之后，表姐夫也被释放。他的遭遇要比萨尼依凄惨许多。他的身体已在一次次审问的摧残下彻底垮掉，被释放的时候，他已经奄奄一息。他的牙齿几乎都掉光了，对于狱中经历他也绝口不提——他觉得到处都是秘密警察。他的精神一直处于高度紧张的状态，惶惶不可终日，因此他不得不到一家精神病院接受治疗。

在即将升入毛达奇大学预科四年级的那个夏天，我和加比在一间渔场小屋里共度了一周的时间。那间小屋坐落在距布达佩斯约 50 英里之外的韦伦采湖畔，属于母亲工作的那家国有公司。公司员工可以通过报名获取这间小屋一周的使用权。当母亲发现没人用它的时候，她便用我和加比的名字报了名。这次，渔场小屋里只住着我们两个人，因此我们事事都得依靠自己。17 岁的我们，渴望品尝独立的滋味。

湖边的小屋，听起来颇有田园诗的意境。火车到站后，我们拎着包走了好几英里才到达那个小屋。进门之后，我们发现小屋里只有一个房间，除了几张简陋的双层床之外什么都没有，没有炉子，没有桌椅，也没有自来水。不过院子里倒是有一个抽水机和一个闻起来好像几年都没清理过的厕所。

有一条小路直通湖边，路的尽头有一个看起来并不牢固的码头，码头上绑着一条很旧的带桨的大船。岸边是一大片芦苇丛。我们极目远眺，但看不到任何房屋、任何人。这里的一切都属于我们。

我们的生活很快形成了规律：每天清晨，我们都会穿过一条羊肠小道，去镇里挑选一批生活必需品。我们在一家小乳品厂买到了鲜牛奶，在面包房里买到了刚出炉的面包，还买了一些香肠和苹果。这些就是我们那一周的食物。

从清晨到黄昏，每天的大部分时间里，我们都坐着小船在湖面上漂流，只有吃饭和睡觉时才回小屋。除了偶尔碰见一两个渔民，我们没有见过任何人。那艘大船总是咯吱咯吱地响，划动它要费很大的劲，所以每次我们都要各握一支桨同时划。当船被划至湖心时，我们中的一个人会跳进湖里，在船的附近游泳，另一个人则负责划桨。有时，我们也会静静地躺在停在湖心的船上，望着天空聊天。

有一次，正当我们仰面躺在船上，漫无目的地任小船漂流的时候，两架军用飞机紧贴水面呼啸而过，一秒钟后，我们听到了那可怕的轰鸣声。我和加比赶紧爬起来跪在船上，目送那两架飞机渐渐远去。这种喷气式飞机我们以前从来没有见过。过了一会儿，加比说："看来，下一场战争一定很激烈。"

这种飞机我们只看到过一次。这一周的其余时间里，一切都很平静。阳光和煦，湖面如镜，在这幅极具诗意的画面里，只有我们的小船随意地漂来漂去。

这湖长约 10 英里，宽大概几英里。有一天，我决定尝试游到湖

第十章　我想上大学

的对岸，为此，我花了差不多一下午的时间。加比在我附近不停地划船，这让我觉得在湖中游泳特别惬意，我完全陶醉其中。大约过了几个小时，我终于游到了湖对岸的芦苇丛，抵达了终点。我爬上船，身体略感无力，然而内心充溢着幸福和自豪。自从挣扎着游过葡萄园附近的灌溉渠之后，我已经取得了很大的进步。

几周之后，新学年开始了。进入大学预科四年级之后，我不得不开始考虑毕业以后的去向问题。班里约有一半的同学想继续上大学，当然，我也不例外。

如果能被大学录取，我们就能从事专门的职业；如果不能，我们便只能从事非技术性的工作。这一差异类似于每年只在预备役部队服一个月的义务兵役与被征为步兵服两年兵役的差别。我对军队生活知之甚少，但在父亲叙述了其在军队的生活之后，我便不想与这种生活有太多瓜葛。因此，能否被大学录取对我来说至关重要。

这是具有决定性的一年。在学年结束时，大学预科的毕业考试和进入大学的入学考试是我必须参加的。这两个考试都很重要，要想上大学，我必须在这两个考试中取得良好的成绩。不过，上大学并不是完全由这两个因素决定的。

学生的家庭背景才是大学录取的主要参考因素。那些出生于工人家庭或者父母是匈牙利共产党员的学生享有最高的待遇；具有农民血统的学生享有二级待遇；父母是专业技术人员的学生则享有三级待遇；而那些父母不符合上述条件的学生则会被划为"其他"类，只能享有最低一级的待遇。

有些学生的父母以前开过工厂并且雇用过工人，这样的学生通常会被划为"异己阶层"。在马克思主义看来，雇用他人就是"剥削"他人。因此，如果学生的父母是"剥削者"，那么任何一所大学都不愿接收这样的学生。

我的父母既不是工人，也不是农民，更不是专业技术人员，所以我将面临两个选择：要么被划分为"其他"类，要么被划分为"异己阶层"，因为我父亲以前做过乳品厂厂主。

因此对我来说，上大学并非理所当然的事。

我难以决定自己的出身，为了上大学，我只能努力复习4年来学到的数学、物理、化学、历史和文学等各科知识。不管是老师还是学生，没有人关注四年级的课程，毕业在即，想上大学的学生们都在集中精力备考。此时，毛达奇大学预科里的每个人都在为毕业之后的生活积极准备着。

在韦伦采湖度过的一周时间让我对水和船有了一种特殊的感情，我希望在以后的日子里做一些与其相关的事。在摸清了期末考试的备考学习节奏之后，我便四处打听，后来得知玛格丽特岛上有一个皮划艇俱乐部。晚秋时节，加比和我报名参加了皮划艇初级课程的学习。（在鲜明的等级制中，我已深深地意识到我将永远无法摆脱"最低等级"的束缚，因此，我早已对击剑失去了兴趣。）

然而，在那里划皮艇比在韦伦采湖里划船要枯燥许多。

我们的课程并不是在真正的皮艇里进行的，而是在一座寒冷、潮湿的混凝土建筑里展开的。我们坐在水槽里的静止座位上不停地练习。首先，我们学习的是划桨。每个水槽里有6个或8个座位，它们排成一列，前后座位挨得很近，所以起初，当教练向我们高声发令时，我们总是会在混乱之中把自己的双桨叶船桨与前座或后座那个人的船桨搅在一起。不过我们很快就学会了步调一致地划。

除了坐在静止座位上练习划桨，教练还让我们练习从仓库的架子上取下皮艇，把它们搬到水边，然后再搬回库房。皮艇的外壳是木质的，极易损坏，如果被猛地撞到仓库的门口、扔到码头上或者与其他皮艇相撞，它们十有八九会一命呜呼。正确的搬运方法只有一种，而错误的方式则多种多样，因此，在教练的密切注视和高声批评下，我们反复地练习着，直到掌握正确的搬运方法才停下来。一番训练过后，我们学会了搬运单人皮艇、双人皮艇和四人皮艇。春天到来之后，我们仍然在很长一段时间内都没有机会坐到真正的皮艇里，在多瑙河上划行。

忽然有一天，我从镜子里瞥见了自己光着上身的样子。令我激动不已的是，我发现我已经有了肌肉块。经过长时间的训练，我身上的赘肉终于逐渐消失了。

后来，我们开始在多瑙河上练习划皮艇。天气仍然寒冷阴暗，水也湍急幽深。在无休止的训练中，我们练就了过硬的本领。凭借娴熟的搬运技能，我和加比成功地把一个双人皮艇放进了水里，然后我们便坐进去，离开了码头。我们旋即被水流包围，它用力地把我们往后推。为克服水流的阻力，我们马上开始划桨，逆流而上。那涌动的激情和力量让我们感受到了极大的满足。

绕着玛格丽特岛划皮艇是我们正常训练的一部分。刚开始，我们总是逆流而上，然后在到达河流的最上游时，我们转过弯，让水流随意地把我们冲到岛屿另一端的下游河流中。划到河流的最上游不是一件轻而易举的事，而且只有具备娴熟的技巧才能让皮艇顺利转弯。转弯时，我们先将皮艇停下来，双手牢牢地抓住船尾，此时船会被水流的力量倒转过来，然后，水流就会冲得我们顺流而下，这种急促的加速度令我们内心震撼不已。

河流上游的岛上有一个双向飞碟射击场，这使我们的训练更具刺激性。我们看不见射手，却能看见扔向空中的泥制飞靶，并能时时听见射击的声音，飞碟在我们的头顶被击碎，碎片落到四处。因此，我们除了要应付水流的阻力，还得留心那些碎片，以免被击中。

一次，我坐在一艘单人皮艇上，奋力划向河流的最上游。正当我即将进入激流的时候，有一个飞靶在我头顶上方爆裂。我本能地躲避了一下，慌乱中忽然发现自己被冲入了水中。那一刻，素日里所受的训练派上了用场，掉下皮艇后，我用一只手紧握住桨，另一只手抓住船边。等我的头钻出水面后，我拼命地向岸边游。我想站起来，却总是被激流冲倒。最后，我终于在齐膝深的水里挣扎着站了起来。我舀干了船里的水，重新坐进去，疯狂地划着桨，追赶我的同伴们。

岛屿的南端有一座大桥，它把多瑙河两岸的布达和佩斯连接起来（那场公共汽车车祸就发生在这座桥上）。我们绕岛一周后就在此处转弯。渐渐地，我们对这里的水域熟悉起来，于是我们便经常偷偷划进大桥桥墩后面一片平静的水面，那里的水流几乎是静止的。我们会在那里稍事休息，做做准备工作，然后再划出去，再次冲向激流。这种感觉非常刺激。

我们的俱乐部和别的俱乐部曾共同举办过几场皮划艇比赛。加比和我参加的是双人皮艇项目。然而，面对激烈的竞争，我发现我在皮划艇比赛方面的技能并不比击剑方面的技能精湛多少。我们尽了最大的努力让自己在冲刺时不至于落在特别靠后的位置，至少保证我们不是倒数第一名。

那年春天的晚些时候，我们俱乐部在周末举行了一次"逆多瑙河

第十章 我想上大学

而上"的巡回比赛。我们从玛格丽特岛穿过河流,到达岸边那片比较平静的水域。我们周围都是驳船和客船,它们不断地向我们鸣笛,在一片欢呼声中,我们使劲儿地向前划。教练和他的助手在一旁跟着我们,他们乘的是一艘小摩托艇。没过多久,我们便划过了农田。为了集中精力划船,我并没有过多留意两岸的景色,我可不想翻船。

几个小时的逆流划行过后,我们终于到达了临时营地。我们把油布铺在野地上,舒服地躺在上面。虽然我们很累,可是成群的蚊子整夜都在叮着我们,所以大家都没睡好。第二天早晨,我们起得都很早,简单收拾了一下之后,我们便出发了。划桨时,我有些恼火,因为我没办法伸手去挠被蚊子咬过的地方。

总的来说,我们的旅途还算顺利,只有一个小插曲。在我们弄好自己的临时营地时,教练和他的助手邀请我们俱乐部里唯一的一名女划手到他们那里。后来,这个女孩又受邀和他们一起乘坐摩托艇。我们虽然不知道他们之间接下来发生了什么,但有一点毋庸置疑——我们都对此心存嫉妒。

除了文学小组的埃娃,我没有交过任何女朋友,但是我一直对女孩子很感兴趣,即使我只能远观。一天,彼得告诉我他曾经和一个妓女发生过性关系,并且很详细地跟我讲述了他的经历。他并没有过分渲染,只是鼓动我不管怎样都应该体验一次。

这并不能吊起我的胃口,因为一想到这件事我就有些紧张,但最终,好奇心战胜了犹豫。彼得给了我一个地址,并告诉我说,那个女人可能正在等着我。在一个周日的早上,我揣着彼得所说的需要的钱,怀着一种极大的恐惧心理出发了。那些钱是我从父母的家用资金里拿的。

路上,我几次控制住转身回家的冲动,强迫自己不停地向前走。

我反复练习与那个女人见面时应该说的话，感觉内心的那种动摇突然转化成了一种忧虑，继而是一份无法抵抗的惴惴不安。当我怀着忐忑的心情爬到三楼时，我使劲地咽了几口唾沫。到了那个房间，我按响了门铃。不一会儿，一个骨瘦如柴的中年妇女打开了房门，她的头发乱蓬蓬的，除了一件发皱的浴衣，她好像没穿任何衣服，浴衣也没用带子系在腰上，只是随手把两个衣襟抓在一起。我们相互注视了几秒钟。我刚要开口告诉她我是谁以及谁让我来的，她便先开口告诉我说，她有事，过一会儿才有空接待我，然后就出乎我意料地关上了门。

突然间，我感觉浑身异常轻松。走在回家的路上，我的情绪比来时好多了。到家后，我偷偷地把钱放回父母的桌子里，此后再也没有去过那儿。

最后一个学年快结束了，可恶的毕业考试也即将来临，我不得不加紧备考。只要可能，我就待在家里不停地学习。考试之前的几周，我们家一直在重新粉刷，为了给那个刷涂料的人腾地方，我必须从一个房间挪到另一个房间。当时父母都在上班，所以家里只有我和那个刷涂料的人。

在家里备考期间，我甚至有些羡慕那个刷涂料的人。在我看来，他的工作是可以完成的，刷完一间房子之后，他的工作便告一段落；可我的任务则是无止境的，为了查缺补漏，我不得不在复习完一个科目之后，再从头到尾来一遍。

或许，那个人也在默默地观察着我。他刚来的时候，我们互不理睬，虽然我们两个共用一个空间，却是各忙各的陌生人。只有在他要给家具盖上罩单、让我挪一下地方时，我们才会简单地交谈一两句。

第十章　我想上大学

到了考试那天，他仍在粉刷我们的房间。我准备出发的时候，他从梯子上下来，并且祝我"kalap szart"，这句话让我很意外，他解释说这是祝福某人好运的语气最强烈的说法。在去学校的路上，我的脑海里一直萦绕着他的这句话。

到了学校，我发现教室里的桌椅已全被重新摆放，教室中央横放着一排桌子，所有四年级的老师都坐在桌子后面。而教育部的代表则坐在老师们的后面，他们是来旁听和监督考试的。学生们在外面的走廊里站着，等着主考人员一个接一个地叫他们的名字，叫到名字的学生必须站到主考人员的面前，回答他们提出的各种问题。

他们每天只叫几个人，有的安排在上午，有的安排在下午。每个学生的考试时间大约为一小时。很多人不太在意这次考试，在走廊里等候的时候，他们都在聊与考试无关的事情。我不想和他们一起轻松说笑，只是一个人静静地站在远处。

终于，有人叫到了我的名字，我开始紧张起来。但看到老师们眼里流露出的善意，我顿时信心倍增。我知道他们希望我取得好成绩。考试的题目涉及我们在大学预科期间学习的所有课程，值得庆幸的是，所有问题我都能对答如流。几星期之后，考试结果被公布了出来——我成功地通过了考试。

折磨人心的期末考试总算结束了，我在大学预科只剩一件事要做了，那就是参加毕业典礼。

我们的毕业典礼是在球场上举行的，在那里，我们上了无数次体育课，度过了大量的课间时间，偶尔还在那里接受校长的训斥。现在，那里已经摆好了讲台和一排排整齐的椅子，毕业生们的亲朋好友都坐在椅子上。母亲来了，曼奇姑姑也来了。

在学校里，我所在的 A 班一直以胡闹而闻名，直到毕业的最后一刻，班里的那些捣蛋鬼还不忘搞些与这一名声相符的恶作剧。那一天，我们全都衣着光鲜，乘出租车去学校。在当时的布达佩斯，出租车还很少，我记得我在战后还没有坐过出租车。事前，我们首先要找到足够多的出租车，协调接送的具体细节——要让每一辆出租车都装下三四个人，让出租车同时到达学校，这着实费了我们不少心思。下了出租车，我们每个人身上都披着白色床单，像幽灵一样在球场上游荡，然后慢慢钻入人群，这使在场的人都吓了一跳。我们最后的这个恶作剧打破了这一场合的庄重气氛，让老师和校长再度惊慌失措。

我趁机溜开了一会儿，偷偷地把我的名字刻在了球场一边的砖墙上，然后毕业典礼便开始了。

有人喝令我们脱掉床单，这一次我们没有反抗。他们给我们发了一些6英寸长的小木棍，木棍的一端挂着小布袋，与流浪汉的行头很像。我们把它们搭在肩上，象征着从此开始独自闯荡。所有的毕业班学生都规规矩矩地站成排，在球场上列队行进，走到前排座位那里。我们坐到椅子上，开始聆听一连串的讲话。

最后，我们和自己的老师合影留念。大家郑重地彼此握了握手，然后就各奔前程。大学预科的生活也正式结束了。

离开校园让我百感交集。一方面，我珍惜在过去4年中度过的那些美好时光，对几位老师也极为不舍；另一方面，我又十分厌恶我的班级和学校，很高兴能够离开它。

然而，A班的故事并没有到此为止。一天晚上，为了庆祝毕业，几个调皮的男生自发地在城里聚集起来。我没有参加他们的庆祝活动。后来事实证明我的做法是对的。第二天，我就听说他们一伙人喝了好多酒，在回家的路上，他们一路纵酒狂欢，还扯着嗓子大声唱歌，引来警察把他们抓了起来。在警察局，他们遭到了粗暴的对待，在尝到一些苦头之后才被放回家。我为自己免遭此劫而暗自庆幸。

此后，我一直在关注自己能否被大学录取这件事。在大学预科的毕业考试结束之后不久，我就参加了大学的入学考试。这次考试是以口试的形式进行的，问答小组由大学老师组成。他们的问题除了涉及化学、物理和数学，还涉及苏联历史和文学。好在他们提到的《静静的顿河》等由苏联著名作家写的畅销小说，我以前都读过。我对自己在考试中的表现感觉良好，但内心仍在为家庭背景而隐隐地担忧着，我怕他们会因此将我拒之门外。

由于每个人只允许报一所学校，所以我报考了布达佩斯大学的自然科学系。我想学化学，而在纯科学领域，布达佩斯大学是匈牙利声誉最好的学术机构。不过，听说化学班的招生人数很有限——只有20人左右，这大大降低了我进入布达佩斯大学的可能性。

为了提升被大学录取的概率，我和父母开始竭尽所能地做我们能做的一切。我猜想在化学方面的实践经验或许会对大学录取有所助益，所以那一年的春天我便申请到基诺恩（一家位于布达佩斯郊区的化工厂）工作。为了获得工作机会，我着实费了一番周折。乘着有轨电车找到那家工厂之后，我向门卫打听了申请工作的程序，然后就被打发到一个又一个办公室，最后总算弄到了一张申请表。填完之后，我把它交了上去。为了询问申请结果，我又往这家工厂跑了好几趟，但是工厂方面一直没有给我明确的答复。

我意识到，如果想在这里工作，我必须寻找其他突破口。从找工作到搞一部电话，每一件事都要靠"关系"。父亲找了一个人，这个人认识另外一个人，而那个人又认识基诺恩化工厂里面的一名员工。几经周折，那名员工拿着我的表格找有关人员说明情况后，我终于成了该化工厂的一名临时工，我的朋友布比也和我一起提出了申请，他一直想进入电气工程领域学习，而我的"关系"也让他被雇用了。

从大学预科毕业后的那个星期开始，我和布比就去基诺恩上班了。

我希望我能够通过这份工作来增加自己的化学知识储备。那年春天，在我多次拜访那家工厂时，弥漫在那个地区的化学药品的气味使我彻底着了迷，我觉得那种气味与我未来的职业息息相关。在那里上班之后，我更是习惯了这种气味，以至于有时甚至忽略了它的存在。

我们每周工作4天，每12小时换一次班。这份工作很累，因此"4天"在我们的意识中就变得非常模糊。我的生活中只有工作、乘车和睡觉。每天早晨，我很早就起床，然后乘电车去布达佩斯郊区，完成一整天的工作，之后再乘电车回家，到家倒头就睡，然后新的一天开始时再重复着这一切。3天的周末着实不错，可以让我好好补上几觉。在休息的那几天里，我仍旧去帕拉蒂努什游泳池游泳。不过，3天的时间转瞬即逝，我又得回去工作了。

在工厂里，我们负责清洗一些用来过滤在化工工艺中产生的沉淀物的大机器。在清洗过程中，我和布比需要先将机器打开，取出帆布过滤网，刮掉上面的沉淀物，用一个水流很大的管子把帆布冲洗干净，再把它安装到机器上，插上机器挡板。我们在其他机器上重复着这项工作，就这样一台接一台地清洗着。那里的机器很多，当我们将最后一台机器的过滤网更换完之后，第一台机器中的沉淀物就又把过滤网堵塞了，所以，我们不得不反复进行这项工作。

这是一份既繁重又枯燥的工作，但是布比和我组成的二人团队表现得很出色，我们甚至把它当成了一项体育运动。我们兴奋地在那些沉淀物的烂泥中走着，竭尽全力地转动用来固定过滤网上的螺钉的手柄，那感觉就像在参加比赛似的。我们浑身上下都被一层胶皮外套裹住了，穿着这身滑溜溜的衣服在这堆烂泥中走动，让我们觉得特别有趣。有时，在用力时手会从机器把手上滑脱，然后我们就会摔倒在这堆烂泥里，我把这种情形称为"橡胶傻瓜运动"。

那个负责监督我们以确保我们不偷懒的人冷漠地看着我们积极地工作。与大部分正式工一样，他不紧不慢地干着活儿，而且总是频繁地休息，抽上一根烟。刚开始时，我以为因为我们是学生，他才对我们如此冷漠，但后来我才知道，事实并非如此。

一天，布比临时被委派了其他工作，而我则一个人继续清理着机器上的沉淀物。这时，那个人走过来，站在那里看我干活儿。没过多久，他就开口问我："你朋友也不是匈牙利人，是吗？"

我有些迷惑。如果布比不是匈牙利人，他还能是什么人呢？但当我看到那个人用早知如此的目光注视着我时，我顿时理解了这句话的深层含义。他其实想问，布比是否也和我一样是个犹太人。我的脸因窘迫和气愤而涨得通红，我用力地清洗着沉淀物，拒绝回答他的问题。这种沉默一直持续到布比回来才被打破。从那以后，我再也不会把监管者刻意疏远我们这件事放在心上。

我一直希望我在基诺恩的工作经历会提升我被大学录取的概率，但是，父母和我都心知肚明，光凭这个是远远不够的，于是，他们继续为我找"关系"。

后来，我们的好运来了。

父亲发现，他在劳工营时的一个难友的弟弟在布达佩斯大学做教授。他查了一下我的申请表，证实了我们一直以来最担心的事：我被划为"异己阶层"，因此没有任何大学会录取我。

我们的"关系"暗地里做了些工作。实际上我一直搞不懂他是如何处理这件事的，我猜，他或许拿走了那些使我被划入"异己阶层"

的文件。没有了这些文件，我便被重新归入"其他"行列。

夏末时分，我家收到了一张明信片。上面简要地说，我已被布达佩斯大学的自然科学系录取。

这张明信片是在休息日的一天中午寄来的。我拿着明信片，怔怔地看了许久，心怦怦直跳。我用手指触摸着上面的字，确认这一切都是真的。我终于可以上大学了！我即将要成为一名真正的化学家了！我的生活有了目标。那块一直悬在我心里的石头终于落地了。

我跑出家门，跳上电车，以一种胜利者的姿态冲进母亲的办公室，又跑到父亲的办公室，把这个令人振奋的消息告诉了他们。他们两个都欣喜若狂。

在收到大学录取通知书后不久，我完成了最后一个沉淀物过滤网的清理工作。为了庆祝我被大学录取，我和父母一起在匈牙利最大的湖泊——巴拉顿湖度假胜地整整玩了一周。

这是我第一次和父母一起出去度假。我并不知道我们的小假期将会是什么样子的。除了下午外出的时间，我并没有和他们长时间待在一起过，因此和他们在度假胜地待上一周让我觉得这将是一段特别漫长的时间。不过令人欣慰的是，我实际上很高兴能和他们待在一起，并享受这难得的乐趣。

我们住在父亲公司的宾馆里。与韦伦采湖相比，巴拉顿湖虽然离布达佩斯市要远一些，但它的规模比韦伦采湖要大，而且开发得也更好。作为匈牙利传统的度假胜地，巴拉顿湖周围被无数的饭店、旅馆和一些别致的小屋所环绕，这些建筑原本归富人所有，现在则归国有公司所有。所有权变更之后，它们没有了昔日的富丽堂皇，但是与韦伦采湖畔那摇摇晃晃的渔场小屋相比，它们还是要好上很多。

我们住的宾馆距湖边还有好长一段路，但是，到了湖边我们才发

第十章　我想上大学

现，那里的沙质湖滨上有一个长长的浅滩。如果要到达可以游泳的水域，可能还得走上一段距离；如果你愿意，你也可以躺在被阳光晒暖的浅滩上漂流。

母亲很擅长游泳。一天，我们抓着一个橡胶充气垫，游到了湖心。在湖面上漂流时，我们无所不谈，我第一次感觉和母亲如此亲近。

当我们回到浅滩时，父亲正躺在另一个充气垫上闭着眼睛漂流。于是，我决定跟他开个玩笑。我偷偷地走到他后面，然后使劲一拽，把垫子翻转了过来。

这个主意显然不妙。父亲根本不会游泳，而且处在沉睡之中。他拼命地扑腾着，四处寻找立足点。当他站稳之后，他打了我一巴掌——在这之前，他从来没有打过我。我惊愕地看着他，发现他也像我一样为他的这一举动感到吃惊。我们谁都没有说什么，此后也没再提及此事。

所有住在宾馆的客人都在宾馆附近闲逛。客人里有两个比我稍大一些的女孩子，在父亲公司工作。她们长得不是很漂亮，但是，对于在学校的大部分时间都没有机会和女孩子接触的我来说，和同龄女孩子一起玩也不失为一件美事。我和父母每晚都出去吃饭、跳舞。父母的舞跳得很好，我很为他们自豪。有时候，我会邀请这两个女孩跳舞。有天晚上，我甚至邀请了母亲和我跳，她欣然应允。

那一周的假期结束后，我独自乘火车去了韦伦采湖畔，和加比在那里碰面，并一起在那个渔场小屋待了几天。从林业技术学校毕业以后，他获得了罗马尼亚一所大学的奖学金，并将在那里继续学习林业技术课程（而我自始至终也没搞明白林业技术具体是讲什么的）。那是我们在一起度过的最后一个夏天，此后，我们便各奔东西。

来之前，我带来了从存放化学药品的瓶子里取出的一块弹珠大小的钾。在我们相聚的最后一晚，我们把小船划到离岸边很远的地方，然后我把那一小块钾扔到了水里，想制造属于我们的焰火。那块钾在水面上四处游动，然后渐渐地停下来，紧接着发生了剧烈的反应，形成一团巨大的蓝色金属火焰，火焰从黑暗的水面上高高地喷起，发出响亮的嗞嗞声。待火焰熄灭后，我们缓缓地把船划回了岸边。

第十一章

大学生活第一年

游向彼岸

夏季军训:我们被分到了一身不合身的、破旧的、褪色的、没有徽章的制服和一顶朴实的折叠帽。后排最左侧的那个人就是我。

在布达佩斯大学,化学系学生的定向课是在一间没什么特别的教室里进行的,这间教室位于一幢19世纪的建筑物内,天花板很高,窗户又高又窄。但当我沿着楼梯走向那扇厚重的门时,我仍然预感到那里将成为我的一片乐土。

传言所说不假,新生班的学生很少,大约20人,其中有2/3是男生,1/3是女生。大家在一起相互交谈、开着玩笑,等辅导员进来公布课程表和时间表。

我尽量装出一副无动于衷的样子,站在一边静静地听着周围人的热烈交谈。从他们的谈话中我知道,班里大约有一半同学不是布达佩斯本地人,他们住在学校给异地学生准备的宿舍里,彼此早已相识。而布达佩斯本地的学生则大都是化工学校的毕业生,他们之间也相互熟识。只有少数几个同学不属于任何一伙,我便是其中之一。在这里,我不认识别人,别人也不认识我,这让我感到十分恐惧。

而且,一想到教室里坐着的都是匈牙利最好的学生,我的恐惧感就更加强烈。诚然,他们中的许多人都因工农出身而受到了优待,但我那原本就不坚定的信心还是发生了动摇。

我注意到,坐在我旁边的那个男生似乎也和我一样,不属于任何一伙。其他的男生看上去都很清秀,是典型的好学生的装扮,他们留着短发，穿着传统服装；而这个男生却头发蓬松，而且都梳到一边，让我觉得他是在模仿西方人的发式。他戴着一副绿色眼镜，而且总让眼镜从鼻子上滑下来，从眼镜上方看人，给人一种居高临下的感觉。

辅导员终于进来了，我们的入学流程开始了。他给我们下发了好多份表格，让我们一一填写。我瞥了一眼邻座的表格，发现他姓佐尔坦，也来自布达佩斯，他并不是毕业于化工学校的学生，而是来自某个大学的预科班。我利用填表的间歇时间和他攀谈起来。他的幽默颇具讽刺性，在这一天中，他随时都准备对出现在我们面前的辅导员进行挖苦。他吸引了我，但我觉得他不是犹太人。

第二天，我们正式开始上课了。在这所大学里，我们的课程都是一样的，因此全班同学通常都是一起从一个教室转移到另一个教室的。

第一年我们主要学习无机化学。这门课每天都有，授课的是位资深的老教授——伦杰尔。他个头儿很高，言谈举止散发着优雅的气息。每次上课前，总有一队助教先进入教室。待助教们就座后，伦杰尔教授才迅速进来，洁白的实验服在身后飘荡。我们都需要站起来向他致意。他会把讲稿整整齐齐、一丝不苟地放在黑板前的讲台上。待一切事毕，我们才能坐下。

伦杰尔教授的两本大部头著作是我们第一年的教材。他的名字就印在这本我们必须买的教材上，在此之前我还从没见过一本书的真正作者。助教们对他礼敬有加，他本人的举止也很高贵典雅，这一切都让我对他不由自主地心生敬畏。讲课时，他的嗓音很美，深沉、洪亮，我很容易就能听清。

我们的教室是一个半圆形的大讲堂，里面有数排木制的旧椅子，从前到后呈阶梯状排列，完全可以容纳下100人。我们这个20人左右的小班三五成群地散坐在大讲堂中央的前几排，助教们则坐在一边，其他座位都空着。下课时,我和佐尔坦便猜测着,我们这么小的班级,为什么要占用这么大的教室。佐尔坦习惯性地让绿色眼镜滑下鼻子,从镜框上方看了我一眼,一本正经地说道:"中央计委认为,我国在4年后正好需要20名化学家。"我迅速地扫视了一下四周,吃力地吞咽了一下,未作回答。但我从此开始喜欢他这个人了。

除了化学课,我们还要上数学、物理和政治教育课。数学很简单,教授的讲解也字正腔圆,这更便于我们学习。而物理课却不是这样。与伦杰尔教授截然相反,物理课的教授不修边幅,上课时总把身子靠在黑板上,说话的声音也很小。在物理课那间大教室里,即使我坐在前排,我的座位离黑板也有一段距离,因此我根本听不清他说话,这让我有些惶恐。而且,物理课没有正式的课本,这令我的处境更加艰难。

下课后,我找到了教授,并向他阐述了我的窘境。他笑着跟我说,今后上课时,他会记着提高自己的声音。但我不能完全相信他的保证,因为很早以前我就发现,人们说话时都有自己特定的音量,即使他们发自内心地想努力提高或降低音量来适应别人,几分钟之后,他们的音量也会回到原来的水平。

这种感觉很不好。上课第一天就碰到了噩梦般的状况——一门没有教材的、高深的课,我却一句话也听不清,得想想办法了。

我向佐尔坦求助。听完我对自己现状的描述,他很高兴地把自己的笔记借给了我,其他几名同学也这样做了。每次下课后,我都参照两三本笔记的观点整理我自己的笔记。我不知道这么做对我的学习是否奏效,但对我来讲,它至少是一个解决办法。

在政治教育课上我就没有这方面的问题。我们的政治教育课以《苏联共产党历史》为教材,这本被誉为政治教育课"圣经"的书我从来没有读过，倒是在家里见过，而且对其颇为熟悉，因为这是父母所在的公司举行一些强制员工参加的研讨会时要求大家必须学习的材料。这本书介绍了1917年俄国革命期间以及第二次世界大战前几年发生的事。书中有类似"孟什维克派听到列宁来了，吓得浑身发抖"这样的话，因此，它读起来并不像一本严肃的历史书，更像是一本给小孩子看的故事书。

老师完全遵照课本，领着我们一字不落地逐章逐页读完，我猜他以前一定也大声地诵读过它。据说，这本书不断地再版，在再版过程中，编制者会根据最新的党章增加一些新的章节，同时删掉一些旧的章节。我总觉得，对当前版本的变更本来已不太合适，如果再添加些额外的内容就更加危险了。然而据我所知，这样的版本还不止一个。

实验室的工作对我来说轻松自如，分析化学实验是我们课程中的核心部分。这门实验课每天都有，而且经常会占用我们一下午的时间。该门课程是为了巩固伦杰尔教授课上所教内容而设置的，以此让我们深入直观地理解课堂上的内容。这是我们第一次接触应用化学。

实验室的管理者是一名年轻的女助教，与伦杰尔教授的严肃截然相反，她性格活泼，举止轻快，我们都称她希尔达。实验期间，她为我们每个人都安排了一个工作台，但也鼓励我们自由走动，相互之间借用化学品或仪器，或者寻求其他的帮助。没过多久，我们大家就因此而熟识起来。

秋季还未结束，我就已经感觉与这个新班级融为一体了，那感觉甚至比在毛达奇大学预科班待了4年还要棒。我不再为自己是一名好学生而感到不合群了，这是我感受到的最大的转变。在这里，我们一起学习，都希望自己取得好成绩。

除佐尔坦外，我还有两个朋友，相处得也不错。其中一个是男生，叫扬奇·拉尼，他和我兴趣一致，都喜欢化学，钟情于歌剧，而且也是犹太人，我们特别合得来。尽管如此，我和他的交往与和佐尔坦的交往还是有所差别的，在他面前，我做政治评论或者开政治玩笑总是小心翼翼。

这里与毛达奇大学预科一样，男孩子之间常用姓来称呼对方，以至于我们甚至都不知道彼此的名字。不过对于女生，我们则用名字来称呼她们。

我的另一个朋友是一个女生，她叫玛丽安娜，来自布达佩斯。她性格活泼，但成绩平平，她常常因为与男友的感情纠葛而六神无主。我们虽然都没见过她男友，但据她讲，她很爱他，我们便推断他们经常待在一起。放学后，我们常常一起步行回家。让我吃惊的是，我竟然成了她的知己。与一个女孩成为朋友，而不掺杂爱情因素，这是我从未有过的经历。这种感觉让我很喜欢。

佐尔坦的言行依旧感染着我，让我对他深深地着迷。在此之前，佐尔坦从没有过犹太裔的好友，我也没有非犹太裔的好友。虽然班里1/3左右的学生都是犹太人，而且表面上大家相处得很好，但据我所知，除我和佐尔坦外，再没有其他的犹太裔学生与非犹太裔学生成为好友。我很欣赏佐尔坦略显尖刻的智慧和敏锐的洞察力。此外，他对西方文学与音乐的执着也令我拜服——他是一个很不错的爵士乐钢琴演奏家。他一直想去西方游历，后来我才知道，这并不是他一时兴起，而完全是出于个人兴趣。他身上的所有特质都让我着迷，在他公开对我发表了一些愤世嫉俗的政治评论后，我发现自己也开始向他敞开心扉。我们常常一起去校外玩耍。有时，他去我家，但更多时候我们会漫步在布达佩斯的大街小巷。

即便如此，犹太人与非犹太人之间的那种隔阂仍旧在我们之间隐隐地存在着。有一次，我们在散步，我鼓起勇气问他，我这个犹太人朋友是否给他带来了麻烦。他习惯性地从绿眼镜上方瞥了我一眼，严肃地说："你是个臭犹太人和我有什么关系？"我甚为吃惊——"臭"是偏激的反犹太主义者形容犹太人的词。我镇静下来，反唇相讥："是的，你这个蠢异族人和我又有什么关系？"我从来没有用过"蠢"这个形容词，在我看来，它与"臭"同样恶毒。佐尔坦没有被我吓退，应道："对呀，你是一个臭犹太人，而我是一个蠢异族人，这有什么不妥吗？"

我们之间的不快伴着这句话而烟消云散。对我们来说，它只是一个玩笑。随着课程的深入，我们对元素周期表也渐渐熟悉起来，有趣的是，我们发现在匈牙利语中"臭犹太人"的首字母与铋元素的化学符号差不多，而"蠢异族人"的首字母则正好与汞元素的首字母相同。因此，如果我们之间有人想当众开另一个人的玩笑，他就会称对方为"铋"或者"汞"，直到我们一起哈哈大笑起来。

学校的生活让我们应接不暇，因此我被迫放弃了皮划艇活动，但我并没有一心扑在学习上。那年冬天，"弗朗茨·李斯特国际钢琴赛"在布达佩斯举行，我和母亲买到了门票。我们家所在的基拉伊大街离举行比赛的音乐学院只有几个街区远，所以我们可以步行去那儿观看。

这种音乐比赛我以前从未看过。每名参赛选手表演的曲目都是一样的，即弗朗茨·李斯特的一首奏鸣曲。我原本以为反复地听同一支曲子会感到厌烦，但那天，我被不同选手弹奏这支曲子时所展现出的细微差别深深迷住了，我开始留心各位演奏者在演奏方式与演奏技巧上的差别。在比赛结束后回家的路上，李斯特的钢琴奏鸣曲仍在我的

第十一章 大学生活第一年

耳畔回荡。

我和母亲的座位位置不错,在一等包厢里,恰好位于表演者的正上方,从那里望下去,可以清楚地看到表演者是如何演奏的。幕间休息时,我们交换了彼此的意见,并对我们喜欢的选手进行排名。当评委宣布结果时,我们或赞同或震惊,好似球迷对裁判判决的反应一样。最终,冠军被一名苏联选手夺得。令人奇怪的是,他选择用奖金在布达佩斯买一件冬装,好像我们这儿的衣服要比他家那里好似的。

我对歌剧的兴趣日渐浓厚,因此我决定选修音乐课。以前我就曾做过这种尝试,那时,我报名参加了一个民歌合唱团。我对自己的嗓音很有信心,而且一直幻想着我会成为当代的夏里亚宾。不过我会唱的匈牙利民歌很有限,在一次试唱中,当我正沉浸在自己的歌声中时,合唱团的指挥打断了我,并把我打发回家。经历了那次挫折,我有很长一段时间都不想再唱歌。

这次,我决定鼓起勇气尝试一下,几年过去了,我的嗓音也变了,而且我觉得变得比以前更好了。这次的试唱时间比上一次长。我先唱,伴奏师接着再演奏某个和弦,而我要唱出和弦的每一个音符,以证明自己的音乐素养。令我欣慰的是,这次我通过了。

音乐课每周上两个晚上,每次半小时。课程内容相当枯燥,老师先让我练习唱音阶。我自认为完美的嗓音在他看来却极为普通,他更关注那些演唱功底较好的学生,而我对此并不介意。我开始学习真正的演唱技巧,常利用家里没人的时候独自反复练习。如果我的歌声恰巧被邻居听到,我就会觉得很尴尬。我只唱歌给自己和音乐老师听,而不想用它来愉悦朋友和家人。

经过了几个月的音阶练习,我的歌声变得舒缓、柔和,我开始学习舒伯特的简单歌曲。我猜老师为我选的歌曲一定很具有教学价值,因为它们像音阶一样枯燥乏味。我强烈要求唱自己喜欢的歌，最后，老师出于怜悯，让我选择了我喜爱的莫扎特的歌剧——《费加罗的婚礼》，我想学习里面的咏叹调。当费加罗向一名渴望参军的青年介绍真正的军旅生活时，音乐在抒情调与军乐调之间转换，时而婉转优美，时而咄咄逼人，这种戏剧性的跌宕起伏令我沉醉其中。

这首曲子比舒伯特的歌曲复杂得多，我花了几个月的时间才学会它。在演唱咏叹调的过程中，我不仅要控制自己的声音，还要学会跟上音乐的节奏。我总是很难合上音乐的拍子，因为我从来没有正式地学过乐谱。虽然我要不断重复地练唱，但我仍然享受花在音乐上的每一分钟。

一个冬日的傍晚，我和一个同学走在放学的路上，激烈地讨论着化学问题，这时我突然想起我还要去上音乐课。为了继续讨论问题，他决定陪我一起去，路上我们一直争论不休，甚至到了音乐教室外面的接待室我们的争论也没有停下来，直到我该进去上课为止。在课堂上，我开始练习费加罗咏叹调。出来时，我发现他还在那里，这让我很惊讶。因为他以前曾告诉过我，他对音乐一窍不通，对歌剧也丝毫不感兴趣。我们继续一起走，但在接着讨论之前的那个化学问题前他忽然问我："你唱的那首歌叫什么名字？它听起来十分优美。"

随着演唱技巧的进步，我对每一件事情都变得应付自如起来，即便是艰苦的学校生活也难以让我却步。我感觉自己的生活在豁然间开朗。其实，每个人在生活中最好要有两个（或更多的）爱好。如果你只有一个爱好，那么一旦这个爱好让你失望，你就难以平衡自己，改善自己的情绪；但如果你有多个爱好，你就能有效地平衡自己，保持良好的心态。

在那个冬天，我有幸通过一位朋友结识了一位钢琴家。难得的

第十一章 大学生活第一年

是，这位钢琴家喜欢歌剧，也愿意为歌手伴奏，而我认识的很多钢琴家都不愿这么做。我牢牢地把握住这个机会，常常与其他几名学生一起在他家里练习。我们雄心勃勃，想试着表演莫扎特的歌剧《唐璜》的第一幕第一场。我的声音很适合唐璜这个角色，所以我饶有兴致地体味着这个角色的内涵。他迷人的外表、与女人交往时的游刃有余以及任何时候都漫不经心的态度深深地吸引了我。

这一幕虽然只有几分钟，但其中展现出的人物关系极为复杂，为了排练好它，我们花了好几个月的时间。当我们排演妥当时，我才后知后觉地意识到，剧中的音乐是如此优美，美得令我震颤。

我喜欢的另一首歌是舒曼的叙事曲《两个掷弹兵》，这首曲子的背景故事讲述的是两名在战斗中幸存的拿破仑士兵从死尸堆中爬起，继续为他们的君王而战的故事。我的嗓音特别适合这首歌的音域，而且那种戏剧性的情节也特别吸引我，所以我竭尽全力地去演唱。我原本只想用声音来表现它，可不知不觉中就沉浸在剧情之中，开始有声有色地表演起来。

第二年春天，我和父母一同去拜访他们的一位朋友。在他家里，我看到了一架钢琴。我们无意间谈起我正在学《两个掷弹兵》这件事，而我也正好把乐谱带在了身上。那位朋友便说服母亲为我伴奏。尽管她一开始有些不情愿，但后来还是拿起了乐谱，放在琴架上。我依稀记得那位钢琴家为我们伴奏《唐璜》的情景，虽然他已经学了很长时间的钢琴，但要完美、流畅地按乐谱演奏仍有些吃力。因此，当我看到母亲没有片刻犹疑就开始演奏时，我感到十分惊讶。我唱《两个掷弹兵》时，母亲游刃有余地为我伴奏着，她不但能跟上我的节奏，还会及时调整我的节拍。我唱歌，母亲伴奏，这种默契的配合令我感觉与母亲非常亲近。然而从那以后，不管我怎么请求她，她都再没有为我伴奏过。

那年春天，我还在大学的班级晚会上唱过一次歌。班级晚会是一项传统活动，在晚会上，每个班都要先为他们的老师表演各种节目，然后吃点心、跳舞。这项活动规模不大，是在学校的一间教室里举行的。教室的角落处放着一架钢琴。我和一些同学排演了一些搞笑的短剧，其他还有讲笑话的。另外，我还同我的演唱伙伴和伴奏师一起表演了《唐璜》的第一场第一幕。我们的演出受到了大家的热烈欢迎，也许是我们班大部分同学都从未听过歌剧的缘故吧。

晚会接近尾声时，希尔达与班干部们在协商之后提出了一个建议：鉴于我们班在此次晚会中的出色表现，我们应该在年底的毕业班晚会上进行公演。

这项提议让大家兴奋不已。毕业班晚会是在校外的大剧院里举行的，是大学里的年度热点事件。参加的人多达几百，门票总是供不应求。低年级的同学连正式的邀请都没有接到过，因此以一年级学生的身份参加演出，这一想法还是颇令人震惊的。不过，同学们还是当场就同意了。

我提议，我们可以根据分析化学实验室里的学习生活表演一场哑剧。作为刚刚接触应用化学的新生，这场哑剧注定不会太复杂，而且化学系的学生对这一题材也都不陌生。我已经有了一个思路，因此自告奋勇地去编写剧本。

事实上，我的精力已逐渐集中在分析化学上，这不单单是因为我正在撰写关于实验室的剧本。上半学期，我们在化学实验室做的实验是对课堂上所学内容的巩固；下半学期，我们的实验重点转向了研究未知化合物，这也是分析化学的研究范畴。

最初的实验很简单，我们在课上就能完成。但随着课程的深入，我们所要确定的化合物也越来越复杂，更糟糕的是，它们经常与其他化合物混合在一起。有时我们分组工作，有时则独立完成。我们常常要花费几节实验课的时间才能确定所有的化合物。而且老师告诉我们，这门课考察的要点是我们是否能准确地确定那些物质以及这一过程所花的时间，他会基于我们的综合表现给出最终得分，这让我们感到焦虑。

在有些人看来，分析实验很枯燥，但我很喜欢，而且我在这方面表现得相当不俗，这可能得益于我常在家干一些简单的修补类的活儿吧。我很享受推导的过程，当一个实验得出一组结果，而另一个实验得出另一组结果时，我们就要排除一切可能的干扰选项，推导出这种化合物一定是什么。

当我们陷入困境时，希尔达便以她特有的乐观和积极的精神鼓励我们、安慰我们，并时刻提醒我们那只是个小作业而已，期末作业才是最重要的。她还警告我们说，期末作业将是极为复杂的，目前还没人完全做对过。

暮春已至，我们不得不面对可怕的期末作业。我们每个人都拿到一种不一样的神秘溶液，每种溶液里大约含有 6 种化合物。我们的任务是确定这些化合物的成分，这将决定我们最终的成绩。我得到的溶液是透明的，从外观上看不出它的任何成分。老师给了我们 4 周时间来完成这项任务。

我们的分析过程主要通过两种方式进行。一种方式是采用预定的步骤，逐步对可能包含的化合物进行严格的筛查，排除那些不可能包含在内的化合物。如果你的实验程序准确无误，并且得出的结果足以证明推论的有效性，那么你的实验就是成功的。但这种严格的筛查过程极其烦琐，需要耗费很长时间，有极大的超时危险。

另一种方式是，按自己制定的实验流程进行分析。开始时可以遵循预定程序进行，但随着结果的日渐明晰，我们可以有选择性地跳过某些步骤，制定自己的实验流程，以得出更有效的结果，再根据结果对实验顺序做出相应的调整。这种方法的优点是直接、快速，但风险也较大，因为如果流程上出现方向性错误，那么你的整个期末作业就将毁于一旦。

在无机化学方面，我对自己很有信心，所以我决定冒一次险，按自己的流程进行实验。在实验过程中，我认真地记录，很快便脱离了预定的流程，而沿着一个我认为合理的方向进行下去。在排除了其他几种不可能存在的成分之后，我很快便确定了溶液大致的组成成分。然而，接下来的实验令我步履维艰，我反复地实验，却没有得到任何有价值的线索，这让我十分苦恼。

在完成这次作业的过程中，我完全是孤军奋战。由于每个人的化合物都不同，所以大家都结合实际情况选择了最适合自己的实验流程，每个人都心无旁骛地钻研着自己的问题，彼此之间很少交流。而且在这种情况下，我也没法向希尔达求教。我的实验中包含了许多非常规的步骤，即使她同意帮忙，也会力不从心。我完全被困在这个实验中了，那些无机化合物与元素日夜在我脑海中闪现。离最后的期限只剩一周时间了，我陷入了极度的焦虑之中。

一天傍晚，我结束了一天的实验后准备乘电车回家。我喜欢让别人先挤上车，而自己则站在车厢外侧的踏板上，任凭春风抚摸着我的脸庞。这个位置虽然危险，但很凉爽。那天晚上，我同往常一样站在踏板上，暮色渐浓，我脑子里全是原子、分子和实验方案，对那些过往的车辆和熟悉的街道熟视无睹。

突然,我灵光闪现,似乎找到了解决问题的办法。几周以来的困惑感消失了,那些在我脑海中徘徊的实验结果也在顷刻间变得明朗起来,我突然对实验的进展情况和前进方向有了更清楚的认识。下了电车,我快速跑回家,翻出笔记,仔细检查了我以前的所有实验结果是否准确——没有错误!我甚至有些等不及明天再到实验室了,我已对下一步实验信心十足,我相信我的假设是正确的。

我整理了一下笔记,并把它们做成表格,在表格中列出了我的样品中包含的所有无机化合物。在实验期限截止的那天早上,我找到了希尔达,把实验报告交给了她。她看了看,冲我神秘地笑了笑,然后看着我说:"格罗夫,你确定吗?"

我说"确定",但突然间,我又有些不太确定了。

第二天,全班同学都要到希尔达那里集合,届时,她将宣布各个混合物正确的组成成分。结果,我的分析结果是全班唯一一个完全正确的。希尔达说,我是有史以来第一个完全正确地完成这个作业的学生。同学们都觉得我很了不起,希尔达也很自豪,我的内心则狂喜不已。

我的成功迅速传遍了校园的每一个角落。在上其他课时,老师们也都微笑着祝贺我。一年级的生活就这样在一片喝彩声中结束了。

在学年结束前,我们还有最后一个任务:在毕业班晚会上表演哑剧。我身兼编、导、演三个角色,我像对待期末实验一样全情投入其中。

毕业生们正在排演一出幽默讽刺版的著名戏剧,名叫《西戈尔王子》,这是根据俄罗斯戏剧《伊戈尔王子》改编而来的。"西戈尔"在匈牙利语中意为"纪律"。这出戏剧是他们根据自己的大学生活经历排演出来的，以讽刺他们的老师及其所教授的课程。毕业演出通常只由毕业生自己来表演，因此邀请我们参加完全是破例的。届时，全校学生的目光都将集中在我们身上，因此我们必须演好。

我们的剧本是围绕化学元素在复杂的分析实验过程中的反应情况这一主题展开的。班里的每位同学都代表一种特定的化学元素。跟随着经典芭蕾舞曲的节奏——佐尔坦负责用钢琴给我们伴奏，同学们表演着各种化学元素之间的反应，包括加热、过滤和其他科学操作。整个故事就是一个关于分析化学的大玩笑，刚刚结束的分析化学课更为这出剧平添了几分趣味。

这也是一个关于我们班的内部笑料集合。比如，两名学生（一名男生和一名女生）扮演了两种几乎相同的元素，它们的性质相近，不容易区分；而恰巧他们都很矮，长相也差不多，与那两种元素的情况极为相似。但真正让人捧腹的是，他们那时正在约会，形影不离。当我用本生灯（其实是夸张的剪纸火焰）从脚下"点燃"他们时，他们会同时跳到椅子上坐下来，而且手要一直握在一起。第一次排练到这一段时，大家一通爆笑。

在全力以赴完成实验的过程中，我们仍利用空闲时间进行了多次排练，这种生活对我们来说充满着巨大的乐趣。每个同学都为剧本出谋划策，因此最终的剧本凝聚了全班同学的心血。

尽管我们班对这次演出热情十足，但在班级之外，我却为自己在这次演出中所处的特殊地位而感到不自在。因此，即便父母跟我说他们很想观看这次演出，我也表示了坚决反对。我告诉他们，如果他们去观看演出，这会让我感觉极不自然。最后，他们勉强接受了我的意见，但十分不快。

演出的日子终于到了，同学们都聚集在后台。主持人让我先登台对剧情进行简要概述，这让我有些措手不及。一想到要在一大群人面前讲话，我就从心底里害怕。然而当我走上舞台，望着那些满怀期望的面孔时，我感到出奇的平静。我突然觉得，他们会很喜欢我的讲话内容，否则他们不会坐在下面。我尽量简要地介绍了一下我们的演出内容，观众对此报以热烈的掌声。

然后，幕布被拉开了，我们的演出正式开始。全班同学随着佐尔坦弹奏的《天鹅湖》序曲鱼贯而出。大家的衣服都很相似，只有脖子上戴着的不同标志能让观众区分出每个人所代表的元素。观众席里坐着很多化学家，他们对这种幽默形式颇为赞赏，当这些"元素"出场时，台下的笑声一阵接着一阵。

我们的哑剧取得了巨大的成功，大学的第一学年也随着这场演出的终结而画上了圆满的句号。我对自己在学业上的前景信心十足。更为重要的是，在我的记忆中，这是我第一次在一个团体中找到了归属感，我不再是个局外人。伴随着我高涨的热情，暑假开始了。

那一年我过得很充实，专心学习，很少关注班级以外的事。

当时，社会上发生了一些政治事件，也出现了很多负面的政治流言。斯大林去世后，一些新名字与新面孔相继出现在苏联政治局的高层位置上，但他们的声望都远远不及斯大林，掌权的时间也都较短。

1956年年初，有一条关于苏联新的政治领导人赫鲁晓夫的流言开始传开了。据说，在苏联共产党官员的一场大会上，赫鲁晓夫发表演讲，公开谴责斯大林那些年的统治残酷而恐怖。此前，我并没有接触过此类信息。流言版本不一，但其相同之处令你不得不相信，这件事还是有几分可信之处的。

苏联政权的变化也影响到了匈牙利——伊姆雷·纳吉取代了拉科西，但纳吉政权很快就结束了。在他被免职后，他的位置被拉科西政权的一个追随者取代，而这次的统治似乎没有先前那般压抑了。

总而言之，匈牙利的政治局势出现了明显的缓和，许多政治犯都被释放了。但对我而言，最明显的改变是报纸与广播评论的语气，人们开始公开讨论政治和经济问题。社会上出现了一些批评和分析的声音，而人们并没有因此而遭到惩罚。

有许多记者和作家都参加了一个叫"裴多菲俱乐部"的评论团体，而社会趋势的转变似乎正是由这些人推动的。我对这一团体知之甚少，只知道它是以1848年匈牙利革命时期的诗人山多尔·裴多菲的名字命名的。1956年6月，有传言说他们正准备针对当前的新闻工作组织召开一个公开讨论会，我的一些朋友建议我们去听听。

人们对这次会议甚为关注，因此我们决定提前入场。后来证明，这个决策是对的。我们到时，大厅里已经人山人海。到会议开始时，会场的角落里、过道上都挤满了人，会场外还有许多无法进场的人。因此，组织者只好用扬声器讲话，让那些身在场外的人也能听到会议内容。在初夏的酷热中，会场里数以百计的人汗流浃背，却不吝于为慷慨激昂的演说而欢呼。我遇到了几个大学同学，还遇到了几个高中同学和父母的几位朋友。会议结束后我才知道，我父母也去了，只不过在拥挤的人群中，我根本没注意到他们。

我和朋友们好不容易才在会场内找到一个容身之处。我们看到台上摆了一张长桌子，桌子旁边坐了好多记者和作家，其中一位是我表姐马里卡的丈夫。

在听众面前，他们一一讲述了自己在工作中曾经如何撒谎、歪曲事实，从而误导了匈牙利人民的生活。他们所讨论的许多话题对我而言都没什么实感。不过，对于一家国内主要日报的一位编辑所揭露的情况，我是有所耳闻的。他说他为了鼓励人们参加每年一度的大游行，曾篡改当地的天气预报，即每年五一节的天气都会被预报为晴好。

尽管我对这些评论表现得很平淡，但大多数听众还是因此而受到了鼓舞，他们对台上的每一次供认不讳都欣然接受，他们热情地欢呼着，对那些人投以赞许的目光，热烈地为他们鼓掌。他们的这种热情让我颇感震惊，但我也注意到这些鼓掌有些特别之处。执政党在做政治演讲与政治声明时，人们总是会有节奏地拍手，掌声缓慢而整齐，我也已经逐渐习惯在政治会议上听到这种掌声。而那天我发现，人们给演讲者的掌声与政治会议上的掌声如出一辙，我觉得这不失为一种讽刺。

会议是在下午很晚时才开始的，一直持续了好几个小时。无休无止的揭露与招供很吸引人，我感觉自己正在亲证一段非比寻常的历史。

会议结束后，我和朋友们步行回家，一路上我们都在兴奋地谈论着会议的内容。这种场面我们以前从未见过，我们也不觉得这件事会对将来产生什么影响。然后我突然想到：这整件事就像锅盖性能已减弱的高压锅，蒸汽越多，高压锅就越可能发生爆炸，这是很危险的。

几天后，我和班里的男生一起，报名参加了军训。

我们乘火车到了奥格瓦尼镇附近的一座军营，这座军营离小克勒什只有几英里；里面尘土飞扬，天气闷热难当。在四年的大学生涯中，我们每年夏天都要在高射炮部队中训练，毕业时我们将成为预备役军官。我们的第一次夏季军训主要用来进行基础训练，真的是非常基础。

经过一段漫长的旅途，我们没精打采地下了火车，他们给我们发了一些并不合身的、褪色的、没有徽章的褐绿色军装，还一人发了一顶朴实的折叠帽。一位军官接待了我们，他又瘦又高，皮肤粗糙。他轻蔑地看了我们一眼，然后向大家宣布他将把我们训练成真正的男人。然后，这位军官无缘无故地把我单独叫出列。我不知道我究竟犯了什么错，即便现在，我仍搞不清当时到底是怎么回事。在他训话时，我为了更好地理解他的讲话，一直直视着他，而其他学生都看着自己的脚，或许这就是原因吧。从一开始，他就总是分配我做各种令人生厌的活儿，像刷盘子、冲厕所、削土豆皮等。几周之后，他才将注意力转移到其他人身上，我想他可能也厌烦了吧。

在这个军营里，参加军训的还有其他大学的学生，我们大学的化学系这一组很幸运地被编成一个排，一起训练。训练内容除了列队、敬礼，就是长时间的原地待命。夏日的奥格瓦尼酷热难耐，在太阳底下待命尤为痛苦，让人心烦气躁。为了准确击中运动目标，我们有时还要学习计算飞机的速度。除此之外，我们教官还教了一些极其简单的轨迹图与公式。比如在看见闪电后开始数数，直到你听到雷声，据此计算打雷的地方和自己所在地的距离。在这样的酷暑中进行教学活动，他很烦，我们也很烦。

起初，我们的训练重点是将一些木制子弹装入二战时制造的高射机枪里。我们反复练习，一个人拉开后膛，另一个人装弹。然后下一组重复这项操作，再下一组也是如此。我们一刻不停地练习着，而在练习过程中最大的危险就是：拇指可能会在关上机枪时被夹住。因此，我们在将子弹推进机枪时，总是小心翼翼地将拇指握在拳内。

我们还就机枪瞄准这项内容做了简单的练习。一架飞机模型被吊在一根线上，在射程里被拉来拽去，我们则摇动机枪曲柄跟踪它。即使它很缓慢地在水平线上运动，我们也很难瞄准它。我突然想起在韦伦采湖时急速飞过我和加比头顶的那两架喷气式飞机,我在怀疑,用这种枪要如何追踪那样的喷气飞机。

在为期四五周的军训中,我们根本没有机会用高射机枪射击。在步枪训练中,我们才第一次进行了真正的射击。教官给我们每人发了三发子弹,让我们瞄准远处山坡上的靶标射击。借助以前练习气枪射击的经验,我在打靶射击这一项目中取得了很好的成绩,那位军官短暂地向我投来了一点儿赞赏的目光。

几周的军训生活让我们频繁地产生一种绝望而无助的厌倦之感。在我们不练习列队、不参加学习、不练习高射机枪时,我们就在树荫下铺开一张毯子,坐在上面聊天,没完没了地玩 20 个问题的游戏,或者看旁边的士兵练举重。

有时,我们也会换换口味——闲坐在军营边的栅栏旁。栅栏外是一条土路,基地司令的妻子偶尔会从那里路过。但我们只能偷偷地看她,因为有传言说,在以前的军训中,曾有人因为向她吹口哨而受到了惩罚。我常常和佐尔坦、扬奇·拉尼四处闲逛,但即便是佐尔坦,最多也就是说一两句无关痛痒的讽刺话。

8 月后,白天开始变短,但即便如此,我们依旧度日如年,反复计算着距离我们解放还有多少小时。可是,我们根本无法得知军训结束的确切时间,越接近尾声,我们就越是焦灼难耐。流言横飞,有人说,因为我们犯的某种错误,他们将把我们的训练时间延长 3 天;有人说,不,是 5 天;还有人说,可能只有两天。这些流言时刻折磨着我们,让人痛苦不堪。最后,军训结束了,每个人都被授予下士军衔。我们终于可以回家了。

第十二章

转折点

游向彼岸

右图：共产主义标记被去除后的匈牙利国旗。每一处建筑物上都挂有这种旗帜。

下图：游行。人越来越多，几乎占据了整条街道。随着民众情绪的不断高涨，每个人都在兴奋地大声喊叫。

左图：我看到了被烧毁的卡车，偶尔还能看到被烧毁的苏联坦克。在有坦克燃烧的地方，行人都会驻足围观。

1956年9月，我返回了大学校园，我当时的感觉已与之前截然不同。20岁的我，无拘无束，自由自在，盼望着再次见到我的那些同学。我们虽然在军营里朝夕相处了一个多月的时光，但我想，看到他们脱下军装的样子一定感觉更好。

与此同时，我也期盼着新课程的开始。第二年的课程安排总体上与第一年差不多，只不过第一年的研究重点是无机化学，而第二年则是有机化学。我们的有机化学课同样是由一位教授来上，他和伦杰尔教授一样，也很严肃，而且他出的教材也是我们这门课的"圣经"。实验课的上课方式与原来的差别也不大。第一年，我们的实验内容是定性分析，即确定样品中的化合物；而第二年的实验内容则是定量分析，即计算这些化合物的量。这比第一年的课程难度要大，但由于我在定性分析课程中的良好表现，我对定量分析也兴味十足，我觉得这门实验课一定也很有意思。

关于我在第一年定性分析实验中的出色表现，学校里很多人都知道，定量分析的老师也不例外。他们常常暗示我，希望我在这门课上也能取得良好的成绩。我总担心自己盛名难副，但出名确实让人感觉良好。

新学年伊始，在我们为新生组织的一次联欢会上，我结识并喜欢上了新生班里的一个女生，名叫维基。她来自一个小镇，初入大城市，难免显得有些摸不清方向。因此，我便趁机主动请缨为她做向导，而她也很爽快地答应了我，这让我很兴奋。我带着她在布达佩斯附近转悠，去我以前常去的地方。她身材娇小，沉默寡言，真实质朴，平易近人。我们经常一起出去，而我总是期待再见到她。

校园内一切如常，但校园外发生了很多重大事件。入夏时分，我们听说民主德国发生了反政府暴动，但暴动被警察镇压了。我们还听说，波兰也发生了一些大规模的反政府游行，但在10月的时候同样被镇压了。10月末，又有传言说，在我们的大学里，有人在组织游行，以此表达对波兰人民的支持。

传言果然不假，游行计划开始实施了。当时我正和几个同学前往一个被当作大学食堂的破旧而古老的餐馆吃午饭。餐馆距离学校只有大约15分钟的路程，但那天我们走了很久。我们不时地跑入那些激动的学生中间，他们都在喊："你想去游行吗？"到了餐馆后，我用手指在门口处那面满是灰尘的镜子上写下了一个日期——1956年10月23日。为了强调这个日子的重要性，我还在上面画了一个圆圈。

匆匆地吃完了午餐之后，我们决定不回去上课，而是和大家一起去参加游行。当我们赶回校园时，游行的队伍已经聚集在那里了。我们打算从山多尔·裴多菲雕像出发，走到19世纪的波兰将军约瑟夫·贝姆的雕像那儿，以此显示我们与波兰人民团结一心。在1848年反抗奥地利人与俄国人的战争中，贝姆将军极力支持匈牙利革命者，他因此被看作匈牙利的朋友，备受人们的尊敬。然而，也正是在这次战争中，山多尔·裴多菲永远地离开了。在我们慢慢向贝姆雕像行进的过程中，楼房里、小巷中的学生纷纷涌上街头，像小溪汇入江河一样加入了我们的游行队伍。我们的队伍逐渐壮大，起初只是学生，后

第十二章　转折点

来连大人也加入进来。

这次游行打破了五一节游行一直以来惯有的沉闷，每个人都在欢快地呐喊，人越聚越多，也越来越激动。他们挤满了整条街道，连电车也被迫停下来，因为电车轨道早已经被人流占据。很多人都在临街的窗边张望，疯狂地挥手。我不断地四下张望，这种身不由己的情境让我感觉如置身梦中。

突然，从一扇临街的窗户里伸出了一面匈牙利国旗，只是这面国旗的中间有个洞。不一会儿，很多面这样的国旗陆续出现了，到最后，几乎每栋楼都挂上了这样一面中间有洞的国旗。

眼前的景象令我目瞪口呆——那些国旗被永久地改变了。我意识到，现在的行动看起来目的明确，必定会引发某种反应。一开始，游行只是为了支持与庆祝，但现在一切都已经变了味儿。想到这儿，我不禁开始紧张起来。

我与朋友们在不断地张望中被挤散了。当我发现时，我已被人流冲到了议会大厦前的广场，那里挤满了数以千计的示威者。过了一会儿，他们开始喊："我们要见纳吉！""我们要见纳吉！"伊姆雷·纳吉的总理职务在一年前就被免去了，但离职不久，他又重新进入了政府。我们站在那里呼喊，等待对方的回应，然后再喊，再等待。那时已是傍晚，天渐渐黑了下来，但人群依旧停留在广场上，久久不肯散去。最后，伴随着人们疯狂的呼喊声，纳吉在议会旁边一栋楼的阳台上出现了。他在上面做了一个简短的演讲，但我什么都没听清，这次人们的呼喊声已不似先前那般热烈。很明显，他的话没能说服大家。

人群开始骚动。最初组织这场游行的学生们好像提出了一个"12点政治改革计划"，这一计划是参照1848年革命时提出的计划路线制订的。他们要求政府把这些计划拿到主流广播电台（如布达佩斯广播电台）播出。他们的行动让我有些激动，但也更加害怕了。

布达佩斯广播电台所在的大楼与我回家的方向大体一致，因此我便随着这数千人的人流朝这个方向缓缓地挪动着。但还没等我们到达目的地，有一条消息就开始在人群中哄传——秘密警察开始用武力镇压广播电台大楼前的示威者了。

事件已经有些失控，因此我决定回家——我是真的害怕了。我费了好大的劲儿才从人群中挤出来，钻进了一条小巷，但小巷里也都是人，大家都在乱窜。我很晚才到家。看到我安全地回来了，父母也松了一口气。我们坐下来，谈论着今天各自的所见所闻。这一天真是非比寻常。

第二天一大早，我们一出家门就看见街上有很多陌生人在彼此交换着最新的消息：昨晚在广播电台前，发生了一场剧烈的冲突，秘密警察向人群开了火，有工人从工业区运来了很多步枪，给每人分发了一支。秘密警察与示威者之间的枪战就这样持续了一夜。直到我们出门，我依然能听到远处传来零星的枪声，于是我决定待在家里。

我们的公寓大楼里一共有两部电话，其中一部就是我家的。一整天，不断有邻居跑到我家打电话，询问住在市里其他地方的亲朋好友的情况。我也不停地回电话，告诉别人我了解到的新消息。人们进进出出地交换着信息。据说，另一场游行将在明天进行。

第二天一大早，我开窗向四下望去，电车已经停运了。正午时分，一些载满人的敞篷卡车沿着基拉伊大街向市中心驶去。人行道上的人比先前更多了。几小时后，那些卡车又开回来了。只是车上载满了伤员，他们被送到我家附近的一家医院。另一次大规模集会在议会大厦前开始了，据说，秘密警察再次使用了武力。

第三天我醒来时就在揣测，今天又会有什么大事发生。但一个星

第十二章 转折点

期过去了，街上的生活似乎又恢复了正常。电车开始运营，人们也都正常上班了，不过有一点与以前不同——伊姆雷·纳吉组成了一个新政府，并再次出任总理职务。下台的政党开始频繁活动，数十种报纸如雨后春笋般涌现，各种观点铺天盖地向公众袭来，过去几年逐渐解冻的冰层似乎在顷刻间就汇成了洪流。

我们可以通过收音机收听到"自由欧洲之声"和"美国之音"了。以前，这些电台经常受到静电干扰，我们只能模模糊糊地听清其中的几句。对我们来说，这两个电台比布达佩斯电台要好，它们播报的内容让我们能更清楚地了解到当前的形势。而且更重要的是，我们通过这两个电台获悉，这几天发生的事情已在全世界范围内产生影响，播音员将这次事件称为"匈牙利事件"。

在这些天里，我们对周围发生的一切都很激动，但同时也很恐惧。有一次，在离我家不远的一条小巷里，我看到有一群人在伸着脖子看什么。我顺着他们张望的方向看去，只见一群表情坚定、拿着步枪的市民，正气势汹汹地向一栋公寓楼走去。其中一小群人破门而入，其他人则守在门外。听一位邻居说，他们已经确定这栋楼里藏有秘密警察。我心想：他们是如何确定自己正在追捕的人就是秘密警察的？如果不是呢？我不敢再接着往下看。

几天后布达佩斯电台宣布，明曾蒂红衣主教将通过电台发表演讲。几年前，作为反动教会的代表，明曾蒂红衣主教被匈牙利政府关进监狱。迫于压力，匈牙利陆军某部不得不在几天前释放了他。电台说，尽管明曾蒂已经入狱多年，但他仍是匈牙利最高级别的宗教人物，他的释放意义重大。被释放的当天晚上，明曾蒂红衣主教就发表演讲，以此表示他对这次反抗行动的支持。尽管他的措辞没有明确表露出任何威胁，但我仍觉得他的话暗藏杀机。这种感觉与我第一次看到那些被剪出一个黑洞的匈牙利国旗的感觉颇为相似。事实上，他的这篇演讲使匈牙利事件再次升级。

对于整个事件，我的感觉很复杂。一方面，看到匈牙利政府倒台，我很高兴；另一方面，我又担心某种不良后果会随之而来。毕竟，战争年代才刚刚过去不久。那晚上床时，我的内心很不安。

第二天一早，一种类似厚木板掉在地上的声音把我惊醒了。我对这声音很熟悉，但想了一会儿才明白其中的缘由。我想起了11年前我曾听过这种声音，这是大炮射击的声音。

我的心怦怦地跳了起来，我赶紧下床，跑到父母的房间里。外面天还没亮，但父母已经醒了，身上裹着浴袍。父亲在专心地调收音机，我们谁也没有多说什么，只知道好像有事发生了，我们在等待着官方的回应。

布达佩斯电台终于播出了一条通告。播音员说，伊姆雷·纳吉即将面向全国发表一次讲话。我们赶紧穿好衣服，在收音机旁等候。伊姆雷·纳吉的讲话极其简短。他说，黎明前，苏联军队开始发动进攻，但他同时也向民众保证，政府仍然处于工作状态。对此，我有些怀疑。炮声越来越响，越来越近。在我看来，纳吉的讲话更像是在向外部世界求援。

天渐渐亮起来，一阵奇怪的隆隆声从基拉伊大街传来。我跑回自己的房间，推开窗户，想看一下外面到底发生了什么。还没等我伸出头，我就被眼前的景象惊呆了。在我们家楼前，有一辆像是没有盖儿的坦克一样的车正准备停靠。苏联士兵正躲在"坦克"的塔壳内，用机枪向各个方向瞄准着，我听到他们用俄语向周围的民众喊话，其中一挺机枪正慢慢对准我这扇窗户。我被吓得一动不动。枪口一点点转向了我，而我只能呆立在窗前，目不转睛地盯着。有那么几秒钟，枪口似乎停了下来，然后它就继续向其他方向转。他们又用俄语喊了几次话，然后轰隆隆地把这辆车开走了。

我平静了一下，回到父母房里，用颤抖的声音告诉他们刚才发生的一切。他们决定带我到地下室去躲躲，我心里发酸，想着"又开始了"。

我们带上了些食物，把一些行李打了一个包，然后拎着它走向了地下室。我们楼里的其他住户也同我们一样，带着食物和行李前往地下室躲避。这辆武装运兵车一枪没开就撼动了整栋大楼。

防空洞早就被拆除了，所以我们只能藏在我们楼的煤仓里。大家坐在木凳上，身上裹着毯子，为了使容身的角落尽量暖和些，我们还在四周吊了许多毯子。有人不时地出去察看外面的情况。他们一回来，大家就立刻围上去，探听外面的新消息。然而，我们了解到的情况仍然很有限。

当晚，我们卷着衣服和毯子，在地下煤仓里过了一夜。事实证明，我们这么做还是很明智的。第二天一早，有两发迫击炮弹正好在我们家楼顶爆炸。男人们都往上跑去，途中从房间里拎上装满水的水桶，准备扑火。到了楼顶，我们看到屋顶被炸得一片狼藉，到处散布着瓦片儿、碎木头。炮弹碎片仍在屋顶上燃烧。好在我们的屋顶原来就覆盖着沙子，所以大家只是铲了些沙子覆盖在上面，火就被扑灭了。在朝鲜战争中，因为预料到美国可能发动空袭，很多朝鲜人就在房顶盖上沙子。我到后来才意识到，我们当时的处境与朝鲜人民毫无二致，对于一向以慈善面目示人的苏联，这件事颇具讽刺意味。

在同一天里，我们的院子又被一枚炮弹击中。一名住户在往地下室跑时，腿部不幸被弹片击中。邻居们把他送到只有两个街区远的一家医院。那一夜，我们还是在地下室过的。

有人开始到楼上去听收音机。广播称，伊姆雷·纳吉被苏联人撤了职，亚诺什·卡达尔取代了他的位置。布达佩斯电台还是以那种欢快的、积极的语调播送新政府发布的消息。报道说，反抗行动失败了，城市秩序将再次恢复。

第二天，我们楼里来了一些苏联兵。他们手握冲锋枪，进入地下室，四下张望。我们注视着他们，无言地等待着。

他们用手比画着楼上的房间，似乎在说些什么。我在学校学过的那点儿俄语足以听清他们谈话的大意。他们想进入临街的那些房间，而其中一间便属于我们家。进入房间后，他们把我们的家具随意推到一边，还在窗口架起了机枪，然后他们摆手示意，让我们继续回到地下室待着。

我不想让迫击炮弹再次落到我们的房子上，也不想让苏联兵再次进入我们的屋子里。我希望电车尽快恢复运行，希望继续上学，希望一切如旧。

几天之后，枪击声逐渐平息了。苏联兵撤走之后，我们搬回楼上的家。不过，大屋的地毯和地板上布满了脏脚印，墙上也都是手印。家具虽然都被推到了一起，但好在并没有什么损坏。

远处依稀传来战斗的声音，因此我们仍旧不敢出门。电话还可以使用，大家争先恐后地给亲朋好友打电话，询问布达佩斯其他地方的情况。我给彼得打了个电话，他是我在毛达奇大学预科时的朋友，我在上大学一年级时依然和他保持着联系。彼得一家住在环形大道，他的女友一家则住在布达佩斯的另一个区，他们家也都有电话。我们各自望向窗外，告诉对方我们周围新近发生的一切，以及我们刚刚看到的来往部队的情况。

扬奇·拉尼住在布达佩斯郊区，我也常常打电话给他，他们那儿

第十二章 转折点

的情况与我家这里差不多。

为了了解姑姑伊伦、姑父萨尼依及其家人的情况，父母试着给他们打电话，但他们家的电话一直没人接听。曼奇姑姑的住所没有电话，所以我们只能等到街上安全时再去看看她的情况。

为了准确了解外面的消息，我们常听"美国之音"与"自由欧洲之声"。但现在，它们的静电干扰非常强，同以前一样，我们时而能听清，时而又听不清。从西欧的安全方面考虑，它们的匈牙利语播音员大力敦促匈牙利人民继续抵抗苏联人，并为我们描绘了一幅关于现实情形的充满希望的画卷，暗示我们将得到整个世界的支持。我觉得这很荒谬，我敢断定，他们肯定没有体验过被苏联人的武装运兵车惊醒、被机枪指着卧室窗口的感觉。

在随后的几天里，不管我什么时候看向窗外，总能发现街道拐角处有苏联兵在站岗。又过了几天，岗哨不见了。我们开始到处寻找食物——面包、土豆以及在重新营业的几家商店中所能买到的一切食物。但我们还是不敢走得太远，我们的活动范围依然限定在家附近。

我在公寓所在街道上逛了逛，结果发现，我们家算是极为走运的。附近的许多建筑都被炮弹击中了，有些房子的前墙已被炸开，从外面可以清晰地看到房间内部的样子。而且，很多房子的那种长方形的窗户也已经不见了，取而代之的是一个奇怪的大圆圈——这是在加农炮射到屋子里，砖墙被击垮时，窗边参差不齐的砖的边缘形成的圆框。这让我想起了一周前楼下武装运兵车上的机枪缓慢扫过我家窗户的情景。

我们家附近有一家大型百货商场，规模差不多与整个街区一样大，而现在它已经在炮火中变成了一堆瓦砾。即使在二战频繁遭遇空袭的时期，我也没有见过这样巨大的破坏性场景。仿佛在一瞬间，它就面目全非了，只剩下一堆混凝土、砖与扭曲的钢筋。据目击者称，匈牙利的抵抗力量将军火储藏在了百货大楼里，因此，苏联人的坦克不断向它射击，直到里面的军火爆炸，这使整座建筑于顷刻间毁于一旦。

我在废墟中发现了几条面包，并把它们带回了家。然后，我带上一条面包，准备送给仍住在宿舍里的维基。电车停运了，我只能步行过去。这让我突然想起了我和妈妈从科巴尼亚步行回家的情景，只是这次的路上没有雪而已。几辆被遗弃的电车停在轨道上，集电杆从高架电线上掉下来，悬在一旁。不知是哪里断电了，电车就停在了那里。到处都是烧毁的卡车，偶尔我还能碰见烧毁的苏联坦克。在有坦克燃烧的地方，总有很多行人围观。他们围在一起盯着看，没人说话，只是默默地注视着。

墙上张贴了很多临时布告。其中大部分布告都呼吁联合国向匈牙利派遣部队，以抵抗苏联人的侵略。在一小群看布告的人中间，有个人正在与另一个刚到的人激烈地争论着。他嚷道："他们想让我们重蹈韩国的覆辙吗？"我觉得他说得对，但我没发表看法，加入这种争论会让我感觉很不自在。

维基的宿舍楼与我们的大学大致在同一个区域。尽管与学校相距咫尺，苏联人的炮火还是阻断了她与学校之间的联系。当然，也许是因为学校已经关门了。

看到维基安然无恙，我如释重负。她告诉我，一切都好，只是想回去看看家人。她已经和一位熟识的卡车司机说过了，准备这一两天就出发。我跟她道了别，心里却在想：此生我们还能再见面吗？

姑姑伊伦及其家人消失了，而且我们对他们的去向一无所知。我父母打了一遍又一遍的电话，也去他们家看过，可是房子里空无一人，

第十二章　转折点

邻居也什么都不知道。这让我们很担心。

但曼奇姑姑出现了，并且之后常到我家来。她用一块方巾包住头，用冬装把自己严严实实地裹住，手里拎着一个网兜，挨家商店地走，一方面为了购买食物，另一方面也为了打听最新的消息。她是我们家获取有效信息的重要渠道。

大约一周以后，电车恢复了运营。父母也开始上班了。但大学校门仍然紧闭着，所以我只能待在家里，帮父母跑跑腿儿，买些牛奶与面包。我竭力与任何一个能联系上的人保持着联系，以便了解布达佩斯其他地方的形势。

有人说，很多人都利用战乱之机越境到了奥地利。于是，"逃走"便逐渐成了我和父母谈话的主题。我对这件事很感兴趣，但对如何做则一头雾水。父母也认为我应该走，但又害怕万一我被抓住，他们该怎么办。我因此而备受折磨：我应该走吗？我敢走吗？我敢单独走吗？如果不能，那我应该和谁一起走？我如何出发？万一被抓住了我怎么办？

难以解决的问题越来越多，我转念一想，这里的情况还勉强可以维持，不如冒险留下来。我真的很喜欢大学，也喜欢我们的班级，更喜欢维基。也许，我应该留下来。但"到西方去"的想法总是不知不觉就溜了出来，在我脑中徘徊着，久久不能散去。

父亲联系了很多朋友，看看是否有人能带着我一起逃到西方去。但好些天过去了，我们一个向导也没找到。

第十三章

越　境

———
游向彼岸

右图：通过满是稀泥的衣服就可以辨认出我们是匈牙利难民——我们在穿过一片犁过的耕地准备越境时，身上被溅满了泥水。

左图：校舍里的难民。地上铺满了稻草，起到了一点儿垫子的作用。

左图：拜访美国领事馆是最重要的一件事。每个人都想去美国。排在登记处前的队伍一直延伸到冰冷的大街上。

12月初的一天下午，我正倚着父母房间的窗户读书，曼奇姑姑正巧路过我家，便进来待了一会儿。她是出来买东西的，在她肩上吊着的一个尼龙兜子里，我看到了一条面包和一包用褐色的纸包着的东西。和往常一样，她穿着一件棉衣，头上系着一块方巾，但今天的她显得有些激动，进屋后甚至还没来得及脱下外套就径直向我走来，她没有跟我寒暄，而是直接对我说："安德里什，你必须得离开。"

她的话让我很吃惊，我怔怔地盯着她。"你必须得离开，"她重复了一遍，"你必须马上离开。"

原来，她在买完东西回家的路上碰见了几辆苏联卡车，那种盖着帆布的卡车原本是运送部队的，但这几辆车在一个十字路口处停住了。一些苏联兵从车上跳了下来，将车子附近的几个年轻人围了起来，并把他们赶上卡车，放下帆布帘，然后就把车开走了。

对我们来说，这种事早已司空见惯。自从布达佩斯被苏联人再次占领后，城里便散布着这种围捕抓人的消息。不过，我们都没有亲身经历过这种事，也没有听身边的人说他们真正看到过，所有的故事都是我们道听途说的。在这种流言肆意横行的时候，我一方面相信最坏情况的存在，另一方面又不那么肯定真的有这种事。

曼奇姑姑是奥斯威辛集中营的幸存者，见过很多可能发生的最坏的事情。而她的这次来访改变了我们的认识。她不是那种夸大其词的女人，我相信她所言不虚。

在我左思右想到底该不该离开这个国家时，曼奇姑姑便带来了这个消息。大概三周之前，即苏联人回来之后，越境的年轻人越来越多。有些人从奥地利给家里捎了信儿，说他们已成功越境了；另一些人则消失了，他们不是被抓起来了，就是越境后没有和家里联系，没人知道真正的原因。我们身边的熟人，很多都已经成功地越境出国了，于是，出走的想法渐渐在我的脑海中扎下了根。

我常常与父母和同学扬奇讨论出境的问题。在这段时期，扬奇是与我联系得最多的一位朋友。我们的讨论是围绕着"如果……将会怎样"这个问题展开的：如果我们能搭上到奥地利的车将会怎样？如果我们被允许到边境附近旅行将会怎样？……但遗憾的是，这些设想都无法付诸实践。父亲的一位朋友与维也纳有贸易往来，因此，父亲想方设法弄到了他这位朋友的贸易伙伴的姓名与住址，以备我不时之需。我从父亲的这位朋友那里得到了一张便条，上面写着"尽量帮助持这张便条的人"，他还在上面签了名，希望可以在必要的时候保护我。

我很清楚，如果我走的话，我应该去的地方无疑是美国。或许，美国真的如匈牙利政府所言，是一个"金钱至上的帝国主义国家"。但这种诋毁越多，美国就越具有吸引力。就我当时的认识而言，那是一个注重实际的神秘国度，拥有大量的财富和现代科学技术，也有大量的汽车和好时巧克力。曼奇姑姑的妹妹伦克和妹夫拉约什就住在纽约市里。我虽然从来没见过这位姑姑与拉约什姑父，但曼奇姑姑告诉我，他们肯定愿意接纳我。

然而，父母并不确定伦克姑姑与拉约什姑父是否会接纳我。记得二战刚结束时，我们收到一个从美国寄来的很大的听装罐子，里面

第十三章　越　境

装着许多打火石。我们还收到一封信，在信中，伦克姑姑鼓励父亲要坚强。她还解释说，这些打火石可以让父亲在商业上东山再起。父亲当时不以为然地笑了笑："她想让我沿街叫卖，出售这些打火石吗？"后来，这罐打火石不知去向，父母从那时起便对伦克姑姑产生了疑虑。

让我无论如何都难以下定决心动身的理由有两个：一是我不知道怎么越境，二是我对越境心存恐惧。

曼奇姑姑首先从侧面解决了我的第二个问题。她说，留下来的危险比出走的危险更大。在不合适的时间、不合适的地点，我随时都可能被抓起来，没有人知道我会被关在哪里、关多久。与其如此，我还不如趁机逃出匈牙利。

曼奇姑姑还帮我解决了第一个问题。在我看来，她总是有一大堆熟人可以联络。她告诉我，她认识一个女性朋友，老家正好在松博特海伊小镇，那里离奥地利边界只有15英里。这个女人有个女儿，名叫安格拉，年龄与我相仿，也正准备出逃。安格拉从未去过松博特海伊。为使我们能在那里有一个落脚点，她的家人为她提供了一些住在那里的朋友的姓名与住址。这个越境计划或许仍有瑕疵，但在我自己能够想出的所有计划中，这一个是最好的。

我打电话给扬奇，把这个计划告诉了他，并问他是否愿意与我和安格拉一起越境，他果断地答应了下来。

当天下午，我们便到火车站查了一下次日到松博特海伊的列车时刻表，然后安排了与安格拉在火车站会合的相关事宜。

以前，父母对我出国这件事一直持赞成态度，但当我真的要走时，他们又突然变得沉默寡言了。父亲对我说："你应该走，这么好的机会以后可能不会再有了。"语气中透着一种真挚和坚定。他把之前那张便条给了我，还给了我维克托的姓名与住址。维克托现在住在维也纳，他是父亲与伦克姑姑在小克勒什认识的一位朋友。我把这两张纸折了几折，小心地放进了皮夹。母亲同父亲一样，也希望我尽快远离这个动荡不安的国度，但她的话语不时地被哽咽声打断。我知道，如果我现在改主意的话，她的心里可能会好受一点儿。

那一晚，我过得很紧张。我算计着应该穿什么衣服、带什么东西以及留下的东西应该怎样处理。尽管生活充满变数，但我仍然很看重学业。我跟母亲商量好，在大学重新开学时，她要到学校看看我最后那次实验作业的分数。我想弄清楚，我在第一年实验课上所取得的成功是否出于偶然，我能否凭借自己的能力再次取得成功。对于我让她找的人、让她问的事，母亲都一一记下了。

我们本想有条不紊地准备一切，但慌乱中很多事情都没了头绪。我们彼此都心知肚明：今生大家可能再也不能相见了。这个念头让我们难以集中精力。

那晚临睡前，我静静地在家里走着，仔细地把每个房间都看了一遍。我把我的化学设备整理了一下，并伸手摸了摸通风井窗台下的那些子弹，看它们是否还在，然后默默地在心里跟它们道别。

次日清晨，我下身套了一条宽松的褐色灯芯绒裤子，衬里是邻居裁缝用我母亲的旧丝绸浴袍做的；上身则穿着件夹克，衬里是用浴袍的剩余部分做的。里面的冬装，我也选了一套最好的，虽然衣服上面有点儿褶，却很保暖，当天气冷到我要再穿一条裤子和一件夹克时，这套衣服就能发挥作用。我把几件换洗的内衣和袜子装在了书包里，套了一件短外套。在很短的时间内，父亲把他能搜集到的所有匈牙利货币都给了我，并让我把它们藏在衣服里。不久，扬奇来了，我该下楼了。我和扬奇赶赴车站，父母则像往常一样去上班。

如往常一样，我和父母在街角分了手。我们不敢郑重其事地道

第十三章　越　境

别，更不敢声张，如果被人发现我的异常举动，那可不是闹着玩儿的。和父母分手后，我仍站在原地。我忽然意识到，我在出门时顺手把家里的钥匙放在了口袋里。我急忙把钥匙找出来，转身追上父母，把钥匙交给母亲，伤感地说："我可能再也用不着它了。"母亲点点头，欲言又止。看到她眼里噙满泪水，我赶忙转身向扬奇跑去。

到了车站，我们与安格拉会合后，便买了票，忐忑地向所要乘坐的列车走去。当我们走到月台时，原本精心编造的用来解释我们为什么要去松博特海伊的种种借口突然变得有些荒谬。和我们一样，每个上车的人都穿着厚重的冬装，似乎都肩负着相同的使命。登上这趟列车的人都是准备去乡下的城里人，大家都准备从那里越境。

这次旅程特别漫长，火车开得也很缓慢，沿途走走停停，有时停得无缘无故。起初，没有人注意到我们，大家彼此之间很少说话，甚至互不搭理。不久，人们便逐渐放松了警惕，开始谈论一些与出国相关的事，比如他们所认识的人是怎么出去的，这些人的冒险是成功还是失败了。我和一个与我年龄相仿的女孩攀谈起来。她告诉我，列车长的老家就在松博特海伊。她已经和他协商好了，只要付给他一点钱，她就可以去任何想去的地方。可问题是，她不知道自己该去什么地方，可我们的目标很明确。因此，我们迅速结成同盟，让列车长做向导，带我们到松博特海伊。

不一会儿，我就见到了列车长，并向他做了自我介绍，我问他出站是否容易，他的回答让我们有些沮丧。我怀疑他是为了多收钱，才把它说得那么难。

火车到了松博特海伊站以后，天已经开始黑了下来，12月的太阳总是落得很早。下车后，人们都涌向月台尽头的一个出口。这时，列车长找到了我们，让我们跟着他往列车的另一端走。我们走上了另一个站台，与布达佩斯的那些乘客彻底分开了。他低声解释道，主通道出口处有士兵把守，为了避免被检查证件，我们必须要走另一条路。大家屏住呼吸，跟着他穿过许多后门和废弃通道，然后我们突然发现，自己已经置身于一条黑暗的街道上了。列车长说他将会跟着我们，让我们朝着他所指的方向走。他让我们不要害怕，并保证他会一直看着我们，告诉我们应该在哪里拐弯。

他说得很坚决。尽管我们觉得这个安排有点儿怪，但最终还是顺从了他。走了没多远，我们便向后望了一下，他仍在后面。又过了一会儿，他忽然不见了。我们停下来，战战兢兢地等他，可是他真的不见了。街上空荡荡的，除了偶尔路过的行人，什么人都没有。已经晚上7点半了，8点就要宵禁，我们不能再等了。于是我们在路上随便拦了一个人，问安格拉母亲说的那个地方怎么走。经他指点之后，我们这才知道，其实我们已经离那里很近了。那个人很快就消失了，我们也加紧步伐，向目的地奔去。

我们到达那里时恰好8点钟。敲门后，一位中年妇女给我们开了门。她和安格拉交谈了一会儿，左右环视了一番，然后迅速地把我们请进屋里，让我们在她那里过夜。事实上我们也只能在那儿过夜，因为宵禁已经开始了。她还说第二天早上会带我们去见个人，那个人会告诉我们怎样才能到边境去。她为我们准备了晚餐，并找了些毛毯给我们，让我们休息。我们在屋子的角落里安顿下来，但大家只睡了一小会儿。

第二天一早，我们就在那个女人的带领下，来到了她几条街之外的一个亲戚家，她的亲戚是铁路支线的工程师，对这里的地形很熟悉。我们到那里时，他刚刚下夜班，已经上床休息了，但那个女人还是把他叫了起来。在听说了我们的情况后，他答应帮助我们。于是，那个

第十三章 越 境

女人把我们叫进屋里，而这位工程师还穿着内衣待在床上，头发乱蓬蓬的，不时地打着哈欠。

他说，他将告诉我们怎么走，但有一个条件，那就是我们绝不能用笔记下沿途所经村庄的名字，而要用脑子来记。我们知道，他不想在我们被抓时身上存有连累他的证据。

他向我们提供了大约 6 个听起来很奇怪的名字，我们 4 个人分别在心里记下了它们，并且相互念叨着，以免忘了。然后我们便向名单中所列的第一个村庄进发了。他对我们说，大路上有苏联军队巡逻，因此为了避免遇到他们，我们只得抄小路行进。这些小路都是土路，没过多久，我们的裤腿上就溅满了黄褐色的泥巴。

我们每到一个村庄，都要打听去下一个村庄的路线，然后马不停蹄地继续赶路。就这样，我们一直不断地走，大约走了 10~15 英里。由于紧张，我们几乎忘记了劳累。下午 3 点左右，我们抵达了名单中的最后一个村庄。天色渐渐暗了下来，我们随即向西走去。不久，我们便穿过了一片小树林，看到了一些犁过的田地和草场，但我们要穿越的边境似乎不应该是这样的，我们似乎迷路了。

在我们面前的一块地里，一个身材矮小的男人正拉着一头牛犁地。我们走上前去，发觉地里很泥泞。他听到我们的脚步声，抬头看了看我们，眼神里没有丝毫的惊讶。他直起身，我们发现他是个驼背。我们问他去边境该怎么走，他四下张望了一下，似乎想看看周围的树林中是否有人偷听。然后，他压低了声音告诉我们他家就在附近，让我们顺着他所指的方向先到他家里等他。我们觉得，他根本没有必要这样小声说话，因为周围一个人都没有。谢过他之后，我们便向他家的方向走去。很快，一座农舍便出现在我们面前。

大家敲了敲门，听到里面有个声音让我们进去。进屋后，我们看到了一位身着精美的传统农民服饰的漂亮女人，这让我想起了布达佩斯民间舞蹈演员的装扮。看到她正在做饭，我们便告诉她："是外面那个人让我们进来的。"她点了点头，邀请我们一起吃晚饭。过了一会儿，那个小个子男人回来了，不过看上去比刚才干净了一些。他坐在桌子旁，我想，他们应该是夫妻。

这样的场景让我觉得仿佛置身于梦境，我们4个从布达佩斯来的城里人，与一个驼背的农民在一间泥地面的小瓦房里共进晚餐，而且还有一位衣着艳丽的漂亮妇人随侍。然而，这并没有吸引我们过多的注意，因为大家心里只想着一件事——越境。

那个人说，他以走私为生，因此对这里的地形十分熟悉。他说如果我们付些钱给他的话，他可以带我们过去。然后，他让我们考虑一下这个办法是否可行。我们已经没有退路了。于是，我们4个人凑足了他所说的钱给了他。父亲给我的钱，我几乎交出了一半。收了钱，那人便让我们在他家里等着，半夜出发。

时间似乎过得特别慢。那对夫妇一直默默地忙着做自己的事，我们4个则在沉思。将近午夜，我突然想上厕所。那人把我领到门口，朝一个敞着门的小棚屋指了指。我走过去，看到里面的地面上被挖了一个坑，坑的上面横放着一截树干。人要蹲在树干上向坑里排泄，旁边还有几张报纸，算是手纸。我从未用过这种厕所。里面黑乎乎的，我摸索着进去，透过门缝，看到了一点夜空，我想这也许就是我在匈牙利度过的最后一个夜晚了。

过了一会儿，那人说我们该出发了。和松博特海伊那位列车长一样，他让我们朝着一个方向先走，自己在后面偶尔指点一下方向。有了松博特海伊的经验，我们意识到他不会一直保护我们，但我们还是不得不顺从他。他的态度很坚决，而我们也需要他的帮助。

第十三章 越　境

我们走了5~10分钟，穿过了一片树林，然后他从黑暗中钻出来，让我们略微调整一下方向，之后就又不见了。再过5~10分钟，他又会现身，指引我们下面该怎么走。每次我们都以为他不管我们了，但他又总是出现在浓浓的夜色中，为我们指引方向。我们就这样蹒跚着前行。天又冷又黑，有好几次我们只能在树林里摸索着往前走。

我们已经完全忽略了时间的存在。过了许久，我们终于走出了树林，在一片开阔地的尽头，依稀有一些暗淡的灯光。那人最后一次走近我们，低语道："朝着有灯光的地方走吧，那里就是奥地利了。我对你们的帮助只能到此为止了。"说完，他转身就走了。

那些灯光像磁石一样吸引着我，我目不转睛地盯着它们，艰难地跋涉着。然而，这条泥泞的路似乎格外漫长，那些灯光好像一点儿都没有变亮。

我们跟跟跄跄地越过了一些沟壑，又穿过了一条满是尘土的小路。突然，不远处传来了一阵狗吠声，一颗照明弹升上了夜空。我们赶紧趴在地上，屏住呼吸，一动不动。待照明弹燃尽，四周又被黑暗所笼罩，我们便爬起来继续往前走。

似乎又走过了很远很远的一段路，终于，那些灯光看起来近了许多。难道我们成功了？当我们悄悄地接近一栋房子时，狗吠声再次在黑暗中响起。我们立即趴在了地上。一个男人手里拿着一盏煤油灯，从屋里走出。他将煤油灯举过头顶，用匈牙利语向我们喊道："你们是谁呀？"

我心头一紧。听别人说，有人在越境时迷了路，绕来绕去又绕回了匈牙利。难道我们也遭遇了这种厄运？

那人又问："你们到底是谁？"我们不情愿地从地上站了起来，走上前去。看到我们，他咧开嘴，善意地冲我们笑了一下，然后对我们说:"不用担心,你们已经在奥地利境内了。"

我激动得似乎连呼吸都停止了,脑子里一片空白,许久才缓过神儿来,大口地喘着气,如释重负。一瞬间,汗水打湿了我的衣服。

他让我们进屋,给我们每人倒了一小杯梅子白兰地——东欧人喝的一种烈酒,然后向我们讲述附近的情况。他说,该地区有奥地利警察定期巡逻,他们一会儿会过来,到时会把我们带到村子的学校里。果然,没过多久,警察就来了。经历了一天一夜马不停蹄地奔走,我们都已疲惫不堪,但即便如此,我们还是站起来跟着警察走了。大约过了半小时,一个有校舍的村子出现在我们眼前。走进校舍后,我们看到屋子的两边是桌椅,地上铺了些稻草——可能能起点儿垫子的作用吧,没有毯子。稻草上已经躺了几个人,他们都睡着了。我、扬奇和那两个女孩都学过一点儿德语,我们几个人把过去所学的知识拼凑在一起,勉强听懂了那些警察想让我们在这里过夜。

校舍里没有供暖设施。为了能睡一会儿,我和扬奇彼此挤在了一起,但两三个小时后,我还是被冻醒了。我对自己的现实处境隐隐有些担忧。我并不赞同那些警察的想法以及他们在脑子里酝酿的任何计划。既然我们已经成功越境了,我只想尽快抵达维也纳,到父亲所说的那个地方去。这时,扬奇也醒了。我向他打着手势,告诉他我们应该尽快离开。于是,我们蹑手蹑脚地走出了学校,将那两个女孩和其他人抛诸脑后。

外面伸手不见五指,寒气袭人,我们在村子里摸索着,想找到铁路轨道,然而视线所及之处只有漆黑的房屋。突然,我们发现有座房子的窗口亮着灯,于是便朝那里走去。敲门后,一位农妇为我们开了门,她头裹一块方巾,身披一件大衣,正要向外走。她也说匈牙利语。我们向她咨询怎样乘车到维也纳,她说她也正准备去那儿,我们可以

第十三章　越　境

跟她一起走。她的柳筐中装了些食品，那是她准备拿到维也纳的市场上去卖的。她还带上了一个小女孩。待她准备妥当，我们便在黑暗中冒着严寒出发了。到了铁道边上，我们才发现那里没有车站，而且连个路牌都没有，但那个女人说："火车会在这儿停一下。"

大约15分钟之后，火车果然来了，并且真的停了下来。那个女人用德语跟列车长说，我们是"fluechtling"（难民）。列车长耸耸肩，拍拍我们的肩膀，然后继续往车厢的前部走，没让我们买票。我和扬奇就这样踏上了前往维也纳的旅途。

我们10点左右便抵达了维也纳火车站。那个女人告诉了我们该怎么去电车站，我们尝试着找了一下，却没有找到。我从钱夹里翻出那个地址，询问一个路人，那人告诉了我们乘车路线。到了电车站以后，我们用不太熟练的德语跟电车售票员说，我们是"fluechtling"——这是我们刚刚学来的，正好派上了用场。那位售票员打量了一下我们溅满泥的衣服，笑着说了一句"Ich sehe"（明白了）。然后又说"graue karte"（灰卡），似乎我们乘车需要用灰卡。我们没有灰卡，但他也没让我们买票。

我们很容易就找到了父亲朋友的贸易伙伴，但他的态度与我们想象的不太一样。一路上，我们遇到的每个人都热心地帮助了我们，这让我们一直满怀信心，而这个人见到我们时却流露出一脸的不快。我拿出了父亲朋友写给他的那张便条，他却一把将其推开，不耐烦地对我们说道："知道了，知道了，他给每个人写的话都一样。"他说，晚上可以安排我们在一个寄宿处过夜，但除此之外，他也爱莫能助，我们得自己想办法。他还告诉我们该如何取得灰卡，有了灰卡，以后我们出门就可以免费乘坐电车。此外，他还为我们介绍了一些难民组织，我们可以向他们寻求帮助。最后，他给我们每人拿了一份三明治，并把我们带到了几个街区之外的寄宿处，然后便走了。

他的态度虽然不怎么友善，但在他的安排下，我们每人都拥有了一个房间。经过两夜的长途跋涉，能在这样的房子里睡觉简直就是一种奢侈。房间里有一张床，床上铺着厚厚的棉被，窗户正对着维也纳繁华的街道，窗帘是镶褶边的，水池边还放着一块肥皂。我在水池中洗净了内衣和袜子，然后晾上，又在水池中把自己洗了洗。洗漱完后，我全身上下已干净了不少，只是灯芯绒裤子上还粘了一点儿泥巴。我坐在床边，四下看了看，想着如果既能住着这样的房子又能上大学，那将是一件多么幸福的事。如果这个愿望能够实现，我将别无所求。

可不久，我的白日梦就醒了。我们必须设法取得灰卡，这对我们来说至关重要。灰卡是奥地利当局为匈牙利难民发放的临时身份证件。其实不用什么身份证件，别人也能认出我们是匈牙利难民，因为我们穿越边境时，衣服上沾满了泥巴。但灰卡可以使我们获得一种最为重要的特权——免费乘坐电车，而出行又是必不可少的。

为了申请灰卡，我排了 5 个小时的队。排队的大多是匈牙利的年轻人，也有带着小孩的匈牙利家庭。队伍排得很长，移动得也很慢。其他人也和我一样，身上都溅满了泥，看起来疲惫而迷惘。每个人都在不停地向周围人打听着什么。

不久，我就发现，在每一个可以申请援助的救济组织登记是很有必要的。因此，我在几个救济组织中都登了记，包括"接头点"（犹太人救济组织的戏称）和国际救援委员会——其首字母缩写是 IRC。救济组织的办事处分布在维也纳市的各个角落，但我可以用我懂得的一点英语和德语来问路，而且我已申请到了灰卡，出行很容易。不过，无论哪里都要排长队。

一些救济组织为我们提供了食品券，此外，他们还给我们每人提

第十三章 越　境

供了一小包洗漱用品和一些旧衣服。更为重要的是，他们为我们提供了住宿券。

我得到的住宿券属于一家青年旅舍，这家青年旅舍位于维也纳郊区，原是一幢两层楼的私人房产，现在专门改作此用。虽然每个房间要住12个人，盥洗设施也极为有限，但能住在这里已经是我的幸运了。据说，住宿的地方奇缺，好心的警察甚至会把一些无家可归的匈牙利人安排到城市监狱中过夜。相比之下，我的境况已经比他们好多了。

拜访美国领事馆是我待办事项的重中之重。因为想去美国的人太多了，领事馆登记处前总是排着长长的队伍，一直排到寒风凛冽的街道上。排队时，我们不停地跺脚，以此取暖。轮到我时，一个匈牙利语翻译问我在美国是否有亲戚。我告诉他，我姑姑曼奇的妹妹伦克和妹夫拉约什住在纽约，并将他们的地址告诉了他。然后他们说，之后会通知我结果的。他们还让我留下一个地址，于是，我把维克托——父亲在小克勒什的朋友的地址告诉了他们。

在美国领事馆前，有很多专门兑换奥地利货币的匈牙利人。一番讨价还价之后，我把手里剩余的匈牙利福林全换成了奥地利先令。我很高兴，因为我手中又有了能花的钱，但几天之后，我的口袋就变得空空如也。

幸运的是，我对钱的需求不再那么迫切了，因为我有了最重要的生活必需品的代金券。出行是免费的，住宿也不必花钱，而吃饭时可以用食品券，如果我想吃一顿不错的饭菜也只需花几个先令。不过，我必须花钱发两份电报，它们对我来说很重要。

一份我打算发给父母，告诉他们我已经安全抵达维也纳；另一份我想发给伦克姑姑，告诉她我已经成功逃离了匈牙利，准备去美国。

忽然间，一种奇怪的感觉袭上我的心头——我竟然要向一个素未谋面的人求助。不过当我回头看了看电报局里排在我身后的长队时，这种感觉就稍纵即逝了。我已无暇困窘，这对我来说是一种承担不起的奢侈。我以维克托家的地址作为回复地址，将这份电报发了出去。

星期四早晨，我抵达了维也纳，到星期五下午，我就做完了所有的事。那天晚上，我决定去拜访一下维克托。因为没有他的电话号码，我只能直接去他家，告诉他们我是久尔坎的儿子。他说，这些天有很多人可能要来，他估计我可能也会来。

与父亲的那位贸易伙伴截然不同的是，维克托夫妇为人和善，待我十分友好。他们先问我住在哪儿，听说我已有了安身之处后，他们松了一口气，因为他们家里已经安置了一位难民，没有多余的房间来安置我了。他们问了我一些关于父母和伦克姑姑的情况，并询问了布达佩斯现在的时局。然后，他们让我留下来，跟他们共进晚餐。

晚餐是纯正的匈牙利菜，几周以来，我第一次吃到这样可口的饭菜。自匈牙利事件发生以后，我们一直在地下室里避难，食品店不是关门就是没货，我好久都没吃过一顿正宗的家常饭菜了。维克托的妻子准备了一些甜品——橙子和香蕉，对我来讲，这是难得的美食。在那之前，我只吃过两三次橙子。我特别喜欢它们！而香蕉，我还是第一次见到。维克托的妻子帮我把香蕉皮剥掉。我怔怔地看着手中的香蕉，内心犹疑不决，但咬上一口后，我便立即喜欢上了它们。这顿大餐是我即将开始的西方美好生活的前奏。

维克托10岁的儿子一直好奇地看着我。他的匈牙利语说得很流利，我们热情地讨论着他的理想。我跟他说，我正在学化学，并向他解释了化学是什么。我们的谈话恰巧被维克托听到了。他说，他在英国有一位朋友，这位朋友在那儿的一所大学里有熟人，他可以写信让

第十三章 越　境

这位朋友帮忙，看能否帮我争取到奖学金。我很感激，但一想到是英国，我就觉得它离匈牙利还不够远。既然我已经离开匈牙利了，我想还是离它越远越好，离欧洲越远越好。

回到住处，我提笔给父母写了一封信，不过我没在信上留下我的地址。匈牙利那边的人大概已经意识到我非法潜逃出国了，父母的信可能会因此遭到检查。不过，我把地址写在了给曼奇姑姑的信上了，并打了些暗语，让她把我的故事告诉父亲。为确保这是一封绝对非政治性的信，我在信中只提到我如何到了奥地利以及到目前为止我都做了些什么：我被一个脾气粗暴的人收留了，他靠养老金收留了很多像我这样的人，以及我受到了维克托一家的热情招待等。我还告诉他们，我已经给伦克姑姑发电报了，正在等待她的回应，不久我会再写信的。写完后，我去街角商店买了一张邮票，把信寄了出去。

接下来的几周时间我都是在排队中度过的，我要时刻关注自己在难民组织或美国领事馆那里的进展情况。排队不但是我每天必做的事，也是匈牙利难民生活的重心所在。在排队时，我遇到了伊姆雷、彼得、布比和其他几个熟人。扬奇与美国的几个亲戚联系上以后，已经自己走了。他的亲戚生活条件较好，给扬奇寄了钱，这大大加快了他的办事速度。

和扬奇分开以后，我开始了真正的独立生活。虽然偶尔能遇到伊姆雷、布比以及其他匈牙利朋友，但大家也都各忙各的，追寻着属于自己的幸福。我们的生活就像乒乓球一样，互不干扰地跳来跳去。

除了排队和寻找救济组织，我还利用闲暇时间游览了一下维也纳。这是一个神话般的国度。与布达佩斯不同，这里没有任何战争的痕迹。街道干净整洁，人们穿着体面、友好和善——警察也是如此，这与我印象中的穿制服的人有明显的不同。在大街上，他们常常微笑着用匈牙利语向我们问候，并努力克服语言障碍为我们提供各种帮助。有一次，为了帮我，一位警察下班后连家都没有回，陪我走了20分钟才找到我想去的那个地方，而且他还在那儿等了一会儿，确定那里就是我要找的地方之后才离开。

在那儿住了一段时间后，我发现维也纳只有一点让我不满意，那就是歌剧。当我得知可以在维也纳歌剧院买到便宜的站票时，我看了三场歌剧：《费德里奥》、《唐·卡洛》和《魔笛》。表演虽然精彩，但我仍觉得没有匈牙利的歌剧好看。

尽管我已经尽力不让人注意到我，但其他买站票的人还是把目光投向了我。我想我很容易被认出是个难民，因为我的上衣和灯芯绒裤子上面都是泥点。他们很友好，我们试着用简单的德语和英语谈论这里的歌剧与匈牙利的歌剧，中间夹杂了大量的手势。我在与人交谈时，碰到了一个聪明可爱的女孩。那次看完歌剧后，我和她一起走出演出大厅，但之后她就跟我道了别。我独自一人走回旅店，内心略觉感伤。

对我来说，维克托的家就像是我的第二个家一样，因此我常常去拜访他们。有一次，我刚到他家，维克托就欣喜地问候我，手中挥着一份电报。那是伦克姑姑发来的。她的答复十分热情，她告诉我说，她和拉约什都盼着我尽快过去，做他们的另一个儿子。还说，他们的小儿子也很盼望我这个"哥哥"的到来——已经把我带相框的照片摆在了桌子上。至此，我如释重负，终于有人接纳我了。下面，我只需想方设法到那里就可以了。

一天，我在住宿的那家旅店的布告栏上看到了一个通知。上面说，我所登记的一家难民组织——国际救援委员会的代表第二天下午将来这里会见那些想到美国去的难民。我报了名，热切地盼望着他们的到来。

第十三章 越　境

　　果然，第二天，一群美国人便来到了旅店。令我吃惊的是，他们都很年轻。如果我们都在大学里的话，他们很可能与我在同一个年级。

　　房间中摆了一张长桌子，他们坐在桌子后边，开始会见我们。整个小组与每个报名的人一一进行了谈话。轮到我时，他们看我能够用英语进行交谈，颇感惊讶。让我高兴的是，其中一名代表在我的文件上写了"英语良好"几个字。然后，他们开始询问我在革命期间的主要情况，并问我是否参加了战斗。我回答说没有，我只参加了一些示威活动。他们相互看了看，又惊讶地打量着我。他们说，在所有的报名者中，每个人都说自己参加了战斗，为什么我没参加呢？

　　我无言以对。他们的话让我忧心忡忡，脑子里突然进出颇具讽刺性的想法：如果所有人都去参加战斗了，匈牙利可能早就胜利了，我也不会出现在这儿了。我心里这样想着，但嘴上没这么说，只是勉强地编了一个故事来为自己开脱。我们的谈话很快就结束了，他们说明天会过来宣布结果，对此，我很紧张。我在美国领事馆得知，能去美国的人数是有限的，但现在申请入境的人已远远超出了这个界限。

　　第二天，当我回到旅店时，指定的排队时间已经过了，国际救援委员会的代表也走了。他们宣布了一串名单，据说，名单中没有我。

　　我感觉肚子好像被人重击了一下，心怦怦地跳了起来，几乎要窒息了。"那些人现在在哪儿？"我问道。有人告诉我说，他们正在附近的一所学校里进行另一次会见。我像疯了一样地冲了出去，在寒冷而又阴暗的街道上拼命地奔跑着。我的鞋很沉，跑起来脚很疼，但我已将此事置之度外了。

　　跑到那所学校时，我已汗流浃背。与前一天的情景一样，很多人都在排队等候接受会见。这一次，我没有等。看到有人从会见室中出来，没等下一个人进去，我便推门而入，站到了那些人的面前。

国际救援委员会的代表们茫然地看着我，我这才发现，他们与昨天会见我的代表不是同一拨人。我用手擦了把脸上的汗水，喘着粗气，没容他们说什么，便开始用英语飞快地说起来。

我跟他们说，昨天我已经被会见过了，虽然没有被选中，但我真的很想到美国去。一位代表问我原因，我告诉他，我在纽约有亲戚，作为一名化学系的学生，我认为自己会成为一位优秀的化学家，我一定会在美国有所作为。这些话脱口而出，虽不具说服性，也不连贯，但我依然不断地说着，似乎要靠这些话来压制他们的拒绝似的。一通宣泄之后，我站在那儿，喘着气，任凭汗水顺着我的脸颊往下流。这些人相互看了看，笑了，然后其中一个人说："好吧，你可以去美国了。"

我无言以对，这样的好运简直令人难以置信。我真想拥抱在场的所有人。

我得到了另一家旅店的住宿证，这家旅店坐落于维也纳郊外，专门收留国际救援委员会资助的学生，这些人在那里等着办理出国的相关手续。我握着那张来之不易的住宿证，磕磕巴巴地向他们道了谢，走出了那个房间。汗，依然在流淌，但这是解脱后的汗水。

次日，我便搬到了新旅店。那里已经住了80多个人了，他们都是得到国际救援委员会资助的人，而且大部分是学生。后来我才知道，搬到这家旅店是整个程序中很重要的一步。我们还要到美国领事馆填表、体检、照相，再填表，然后不厌其烦地等这些文件被批准。等到所有文件都被批准以后，我们还要继续等。直至时机成熟，我们才能飞往美国。

这些天，我洗了洗衣服，整理了一下自己的物品，反复把行囊打开，再包好，以此消磨时间。一有空，我就去拜访维克托他们一家。

第十三章 越 境

在这样的期待中，我仍有些紧张，但想到自己能走到这一步，我又感到无比幸福。我的好运完全得益于父亲10年前坚持让我学英语的决定。在下一封家信中，我一定要好好谢谢他。

事情终于有了眉目。我被通知第二天出发，但不是坐飞机，而是先坐火车去德国，再从那儿乘船去美国。对此，我有些失望。我周围那些去美国的人都是坐飞机去的。坐船去会延长行程，不过事情终于有了进展，对此我喜不自胜。

我抽空把剩下的钱都换成了美元，一共换了20美元。

第二天清晨，一辆大客车停在了旅店门口，待我们上车之后，它把我们带到了火车站。除了我们，还有几车老老少少的匈牙利人，我们在车站集合后一起上车。车厢的每个隔间都有6张盖着塑料的卧铺位，每侧3张。我选了一张中铺，铺位高度和窗户的高度差不多，这样一路上我就可以欣赏着冬日的乡间风光，以此打发时间。

火车飞快地行进着，但旅程的漫长仍让我们难以忍受，似乎是时间在有意消磨人的意志。火车停在了某个车站，下一站就是德国了。穿着制服的边防人员逐个车厢查看大家的证件。这是我第一次在战后看到德国军官。他们的帽子与我记忆中战时德国军官的帽子很像，都是尖尖的。我把证件递给他们，他们看了看，向我敬了个礼，然后把证件还给我，继续检查别人。不管怎样，他们仍让我感觉到一丝紧张。

到了德国境内的第一站——帕绍之后，我的这种紧张感才慢慢消退。一群德国学生在站台边站成排，热情地欢迎我们的到来，他们还给我们提供了一些热巧克力、咖啡、糖和蛋糕。这些学生与我们年龄相仿，只是衣着比我们光鲜。这使我心中的坚冰渐渐融化了。

过了帕绍站后，火车加快了行进速度。天已经黑了，依稀有些灯光映入我的眼帘。我毫无睡意，这几天所发生的事情让我的心潮仍旧澎湃着。我真的已经身在西方了。每一分、每一秒，我都在远离我的祖国、我的家、我的世界，奔向美国。

那一刻，我在想：数年来，我一直在说服自己相信一些我本不相信的东西，扮演着一个虚伪的角色，而接下来我可能再也不必这么装下去了。在火车的隆隆声中，我酣然地进入了梦乡。

第十四章

大洋彼岸

游向彼岸

我们靠岸时，船停止了颠簸，那些晕船的匈牙利人也都逐渐找回了自己的平衡感，走到了甲板上。我们默默地站着，盯着远处看。我想，陆地上的那些建筑从来都没有经历过战火，这真令人惊奇。

拂晓时分，我醒了，火车在一个港口前面停下了。透过车窗，我能看到月台远端停着的一艘不起眼的灰色轮船，船名是"W. G. 哈恩将军"。我兴奋地看着它，我知道这就是那艘即将载我去美国的船。

我们被通知下车，然后排成弯弯曲曲的长队，慢慢地向连接船的踏板走去。湿冷的天气，灰色的船只、港口以及天空，万物都给人一种灰蒙蒙的感觉。

空气中弥漫着一种奇怪的气味，我知道那是海水散发出的味道。这是我平生第一次见到海，它并不如我想象中那样美，而是也被一团灰色笼罩着。但海水的气味很奇妙，令人心醉神迷。

尽管天色尚早，但岸边已经有一个军乐队集合在那里了，他们正演奏着匈牙利国歌。不同的是，他们并不是以我们熟悉的那种方式庄严地演奏，而是像在演奏军队进行曲一样。在轻快的音乐声中，我们的队伍缓缓向前移动。

他们给我们每个人都发了一个很小的标签，上面标有我们的姓名和编号。他们还让我们用绳子把这个标签系在大衣纽扣上。当我们走下踏板时，一名船员负责查看标签，并用英语大声地读出我们各自的编号，另一名船员则在本子上做记录。令人奇怪的是，那名船员并没有把整个数一次性地读出来，而是逐个地读，一、七、欧、七等。我猜，可能是那些美国人不识数，所以才把它们分成一位一位来读的吧，而且，"欧"（英文字母"O"的发音）很可能就是"零"的意思。

"W. G. 哈恩将军"号是二战时的运兵船，而且是斯巴达式的。走过一段金属台阶后，我们进入了船舱，里面的空间虽然很大，但都被吊床占据着，从天花板往下，一共吊了四层。我选了一个从下面数第二层的吊床。这些吊床相互离得很近，想在床上坐起来基本是不可能的。躺在床上时，我的鼻子与上层吊床底部之间的距离可能只有一英尺。

其实，在这次旅途中，我很少有机会停下来坐一坐。娱乐室里没有椅子，只有桌子，而且桌子都被牢牢地固定在墙上，上面用钢笔写着"请勿坐在这里"。不知是谁用铅笔把"坐"（sit）字改成了"便"（shit）字，当然，这种幽默对船上的大多数乘客来说毫无意义，因为会英文的只占少数。

我们可以坐坐的地方有两个：一个是厕所，即那些成排的没有门的小隔间；另一个则是餐厅，那里的所有东西（包括桌子周围的窄椅）都用螺栓固定在地板上。不久，我就明白了这种安排的理由。

由于人数众多，我们花了大半天的时间才全部登上了船。下午，船员们终于收回了踏板，我们的船出发了。德国就这样在我们的视线中慢慢消失了。很多人都站在甲板上，回头眺望着这块生于斯长于斯的土地。看着它逐渐消失，谁也没有多说什么。

进入开阔水域后，船开始左右摇摆，很多人都晕船了。有些难民跑到甲板上，抓住栏杆，不停地呕吐；有些人则蜷在吊床上，翻来覆去地被痛苦折磨着。幸运的是，我对这种摇晃的反应并不是很强烈，甚至有点儿喜欢它。我借此机会游览了一下这艘船，从前到后，从上到下，我走遍了这里的每个角落，最让我惊奇的是引擎舱中那些抛过光的巨型轮子和活塞。

第十四章　大洋彼岸

次日清晨，我发现很多人都聚在甲板的一侧，朝远处一个白色的东西望去。有人说我们已经到了多佛，我心头一震——我竟然看到了英国。我突然意识到最近所发生的每件事对我来说都是如此意义重大：逃离匈牙利，横穿德国，第一次见到大海，看到英国。几周前，任何一件事对我来说都是难以想象的，但现在它们在几天内相继发生了，我沉浸在一种喜悦之中，不能自拔。

渐渐地，英国也淡出了我们的视野。过了一会儿，船便驶进了广阔的大西洋，其颠簸的方式也与刚才大为不同了。进入了大浪区，除左右摇晃外，我们的船还会上下颠簸。刚才没有晕船的人现在大部分也开始晕船了。仅仅几个小时，整艘船就变得跟医院的病房似的。

而我仍未感觉不适，反而像是到了游乐园的游戏室一样，继续在船上来回走动。我要时刻小心突然摆开的门撞到我的身上，而且要让自己在楼梯上尽可能站稳。在这种情况下通过喷泉式饮水器喝水是一件很不容易的事，水流有时会突然消失，有时又会无端地喷出6英尺高的水柱。

为了躲避船舱里面令人难以忍受的恶臭，我绝大部分时间都待在甲板上。我把自己裹得严严实实，一直包到鼻子，以免着凉。我喜欢海上的空气，更喜欢船上的这种颠簸。

船上的食物很充足，但与我过去吃的不大相同。这里的咖啡是用真正的咖啡豆做的，味道还不错。在匈牙利，咖啡是用烤熟后磨碎的山核桃做的，算不得真正的咖啡。

我在匈牙利只吃过两三次橙子。但在这里，我们的早餐就有橙汁，还有半个葡萄柚。我很喜欢吃橙子，却吃不惯葡萄柚。除了这些，早餐还有煎鸡蛋和炸肉。炸肉的味道通过气孔钻上来，弥漫在空气中和甲板上。渐渐地，这种炸肉的味道与呕吐的味道联系了起来。为了尽量远离这种味道，我总是匆匆地吃完早餐。

在船上吃东西是一项很艰难的体力劳动，因为船总是在左右摇摆、上下起伏。桌子上设有一些小栏杆，它们虽然能防止食物托盘滑到我们的膝盖上，却不能阻止盘子向两侧滑动。在这里，你要么努力稳住托盘，要么拼命抓住桌子或窄椅，值得庆幸的是，这些桌椅都被牢牢地固定在了地板上。托盘常常不知所踪，好在餐厅的人并不是很多。

不久，我就发现，我能与船员们进行简单的对话。为了练习英语，我经常在他们周围走来走去，寻找对话的机会。但未曾料到，他们竟给我安排了一个差事。为了让夜班船员在白天能好好休息，他们中有一个人手拿一顶漆着"MP"（宪兵）字样的钢盔，问我是否愿意在那里站岗，以阻止乘客靠近船员区。我欣然接受了他们的请求。头顶宪兵钢盔不仅让我感觉自己很重要，也让我拥有了一个在船员区自由活动的合法理由。

还在匈牙利时，黑种人与黄种人只会出现在电影中。但在这里，船员中既有黑人，又有白人，还有一些肤色介于黑白之间的、面部特征很独特的人。后来我才知道，他们是菲律宾人。尽管船员们总是跟我侃侃而谈，但我很难听懂他们的话。他们好像都是闭着嘴说话的，就算嘴里一直在不停地嚼口香糖，我仍觉得他们的嘴没有张开。

值得一提的是，我与两名船员交上了朋友。其中一名船员长得又瘦又健壮，面色较黑，是个波多黎各人；另一名则是位同样健壮的意大利裔白人。那个波多黎各人是船上办公室的打字员，那个意大利人则是名机械工。这名机械工原本是在船厂工作的，但为了长长见识，他决定随船到海上看看。二人都住在布鲁克林，许久之后我才知道，那里是纽约的一个区。

他们处处照顾着我，并教我说美式英语。我说的每一句话他们

第十四章　大洋彼岸

都能听懂，但他们所说的话我完全不解其意。有一句听起来像是"没错"（that's right）的短语，我花了几天时间才弄明白是"同意"的意思，他们说的每句话似乎都包含这个短语。他们还说"yeah"（是啊），而不说"yes"（是的），这让我颇为不解，我当时想这可能是借用了德语中的"ja"（是）吧。

船员区在船尾部，这是乘浪的好地方。当我的朋友们不在时，我便坐在栏杆附近的一卷绳子上休息。在无边的巨浪中，船尾上下起伏，我坐在那里，感觉像坐在游乐园里的木马上一样。船下降时，我几乎失重了，必须牢牢地抓住栏杆，以免自己被甩出去；当船尾再次翘起时，我的屁股就会被冰冷的绳子猛烈地抽打着。我喜欢乘浪，喜欢看船尾划过水面时留下的水痕。天很冷，而我却有一种将要安然入眠的感觉。

我的新朋友们跟我说，为了把部队从英国接回家，美国在战后建了许多艘这样的船。在我看来，为了这一目的而建造这么多艘船简直不可思议，但他们说这是真的。

他们还说，这艘船的安全性很好，但我越来越怀疑其可信性了。因为在越来越大的风浪中，船似乎只是在浪尖与浪谷之间起伏，而不见前进。据说，我们即将遭遇一场大风暴。

一路上，船都在不停地颠簸。听我的朋友们说，为了避开风暴，船正在改变航向，向南航行。过了一段时间，天气果然好转了起来。后来，我们又遇到了几场风暴。原本只需一周时间便可以横渡大西洋，但在风暴的影响下，我们不得不选择路程更远的航线，于是在抵岸的时间被推迟了3次以后，我们终于结束了这段为期两周的航程。

船在行进的过程中，我们都没什么事可做。一天，我们被召集到了船上的一间娱乐室，里面摆了几张桌子，我们要等待那些像官员的人会见我们，一次一人。轮到我时，他们先问了我的姓名，问我在匈牙利从事什么工作，到了美国以后我打算做什么。然后，针对匈牙利事件及其产生的后果，他们又问了我很多问题。此外，他们还问我是否在这次事件中参加了战斗。和上次一样，我仍旧回答说没有，他们的惊讶程度与国际救援委员会的人如出一辙。他们说，在他们会见的所有人中，我是第一个称自己在事件中置身事外的人。我仍然未对此多加评论。

此后，又有一天，我们被告知要去排队接受注射。我不知道接受注射的原因，但我还是和其他人一起去排队了。负责给我们注射的人分成两组，一组由一名年轻的白人医生负责，另一组则由一名黑人医生负责。据说在美国，黑人很受歧视。由此我推测，这名黑人医生一定医术精湛，是位真正合格的好医生，因此我决定让他为我注射。我不知道我的推测是否正确，不过这次注射确实不怎么疼。

充满风暴和延期的枯燥旅程使一些匈牙利人渐渐意志消沉下去。与此同时，一些反犹太人的言论开始在船上流传。在难民中，有许多穿着特殊、不愿与人交际的正统犹太人。起初，他们是被嘲讽的对象，但不久这种嘲讽便指向了船上其他的犹太人。睡在我上铺的一个人对我说："是你们犹太人作孽，才造成了今天这一切。你们会说英语，在美国有富亲戚，而我们这些人却因此麻烦缠身。"然后，他抽出一把猎刀，在我鼻子前不停地磨刀。

船上还有一位匈牙利裔的美国牧师，他刚从奥地利旅行归来，和我们这些难民一起回美国。这位牧师经常把所有的基督徒难民召集到一起，对他们进行布道，告诉他们，在进入一个新世界之前，人们需要彻底抛弃原有的仇恨与偏见。拿刀的那家伙对此满腹怨言。他评论那位牧师说："他凭什么这么说？我想恨谁就恨谁，不会改变。"

第十四章 大洋彼岸

此外，船上还有一位美国的犹太教教士。我发现，那位牧师与犹太教教士关系很密切，似乎是好友，他们经常一起交谈。我觉得这很不错。不过为了避免不必要的麻烦，我还是尽量远离其他匈牙利人，宪兵职务是我的护身符。

有一天，为了丰富我们的饮食，管理人员安排了一些匈牙利妇女担任我们的厨师。在她们所准备的饭食中，包含了大量的红辣椒和调味品。这不但激发了大家的食欲，而且还使空气中的味道改善了许多。但好景不长，第二天，我们的饭菜又回到了原来的样子。日子一天天过去，船上的饭菜也越来越令人乏味。

后来，菜单上发生的任何变化都会受到我的欢迎。有一天，午餐提供了一种类似香草布丁的甜食。在家时，我就特别喜欢吃香草布丁，此刻，我迫不及待地想再次回味一下那种味道。可我错了。半小时后，我的胃开始不舒服，没多久，我就在栏杆边探着身子向大西洋呕吐。此后的行程中，我再也不敢吃香草布丁和其他特别的食物，我的胃也渐渐康复了。

新年前夕，船员们为我们举办了一场晚会。在爵士乐的伴奏下，他们开始跳舞。那些黑人船员比其他人跳得更具活力、更优美，我对他们的印象特别深。与他们一同跳舞的还有一些匈牙利人，但相比之下，他们的舞姿多少显得有些笨拙。

在经历了4次风暴、到达日期被更改了3次之后，我们终于到达了布鲁克林。靠近陆地时，船停止了颠簸，那些晕船的匈牙利人也都找回了自己的平衡感，走到了甲板上。已经是入夜时分，城市的灯光在熠熠地闪烁着，行驶中的汽车的车灯、街边的路灯以及千家万户的窗户中透出的灯光都依稀可见。我们搜寻着自由女神像，但不知为什么，我们什么都没看到。我们都静静地站在那儿，望着远处。我想，住在这些房子里的人从未听过炸弹声和大炮声，以前没有，将来也不会。我对此甚感惊奇。

我们被告知将在凌晨登陆。我将自己的物品整理了一下，把宪兵钢盔还了回去，并与我的两个船员朋友一一道别。我们留下了彼此的地址，那位意大利裔朋友说他会抽时间到姑父家看我，让我有空也到他家吃晚饭。岸上的军乐队正在演奏爵士乐，欢迎我们的到来。过了一会儿，他们演奏了匈牙利国歌中的一小节，然后又演奏了一段较为严肃的片段，我想那可能就是美国国歌吧。此时此刻，没有人在意这些，大家都沉默而紧张。

开始登陆了。我们手中拿着行李，依次下船。走进一个仓库式的收容所，我们的行李被接了过去，递给传送带旁的一些官员。我以前从未见过传送带这种精巧的装置。我在想，美国也许已经发达到可以用机器来承担那些烦琐的体力劳动了。

海关人员想找的东西只有一样——匈牙利腊肠。听说这在美国被视为一种美味，所以很多匈牙利人都从匈牙利或维也纳带了好多这种腊肠。不幸的是，匈牙利腊肠的气味很独特。凭借这种气味，海关人员准确地从一个又一个包里找出很多腊肠，并且面带微笑地没收了它们。

收起行李之后，我们便排队上了大客车。他们说，我们将被带到位于新泽西州的基尔默营，那里以前曾是一所关押战犯的营地。被带到营地已经让大家有些不满了，更何况还是一所战犯营。虽然他们告诉我们只在这里待几天即可，但这仍让我们心里感觉不舒服。

美国给我留下的第一印象并不好。即使是上午，街上仍然空无一人。我所能看到的只是停在街道两侧的一眼望不到头的汽车。我平生第一次见到这么多的汽车。我想知道开汽车的那些人都干什么去了，因为在我视线所及之处根本看不到人。街道与建筑物也都怪怪的，很

第十四章 大洋彼岸

难看。那些楼房更奇特，正面有一段通向一层的金属楼梯，但在半空中却突然断开了。没有人明白这些楼梯是做什么用的。不过我倒是注意到，每栋楼的楼顶都安装了一部电视天线。大量的汽车、难看的街道、空中的电视天线、人烟稀少……美国的确很奇怪。

突然，大客车拐入了一个隧道。隧道里灯火通明，里面镶着的白色瓷砖在灯光的照耀下散发着幽微的光。隧道很长，让我们印象深刻。匈牙利也有隧道，但相比之下都显得很短。

隧道的另一端是一条架在沼泽地上的公路，放眼望去，路边皆是灰色的沼泽，让人感觉有些压抑。我们的车在公路上行驶着，大家静静地看着这片沼泽，突然一个声音从车的后部传来："这怎么可能！这里怎么跟匈牙利政府宣传的一模一样。"

不久，我们就到了基尔默营。这个营地是由几排木板房组成的，虽然结构简单，但营房里面相当整洁、舒适，令人惊喜，而且每个房间只放了四张床。与船上和维也纳拥挤的难民旅店相比，这里的住宿环境简直就是一种奢侈。

管理人员为我们分配好房间，又给每人发了一包东西，里面装有剃须刀片、牙刷以及其他洗漱用品。也许在他们看来，我们很需要这些东西吧。自从上了船，我就再没刮过脸，因为船总是在不停地上下颠簸，刮脸简直无异于自杀。因此，尽管在维也纳时，各个难民组织都给我们分发了大量的剃须刀片，但我和船上的其他男人一样，仍留着浓重的短须。我想，我可以开家杂货店，出售我做难民时得到的所有洗漱用品。

他们通知我们，办完一些手续之后，我们随时都能离开。我们有许多会见与文书手续要应付。有一次，我正在等待会见，忽然发现坐在桌子边的黑人士兵面前放着一部电话。我便走过去问他我能否往纽约市打个电话。他吃惊地看了看我，问我要打给谁。我说打给我姑父，告诉他我已经到美国了。他咧着嘴，笑着冲我说："可以，没问题！"我把姑父的电话号码给了他。他拿起电话说了声"金斯布里奇"（Kingsbridge），他先拨 KI，再拨姑父的号码，然后他把电话递给我，不一会儿，拉约什姑父的电话就通了。

接到我的电话，他非常高兴，我也很高兴。离开了基尔默营，拉约什姑父就是我的监护人。他告诉我，他将在第二天带着他的儿子保罗过来看我。我激动无比，我终于与我今后生活中的一位重要人物取得了联系。

第二天，他们就出现在了我的面前。拉约什个头儿不高，但人很结实，头发稀少，和蔼可亲。他与我父亲同岁，两人长得也有点儿像。我们热情地拥抱了彼此，然后拉约什姑父将保罗介绍给了我，但保罗只是害羞地站在一边。他今年 12 岁了，看起来有点儿瘦弱，与他妈妈照片上的样子很像。他也拥抱了我，就像早已准备好了似的。

与拉约什和保罗拥抱时，我的手里还拿着一张卷起来的报纸。我高兴得忘乎所以，不断地用报纸拍打着保罗的屁股。

我们立刻开始交谈起来。保罗能完全听懂匈牙利语，但不怎么会说，而且他的发音也引人发笑；拉约什则操着匈牙利口音说英语，所以我毫不费力就能听懂他说话。我们三人之间的谈话好似一场混乱的合唱，我说着蹩脚英语，保罗说着蹩脚匈牙利语，拉约什姑父则一会儿用英语，一会儿又转为匈牙利语。我们相互看着对方，满足地笑着。

后来，拉约什止住了笑声。他说，他在布鲁克林大学任职，对于我的入学问题，他已经事先与学校领导商议好了。我要做的，只是尽快离开基尔默营。

第二天，我便获准离开。

第十五章
融入美国生活

游向彼岸

左图：在专业课方面，我有很多东西要学。上午上完课之后，我就回到无人的家里学习，一直学到该去城市大学上晚课的时候。

右图：拉约什带我去买新衣服。衣服很好，也很合身，但看起来总有点儿与众不同。它们让我感受到了美国的气息。

上图：布达佩斯也有一小段地铁，但和曼哈顿的地铁截然不同。

上图：我的朋友杰里（右侧），他经常照顾我。每次当我发错一个众所周知的单词的音时，他就会在我的肩膀上打一下。

左图：我在美国的家人：（从左侧开始）伦克、保罗、我和拉约什。从见到他们的第一面开始，我就感受到了家的温暖。

伦克和拉约什的家坐落于布朗克斯一幢公寓大楼的四层，包括两个卧室、一个厨房和一个盥洗间。他们在卧室里放置了一张折叠沙发，到了晚上它就是拉约什和伦克的床。这种布局与我父母的大房间颇为相似，只是这个房间有点儿小，唯一的家具就是一台电视机。我虽在报纸上读过有关电视机的报道，但看到真正的电视，这还是第一次。

另一间卧室是保罗的，它虽小，里面却有序地摆放着一张床、一张小桌和一些书架，还有保罗的自行车和一个养了一只金丝雀的鸟笼。我也即将成为这个房间的主人。保罗已经在地板上为自己铺好了睡袋，并且坚持让我睡到床上去，任凭我再三推托都无济于事。

我刚到他们家，拉约什就为我忙前忙后的，他把我领到已备好热水的盥洗间。对于离家后就没有洗过澡的我来说，浴盆里的热水颇为诱人。我爬进浴盆后，拉约什小心翼翼地拎走了我的灯芯绒裤子和夹克上衣——我穿着它们走了一个月。那是我最后一次见到这套衣服。拉约什告诉我，他把这套衣服扔进了焚化炉——这种神奇的装置我以前也从未见过，但与电视不同的是，我对这种东西还闻所未闻。当我第一次拉开它的门把垃圾扔进那个斜管子时，我被一股奇怪的、忽然蹿出的强大热流吓了一跳。

当我正沉醉在浴盆中时，一阵电话铃声响起。拉约什拿起电话，兴奋地用匈牙利语和对方交谈，然后我听到一句："你儿子已经到这儿了。"我十分诧异。没过多久，他便推开门叫我："快过来，是你父母的电话。"我跳出浴盆，裹着浴巾，径直奔向电话。为了打通国际电话，父母着实费了不少心思。这是自我离家以来，我与父母的第一次通话。在电话里，我听到了母亲急促的呼吸声；我也激动得难以自持，连话都说不出来。他们围坐在电话旁，争先恐后地与我说话，因此谁都没有听清我的话，这使我们更加语无伦次，我只好不断地重复自己的话。

稍事平静以后，我们终于可以清晰地交谈了。我告诉父母我现在安然无恙，他们也告诉我家里一切都好，此后我们便开始谈论日常生活的一些细节。我让母亲把我的化学课本整理一下，过些天寄给我。她答应了，但她怯怯地告诉我，我以前搜集的那些宝贝化学品都被她处理掉了。我问她是怎么处理的，她犹豫了一下，然后告诉我她是顺着厕所把它们冲下去的。我眼中掠过惊恐的一幕。如果她用不当的顺序倾倒这些化学品，那么灾难很可能会在瞬间发生。果然，母亲补充道："也许我不该这么做。"这些化学品混合后所释放出的大量能量把水烧得滚烫，把抽水马桶都烧裂了。

时间过得很快，我们的谈话不得不暂时告一段落。我们约定，写信时再细谈。其实在来美国的船上，我就写了一封类似日记的信，为避免给父母惹来麻烦，我本打算把它寄给曼奇姑姑的。但父母跟我说，直接把信寄给他们就行，不会有任何问题。

结束了和父母的通话，我一直处在兴奋当中。就在这时，伦克姑姑下班回来了，她和拉约什让我反复重述这次对话的内容，还与我讨论了其中的一些细节。为了给我接风，我们大吃了一顿，吃得我几乎消化不良。因为预先得知我要来，他们在冰箱里准备了各种美味。我对橙汁配巧克力威化饼干棒尤为钟爱——橙子对我来说还是颇具吸引力的。

伦克姑姑和曼奇姑姑虽然是亲姐妹，可她们的长相迥然有别。伦克姑姑为人和善，长得很像她的妈妈——一位在二战前就去世了的老太太，我在曼奇姑姑家里看到过她的照片。她下定决心做我的代理母亲，并且用饱满的热情履行了她的职责。初次见她，我就有种回家的感觉。

他们还告诉了我另一件喜事：当我还在路上时，父母就开始写信给我了，此刻，有一大堆信正等着我呢！我立即迫不及待地打开了这些信。

信中，他们流露出了无尽的担心。我是否到美国了？吃得可好？睡得可好？能听懂别人说话吗？别人能听懂我说话吗？我能进大学读书吗？……我想，我应该告诉他们我所遇到的每一件事，这是让他们不再为我担心的唯一方法。作为补充，我又写了一封极为详尽的信，拉约什答应帮我把这封信和我刚刚在电话里告诉他们将要寄出的信一并邮寄出去。虽然信封写得有些潦草，但信的内容可是厚厚的一沓。

第二天，拉约什没有上班，专门在家陪我。一大早，他便带我到附近的医院，让医生为我打了一针小儿麻痹预防针。小儿麻痹很恐怖，在匈牙利，每年夏天都会流行这种病。据说最容易感染这种病的场所就是游泳池，这让我每次去游泳时心里都蒙着一层阴影。我从来都没听说过这种疫苗，不过我很高兴地接受了注射。

然后，拉约什带我乘地铁到伦克姑姑工作的地方看她。布达佩斯虽也有一段地铁，但很短，根本无法和这里的地铁相提并论。曼哈顿的地铁网深埋于地下，四通八达。我虽然钟情于这些复杂的建筑、滚梯、楼梯、隧道以及绵长的地铁线，但并不喜欢它的噪声、灰尘以及拥挤狭窄的空间。我曾在画像上看到，莫斯科的地铁宽敞、明亮、整洁，而且还有一些英雄人物的雕像矗立在那儿——我对大城市地铁系统的第一印象就来源于这些画像。而在这儿，地铁隧道里熙熙攘攘、破旧不堪，给人一种很不舒服的感觉，这种感觉让我想起透过大客车的窗子初窥这个城市时的情景。

伦克姑姑是曼哈顿中部一家百货商场的售货员。当我们从地铁站出来时，我不禁倒吸了口气。我木然地仰视着周围的摩天大楼，一句话都说不出来。

这些摩天大楼与照片中的美国并无二致。我突然意识到，自己真的已经在美国了，我被这美好的一切深深地打动了。在我看来，摩天大楼就代表着美国，而此刻，我就站在大街上，呆呆地仰望着它们。

此刻，我与家——过去的家已相距千山万水。汽车与人流的嘈杂声不绝于耳。在川流不息的人群中，我觉得自己就好像峡谷底部的一只蚂蚁——面对这样一个全新的环境，我是如此渺小。

伦克姑姑请了假，和拉约什一起带我买新衣服。虽然多数衣服都是降价销售的款式，但这些衣服都很好，穿起来也很合身，只是它们与我之前所穿的衣服看起来有些不同而已——它们散发着美国的气息。我跟着他们离开商场，把旧衣服整齐地包好，用绳子系住，夹在腋下。我想，这个包代表了我的过去，扔掉它应该像扔掉我的灯芯绒裤子一样容易，但我牢牢地抓着它。

回到了布朗克斯，我和拉约什把衣服拿到了洗衣机房。在那里，一个人只需花几枚硬币就可以把衣服洗好并甩干，而我们只需在旁边等着就行了。洗好衣服后，我们便回家了。

一进门，拉约什就立刻打开了电视。其实电视大部分时间都是开着的。而通常情况下，伦克、拉约什与保罗只是偶尔用眼角扫一下它而已。一开始，我还觉得电视会分散注意力，但没过多久，我就和他们一样把它发出的声音当作一种背景噪声了。

拉约什四处翻找，最后总算找到了一份周日的《纽约时报》，我们把"分类广告"部分在厨房的桌子上摊开。据拉约什介绍，这份报纸上有许多招聘广告——匈牙利的报纸上是没有这项内容的。

我们想找化学师方面的工作，而报纸上的招聘广告板块里提供了各种各样这方面的工作信息，这让我很高兴。不过，很多工作都是化妆品公司提供的。即使如此，我和拉约什还是很满意，因为从这些广告中可以看出，我所选择的职业方向还是不错的。

这一天所经历的事使我的内心充溢着紧张和兴奋。这里的每件事都让我既激动，又害怕，可我又说不出自己害怕什么。我想，或许给父母写信告诉他们我的近况会让我平静下来。

刚一提笔，我就想到，我怎么才能知道父母是否收到了我所有的信？这些信可能被邮局无意间弄丢，也可能因为上面印着美国邮戳而被检查员扣留。而且，我也不知道自己是否收到了父母寄来的所有信件。于是，我给每封信都编上了号，并让父母也这样做。我们双方都要先确认收到的上一封信的号码之后再回信。

周末，拉约什一家决定带我逛逛纽约的风景名胜。我和他们一起乘地铁到了曼哈顿。他们都穿得整齐、干净，我也是——我穿上了在美国新买的衣服。周六，他们带我看了一场立体电影，电影是在一个巨大的宽银幕上播放的，那种大银幕我以前从没见过；周日，我们又看了一场电影，并在无线电城音乐厅观看了洛姬女郎的踢腿舞。这期间，我们还在曼哈顿逛了一下，面对那些摩天大楼与拥挤的人行道，我仍旧会目瞪口呆。

这个城市的财富展示令我深深震撼。商店的橱窗看起来极为迷人，窗子里的服装模特既漂亮又优雅。街上的行人穿着都很得体，颇有一丝橱窗里那些模特的优雅气质。真正打动我的是街上不计其数的大轿车，司机都穿着制服。一些轿车停在一家商场前，我看到司机跑过去为后排的乘客开门——这似乎是一幅现实版的资本主义讽刺画。

我们走进了一家名叫霍恩与哈达特的餐馆。这家餐馆的就餐仪式很特别，这里没有服务员为我们提供菜单和食物，只有一面墙，墙上有一些前部是玻璃的抽屉，每个抽屉里放着不同的菜。你可以投入一枚硬币，然后打开小玻璃门，从中取出你想要的食物，如炖肉、馅饼等。在我看来，这儿的食物味道一般，环境也让人食欲大减，但我未置评论，因为我可以明显地看出，拉约什很喜欢这家餐馆。

第二天，我靠着刚学会的使用代币的方法开始了我的地铁之旅——游历曼哈顿。我在报纸上发现曼哈顿的一家电影院正在上演由切萨雷·谢皮主演的新电影《唐璜》。我以前听说过这位极富传奇性的歌手，但并没有听过他唱歌，所以我很想去看看。我用拉约什给的买代币及电影票的钱开始了这次冒险。

我轻松地找到了地铁站，但对乘车方向有点儿犹豫不决。于是，我问卖代币的人，乘D线地铁是否在这里上车。他回答了我，但我不知道自己是否听懂了他的话——我只能听清了字母"D"，而后面的话好像涉及了"火车"。我让他重复一遍，但还是听不懂他说什么。我后面的人有些不耐烦了，开始大声地抱怨起来。我决定碰碰运气，就上了那班地铁，可内心隐隐觉得这里的人不如维也纳人友好。

我成功找到了那家剧场。《唐璜》很精彩，令人着迷，但观众寥寥无几，对此我甚为奇怪。布达佩斯如果有这样的电影上映，剧场肯定会爆满，但在这里，看电影的观众只有不到15个人。

第十五章　融入美国生活

我还趁机去了大都会歌剧院，在我眼中这是一个极其神秘的地方。我在人们的指引下找到了一幢巨大的、正面镶着破旧黑砖的坚固建筑。令人难以置信的是，极富传奇性的大都会歌剧院竟然如此破旧，以至于让我想起了布达佩斯的农贸市场。美国真是个令人费解的地方。

但我无暇去细想这些，我还有很多方面需要去适应。

我对这个城市逐渐熟悉起来，可以轻松自如地独自游走了。我拜访了国际救援委员会驻纽约办事处——我的资助机构，他们热情地接待了我。一位叫凯德蒙的中年妇人邀请我到她的办公室去，我清晰地记得，她拿着我的档案，更改了我的地址与电话号码，并问我今后有何打算。她的语速很慢，吐字也很清晰，我毫不费力就听懂了她的话。我告诉她，我姑父在布鲁克林大学工作，我想让他帮忙，进入该校化学系学习。她将这些内容一一记录在档案中，然后便问我，我的视力和听力是否有问题，我最近一次看牙医是什么时候。

我说，我有点儿轻微近视，听力也有点儿问题，而且许多年都没有看牙医了，但我的牙齿一直状况良好。她建议我先去看牙医，再找个地方配眼镜和助听器。她把这几件事也记了下来，然后告诉我，所有相关的费用都由国际救援委员会承担。

看牙医也让我甚为惊奇。牙医诊所里灯光幽微，那里有很多我未曾见过的设备。我的牙上没有洞，从未疼过，只是刷牙时牙龈偶尔会出点儿血，所以我觉得可能几分钟后我就会出来，可我没那么幸运。牙医说，我的牙上有"微积分"，我很不解。我只在数学课上学过微积分。他又跟我解释说，英语里"结石"与"微积分"是同一个词。这个词还可以用来表示牙齿上的沉积物，这种沉积物会刺激牙龈，最终伤害到牙齿。然后他开始为我洗牙，我看到我的牙龈流了很多血，我甚至担心自己的牙会掉下来。一个小时以后，这种折磨结束了，我答应他第二天再来，让他做完。虽然我很怕，可我还是如约而至，顺从地让他做完，又吃了不少苦头。

我还去看了眼科医生。他为我配了一副金丝边的眼镜。拿到眼镜后，我立即把它塞进口袋，我觉得自己根本就不需要眼镜。

我的另一个发现是助听器。在匈牙利时我就试着戴过助听器，那是俄国人发明的一种比较笨重的装置。它的听筒很显眼，而且电池要装在裤袋里，助听器要装在上衣口袋里。这两样东西都不轻，坠得衣服向下沉。但尤其令人气愤的是，这东西根本没起什么作用。不久，我就把它扔到一边去了。

在美国的商店里，助听器种类繁多，外形轻巧，最大的也只有火柴盒那么大，里面还可以安装一个微型电池。接待我的那位绅士表情和善，嗓音深沉、洪亮，我完全可以听清楚他说的话。他测试了一下我的耳朵，为我介绍了各种助听器，并选了一些他认为有用的样品让我一个接一个地试，我有些挑花眼了。

他说，我可以先挑两个自己最喜欢的助听器回去试用一两天，做出决定后再来。我以为自己是听错了。助听器是如此之贵——我选的那两个助听器价值约300美元，而这个人却让我这个陌生人一下子拿走两个。事实证明我没听错。我带着两个助听器回了家，让拉约什、保罗与伦克帮我调试了一下，还用它们听了听电视的声音，最后我选了最贵的那个。我尴尬地向凯德蒙太太汇报了此事，她却劝慰我说："别担心费用，有效是最重要的。"美国总是能让我惊奇。

在拉约什的安排下，我与布鲁克林大学的化学系主任见了面。当天，我早早就起床，跟着拉约什乘地铁到布鲁克林。以前，我从不知道他在上班的路上要花费这么长时间。我们从北部的布朗克斯出发，那里是地铁的始发站，正因为如此，我们才能有座位坐。然后我们又

第十五章 融入美国生活

换另一条线的地铁。这时，地铁里早已人满为患，我们被挤在了中间。为了看报，拉约什把报纸折了三折，这样即使周围都是人，他也能照看不误。我则四处张望，要么一遍遍地看车厢里的广告，要么盯着周围的乘客看，以此打发时间。不过没人回视我。

8点多，我们到了布鲁克林大学，路上用了一个多小时。拉约什带我参观了一下他工作的地方——他是植物系的一名技师，这工作非常适合他，在匈牙利时他就是一名园艺师。在这里，他负责看护这些奇异的植物，它们将在上课时被作为教学素材使用。这片丛林就是他的世界。

我的到来受到了他同事们的热烈欢迎。显然，他们已经从拉约什那里知道了我的事，正等着我呢。他们带我参观了一下化学实验室——因为正值放假期间，所以实验室里没有学生。这个实验室与布达佩斯大学的化学实验室毫无二致，这让我觉得很踏实。

他们还带我去语言实验室转了转。其中一个人向我解释说，这是学生们学习外语的地方。这个实验室里有很多小隔间，每个隔间都配了一台录音机和一个麦克风。上外语课时，学生们要先听，然后用麦克风重复说一遍，他们马上就可以听到自己的发音，以此纠正不正确的发音。我从没有见过这种奢侈的设备，因此对其印象极深。我好奇地坐到一个隔间里，用麦克风说了一个英语短语。听到自己的发音时，我有些吃惊。我的发音听起来就像是说着方言的唐老鸭。

然后，他们安排我去见化学系主任。我们的谈话大约持续了两个小时，他想弄清我对各学科的掌握程度，以便决定我插到哪一级最为合适。这个考试是非正式的，与我在匈牙利时参加的大学口试差不多。谈话结束后，他说我在化学方面表现"突出"。在这里，我将拥有卓越的表现。

他们还安排我与数学系的一位教授见了面。此外，我又见了一名俄语教授，因为布鲁克林大学要求所有学生都必须学习一门外语。他们让我第二天再来，那时再告知我结果。我在校园里逛了一会儿，等拉约什下班，经过一段漫长的旅程，我们终于到家了。

第二天，我又去了布鲁克林大学，并直接去化学系询问了我的测试结果。结果好得大出我所料：我拿到了许多门化学类课程的免修资格，还有五个学期的数学课的免修资格——实际上我在布达佩斯大学只上了两学期的数学课，因此我不必再修数学课了。而且我还达到了大学的外语要求，因此我同样拿到了五个学期的俄语课的免修资格。细细算来，我离成为化学师的日子只有一年半的时间了。

这一结果让我甚为震惊。我觉得自己在化学方面只是个初学者——刚刚大学二年级。我难以相信，自己再经过一年半的学习就可以成为一名职业化学师了，但化学系主任笑着跟我说这是真的。我猜，他可能会觉得，匈牙利的大学教育更优于美国吧。

他对我说，虽然我通过了包括数学在内的许多门课程的测试，但英语文学、美国历史与政治学课程仍是我的必修课。我睁大眼睛看着他，并在心里迅速计算了一下，在这一年半时间里，若除去与化学无关的必修课，我只能再选修两三门化学课了。我有些迟疑地问他："难道我再选修两三门化学课就能做化学师了吗？"教授耐心地向我解释说，完全可以。但要想做一名真正的化学师，我还要花一年时间攻读硕士学位，最好是攻读博士学位，但拿到博士学位通常需要两到三年。

我想找一份工作，一方面可以养活自己，另一方面也可以攒一笔钱帮助父母离开匈牙利来美国。但看起来现实情况与想象相差甚远。

我问教授，我能否不修英语文学、政治学和其他那些与化学无关的课程，而多修几门化学课？教授微微一笑，摇了摇头，答道："不能，这些课是毕业的必修课。"

我很沮丧，他也很同情我，于是便向我提议说："如果你想学更多的科技类课程，你应该转修化学工程专业。"他从桌子后面抽出了一本小册子，上面列出了从某工科学校毕业所需学习的必修课。他翻了一遍，将这些课程的名字一一念给我听。在我看来，这些名字又奇怪又神秘，而我却暗自欣喜，因为我觉得只有修习这些名字稀奇古怪的课程，我才会学到真本事，将来才能够从事一些有意义的工作。于是我说，我想转到化学工程专业。

教授叹了口气，跟我解释说，很不幸，布鲁克林大学还没有开设化学工程专业。我问他哪所学校开设这个专业，他说："附近的布鲁克林理工学院——一所不错的工科学校。你想去试试吗？"我立刻应允。

在一张纸上，他潦草地写了一段文字。过了一会儿，我告知了拉约什一声，便独自去了布鲁克林理工学院。到了那儿，我在入学处找到两名工作人员，并与他们坐下来交谈。我介绍了一下我自己：我是来自匈牙利的难民，一名化学系学生，现在遇到了困难。他们向我点头，以示对我所处困境的理解。

他们告诉我，布鲁克林理工学院是一所私立学校，没拿到奖学金的学生必须要交学费。学校方面虽已针对匈牙利难民设立了两项奖学金，但不幸的是，这两项奖学金都已经发放完毕。我问他们学费是多少，他们说："2 000美元。"——他们还不如告诉我是200万美元呢！我盯着他们，无言以对。

其中一位工作人员说，也许我还可以考虑一下城市大学。它和布鲁克林大学一样，也是一所不错的工程学校，而且这所大学是免学费的。我立刻信心大增，"城市大学在哪儿？"几分钟后，我又拿到了一组潦草的说明，再次踏上求学的征程。

漫长的地铁之旅又开始了。出了地铁站，我花了几分钟时间确定自己的方位，然后便朝着城市大学走去。他们说，城市大学与地铁站相隔10个街区。穿过几个街区后，我渐渐觉得周围的环境好像有点儿不对劲儿——街上一个白人都没有。这里的每个人——店主、行人、小孩都是黑人。自从来到纽约以后，我见过很多黑人，但还从没见过这种满街区都是黑人的场面。我的与众不同让我感到很不自在，但没人关注我。

在这样一个寒冷的冬天里，我在街道上走了大约15分钟，才抵达一组华美的老式建筑群。我向周围人打听到城市大学的路怎么走，有人说这里就是了。进入校园后，我跟他们说我想见入学处的人，他们便让我去注册主任的办公室。我把我的经历又对他们讲了一遍，然后他们安排我去见一位慈眉善目的老绅士。他让我先坐下来，接着便开始絮絮叨叨地问我一些问题：我修了哪些课，成绩如何等。我把我修过的课程一一列出来，并告诉他，我每门课都拿到了最高分——相当于美国的A。说这话时，我略显尴尬。虽然这是实情，但我没有成绩单，也没有相关的证明文件。他会不会以为我在撒谎？也许他就是这么认为的，只是没有表露出来而已。

当天下午，我正式被纽约城市大学化学工程系录取。我被安排在大学二年级，这就表明，如果我修完了所有的课程，三年半之后我就能毕业。同样，这所学校也开设了英语文学、政治学等课程，但据我了解，毕业前我会接受很多的技术培训，这一点让我很满意。

但仍有一个问题困扰着我，那就是我攻读学位期间的书本费和生活费的问题。注册处的老师解释说，据他所知，虽然学校没有开设现金奖学金，但社会上有一个名为"全球大学服务机构"的组织会定期

第十五章　融入美国生活

为匈牙利难民提供生活补贴。离开他的办公室，我就又上路了，手里拿着另一封介绍信，这次的目的地是曼哈顿。

傍晚，我就拿到了全球大学服务机构为我提供的本学期的奖学金。虽然不是很多，但这毕竟是钱，我可以不再靠拉约什的接济生活了。等到拉约什与伦克下班回家后，我们一起坐在餐桌前用餐时，我向他们讲述了我今天经历的每一件事。我意识到，我应该把 1/3 的奖学金交给他们，作为我在他们家的食宿费用，剩下的钱我可以用来买书本和其他生活用品。

我还可以攒钱帮助父母来美国。可是到目前为止，我既想不出他们怎么才能离开匈牙利，也不知道假如他们成功离开了匈牙利，他们该如何到美国来。不过我想，无论怎样，钱都是必需的，所以我决心节省每一分钱。

总之，这一天非比寻常。拉约什与伦克也这么认为，他们为我骄傲。那天深夜，我坐下来给父母写信，告诉他们今天发生的所有事情。我为自己的成功感到自豪。

我办成这件事的时间也很巧。几天后，城市大学的班级注册就要开始了。注册地点是一个体育馆。许多学生都在那里乱转，在各班所设的桌子前挤来挤去，很多行政管理文书都是在这里发放，然后由学校职员负责收回的。现场乱作一团，说话声、响亮的提问声、纸张翻动声在大厅里久久地回荡着。虽然我在穿着上已经尽可能美国化了，但人们还是能立即认出我是匈牙利人。学生们以及职员们指引我到正确的地方排队，并告诉我怎样正确填写那些文书。

在某张桌子前，一名态度和蔼的工作人员反复地念了几遍我的名字，并且问我："我直接叫你安迪可以吗？"我说可以。在美式英语中，这个词的发音很好听。那天办完手续后，大家都称我安迪，我也觉得这称呼很自然，就像别人一直这么叫我一样。

注册处的工作人员把课程表给了我。与匈牙利不同的是，这里并没有一个纯粹的化学工程师班，这让我很惊奇。所有的课都是学生们一起上，每个学生的课表都是不一样的。为了上另一节课，我们常常需要从一个教室转到另一个教室，有时是与其他班的同学一起，有时则不是。这与我所熟悉的教学体系有着天壤之别。这里的每件事都与我原来经历的差异巨大，这让我想起了自己初次见到摩天大楼时的感受。然而几天之后，我便和其他同学一样，可以从容地从一个教室跑到另一个教室了。

一切都发生了变化。这里的课程、同学以及教授都比匈牙利的要随意得多。按照匈牙利的规矩，上第一堂课时，待教授进入教室后，学生要马上起立，然而在这里，我是唯一站起来的人。当时其他同学都回头看我，而我只能红着脸，立即坐回到椅子上。

开始上课了。我四下看了看，学生们都懒散地坐在椅子上，似乎是在享受中场休息的时间。他们还会不时地打个响指，对教授讲的内容提出质疑，这也是一个差异。在匈牙利，你是断然不能打断授课的，只能把问题保留下来在课后向助教们提问。

这里的老师也很随意。数学老师上课时竟然一直嚼着口香糖，这让我很吃惊。我本来就很难听懂他的话，而口香糖只能使情况变得更糟。

物理课是最重要的一门课，占总课时的 1/3。与我在匈牙利时的物理老师不同的是，这位物理老师说话铿锵有力。我在前排可以轻松地听清他的话。这不失为一个好消息。

不过还有一个坏消息。第一堂课下课时，老师留了 30 道题，要求大家第二天上课之前做完。30 道！如果能读懂这些题，或许它们并不算太难，但力学语言中包含很多我在奥斯卡·王尔德的作品中从未读到过的单词。如果不借助字典，我根本就搞不清"竖直""水平""垂直"这些词的含义，"等腰三角形"就更别提了。

计算尺的用法是工程专业的学生必须掌握的，这对我来说有些复杂。我以前从未见过计算尺，因此必须从头学起。我发现，计算尺中包含了大量的信息，熟练地掌握它可以大大加快计算速度，比用纸笔计算要快得多。后来事实也证明了，计算尺很有用，我在做许多物理题时都会用到它。

为了弥补我在大学预科没有学过的东西，我不但要上工科课，还要上英文写作课和美国历史课。后来我才知道，大学预科在美国叫高中，但我现在仍认为那是大学预科。后面的两门课程主要是针对白天上班的成年学生的，因此都被安排在了晚上。于是，每天上午，我都要上正常课程中的工科课，晚上则要上英语和历史课。

除了这几门课程，我还要修很多工科课程。图书馆本来是个理想的学习场所，但书桌周围总是有人走来走去，这使我的精力很难集中。因此，上午的课结束之后，我便回到家里。家里空无一人，我会坐在保罗的桌子前学习，一直学到该上晚上7点钟的课时再回去。上完课后，我再返回家，打开保罗桌子上的灯，在他睡着后继续学习。

从家里到城市大学大概需要45分钟：步行15分钟到地铁站，坐15分钟的地铁，然后再步行15分钟到校园。每天3小时的路程，再加上学习的时间，我的生活立即变得忙碌而紧张起来。

我时刻都在学习，包括乘坐地铁的时候。曾有几次，我花了5美分在地铁站的饮料机上买了一纸杯可口可乐来解渴。但我让自己尽量少买，因为我每买一次，就少为父母节省5美分。

在家与地铁站以及城市大学之间穿梭是件很痛苦的事。时值冬日，天气阴冷潮湿，还刮着风，晚上走路时尤其寒冷。有时，还会有雨或雪吹打在脸上。这里的冬天仿佛比布达佩斯的冬天更令人难以忍受。

此外，我还要上体育课，这门课是布达佩斯大学没有的。第一堂课上，学生们按身高从高到矮排成一列纵队，我差不多站到排尾了，这让我十分懊恼。虽然在匈牙利时大家也要这么站排，但我通常会站在中间或接近排头的地方——美国男生的个头儿普遍偏高一些。

我不怎么喜欢体育。我觉得，投掷那些又大又重的球似乎毫无意义。在一次体育课上，我听到有人在谈论击剑队，我听得很入神。听他们说，如果参加了击剑队，就可以不上体育课了，这让我兴奋不已。开学几周以后，我便去报名参加了击剑队的考试。出乎我的意料，教练竟然同意我进入大学代表队，并让我随同团队参加周末的一场比赛。我跟着他们去往新泽西州，在与拉特格斯大学的比赛中，教练让我先发。我赢了第一回合，却输了之后的所有回合。此后我再也没能争取到先发的机会。作为一个匈牙利人，你在击剑场上或许也只能走到这一步了。

因为这次比赛，击剑队的队友以及我们班的同学都开始对我友好起来。现在大家都叫我安迪，别的班的同学也这么叫。我觉得被人称作安迪说明我已逐渐融入了美国社会，至少在我开口说话之前是如此。我的口音总是让我与众不同。

我的另一点与众不同之处是使用助听器。这种骨传导装置非常少见。为了能够压在耳后的骨头上，助听器的耳机上配备了一个弹簧。我一般在上课时才戴助听器，下课时就摘下来，这不光是因为耳机会对头部产生压力，还因为我的虚荣——这种装置看起来怪怪的，总会引来别人诧异的目光。

这里到处都是犹太人，因此我并未因自己的犹太人身份而引起过别人过多的注意。在布鲁克林大学的校报上，我吃惊地看到，那里有不少教授和学生的名字都是犹太名字。城市大学也一样，许多教授和学生要么名字是犹太式的，要么外表——被我那受过训练的眼睛——一看就是犹太人。一些学生十分平淡地问我是不是犹太人。当我说"是"时，几名穿着正统犹太人服装的学生便开始十分热情地与我交谈，并邀请我参加他们所在的组织。我以课业负担太重为借口拒绝了他们，我不想参加任何组织。事实上，我们的课业负担确实不轻。

有几门工科课我是和一名男生一起上的，他叫杰里·罗杰塔尔，是一名刚退役的军人，对我特别友好。服役期间，他随部队驻扎在德国。匈牙利事件爆发时，他所在的部队受命调动，因为美国当时正在考虑是否代表匈牙利参战。因此，杰里对匈牙利事件及其后果给予了极大的关注。我们经常在一起学习、聊天。我很高兴地发现，他也喜欢古典音乐。而且，他最喜欢的歌剧也是《唐璜》。

杰里很关心我。为了帮我纠正发音，他特意制定了一项惩罚措施——我每发错一个常用单词的音，肩膀就要被他打一下。过去在读"book"这个单词时，我总拉长音，读成"boook"，就因为这，我的肩膀挨了他不少拳头，但我也因此学会了这个单词的正确发音。这还是比较简单的。"the"和"they"中"th"的发音难度更大。对此，拉约什也束手无策。他的英语确实说得很流利，但他说这两个词时就好像说"duh"和"day"一样。为了纠正"th"的发音，我又多挨了杰里一倍的拳头。那些天，我的胳膊一直处在酸痛之中，但我的发音水平也得到了快速的提高。

杰里还帮我建立起了对美国政治体系的兴趣。尽管匈牙利政府对美国的丑化宣传的真实性令我深深怀疑，但他们的某些说教还是对我产生了潜移默化的影响。一次，我无意间说了一句"美国政府当然是被大财团控制的"，这着实吓了杰里一跳。

针对此事，杰里与我进行了激烈的争论，却一直无法让我完全信服。事后有一天，他找出了一份《纽约时报》，洋洋得意地指着其中的一篇文章。据那篇文章报道，经最高法院裁决，杜邦公司必须出售它们持有的通用汽车股份。杰里说，如果最高法院是受大财团控制的，它如何会做出对杜邦公司不利的裁决？我哑口无言，只能满腹狐疑地嘟囔了几句。

有一位参加过朝鲜战争的退伍军人也和我相处得不错。他也正在为成为一名工程师而努力学习，我们俩的课有些是相同的。相处了一段时间之后，我鼓足勇气问他："美国军队在朝鲜战争中使用了细菌武器这件事是真的吗？"他勃然大怒，对我吼道："你怎么能问我这么荒谬的问题呢？你应该很了解我，我是绝对不会做这样的事情的！"我悻悻走开，并且开始怀疑我在匈牙利所了解到的关于美国和美国人的事情是否有任何地方是正确的。

学业虽然繁重，但直到第一次物理考试之前，我一直认为自己能应付自如。所有的家庭作业我都完成得很好，因此我并不太担心。但到了考试之时，我大吃一惊。首先，所有的试题都必须在 50 分钟内做完。其次，我们不能翻书。在匈牙利，我们的考试并不是这个样子的，我不太习惯把公式全都背下来。虽然我知道自己考得不太理想，但我没想到在下一堂课上老师把折叠好的练习册发回时，我的练习册上面竟然写着"F"。我煞为震惊，也尴尬无比。我从来没有经历过这样的事情，过去我一直是得"A"的学生。下课后，教授喊我："格拉夫，下午到我办公室来。我想和你谈谈。"

教授们其实是在叫我格罗夫（Grof），但他们每次点名时，我都听不出他们是在叫我。在匈牙利，格罗夫中的"o"发的是长音；但在美国，我的名字听起来好像是格拉夫（Gruff）似的。

教授很为我担心。他告诉我，这门课很难，即使对于那些做了充分准备的人来说也是如此。这是学生们上的第一门重要的工科课。或许这一切对我来说有些太快了。他说，如果我想放弃这门课的话，他会同意的，不会对我进行任何处罚，下学期我还可以重修这门课。

我震惊了。在考试中得了"F"已经让我觉得很糟糕，而他建议我放弃这门课则让我觉得更加糟糕。我很感谢他能为我着想，但我咬紧牙关告诉他："我会好好表现的。"从此，我把每天精力最为充沛的时间都用来学习物理，就这样坚持不懈地学习，直到自己精疲力竭为止。

我仍旧经常与父母通信，告诉他们很多这里的事，即使没事说，我也会不停地写信，只是为了和他们保持联系，以免他们为我担心。我转到工科这件事令父亲甚为高兴。他是一个很现实的人。与化学师相比，他更青睐工程师这一职业。

我开始在信中示意他们应该像我一样到美国来。起初，他们对此事并不在意。那时，边界已经被重新封锁了，像我那样越境已经是不可能的了。而且，对于父亲来说，除了匈牙利语，任何国家的语言他都不会说，这让他十分害怕。我开始游说他们学英语。过了一段时间，他们真的开始学习英语了，我便鼓励他们在信中写一些英文。用匈牙利语写信时，我的字乱七八糟，很潦草；但用英语写信时，我总是用印刷体写，以方便他们阅读。

父母曾在一封信中提到，加比已经从罗马尼亚回到了匈牙利，并且常常去看望他们。我问他们，直接给加比写信是否妥当。我担心与我这个持不同政见的朋友保持联系会对他产生某种负面影响，但父母觉得没什么问题。

但相互通过几次信以后，我突然再也收不到加比的回信了。我继续给他写信，但仍没有收到回信。父母说，加比已经很少去我们家了。有一天，父母在街上散步，正好碰到迎面走来的加比。为了避免和我父母打招呼，加比竟然走到了街的对面。得知此事以后，我就再也没给他写过信。

和我一起来美国的还有扬奇、布比、伊姆雷和彼得。我们各自忙着自己的事，彼此间只是偶尔联系一下。扬奇在斯坦福落脚，那里有他的亲戚；布比在纽约找到了一份电视技术员的工作，正在学习英语；伊姆雷获得了密歇根大学的奖学金，正准备前往那里上学；彼得的一位叔叔在普林斯顿大学当教授，彼得因此成了这所大学的学生。

在船上遇到的船员朋友也给我写了信，并且曾打电话给我，让我到他家里吃晚饭。在一个周六的晚上，他的妻子从布鲁克林开车来接我。在他们那个陈设简单的家里，我们一起共进晚餐，而他们的两个孩子则在角落里玩耍。他们为我在大学里取得的进步深感自豪。

突然有一天，一个叫玛格达的女人打电话给我，自称是母亲在纽约的侄女。之前，母亲从未和我提起过这个人。在给母亲的信中，我提到了玛格达，她回信说二战后就和她失去了联系。然而玛格达始终想着我们。她猜测，我们中的某些人在革命后也许会来美国，所以她就到基尔默营查找我父母和其他亲属的名字，直到她找到了我的名字。

很快，她便过来看我了。她是个单身女人，比拉约什和伦克都年轻，面容姣好，老练成熟。她说她也很愿意收留我，而我也很喜欢她。在这座大都市里，知道身边还有另外一位亲戚的感觉真好。

过了几周，我们进行了第二次物理考试。我一直以来的勤勉终于得到了回报。这次我得了"A"。

第十五章 融入美国生活

我对自己的学业前景越来越充满信心,我还听说我的大学指导老师克洛德尼教授要见我,这更让我喜不自胜。克洛德尼教授是位身材高挑的中年男人,低调的举止与他眼中流露出的愉悦的光芒略微有些不相称。他问我在班上表现如何,我高兴地告诉他我在物理课上取得的重大进步。然后他像其他人一样,问了我一个问题:"你觉得美国怎么样?"

对于这种问题,我以往总是简洁而马虎地回答说:"还行,我挺喜欢这里的。"但这次我觉得应该说得多一些。在刚刚经历了极其恶劣的天气之后,我脱口而出:"我喜欢美国,但讨厌纽约。"他扬了扬他古怪的眉毛,用平静的语气问我:"为什么?"我说:"因为这儿的天气又冷又湿,而且总是阴沉沉的。"克洛德尼教授略微怔了一下,便向我打听布达佩斯的情况。在回答他的问题时,我把布达佩斯描述成了一座优美的城市,山川秀美,阳光普照,和风细雨,景色宜人。当然,事实并非如此。但对我来说,由于时间和空间的距离,它似乎就是如此;至少在那些阴森、晦暗的日子里,它是如此。克洛德尼教授又考虑了一下,提议说:"或许你可以搬到加利福尼亚去。到那里你也许会发觉,旧金山与你所描述的样子更为接近。"然后,我们开始讨论下学期的课程,但前往加利福尼亚这个念头开始在我脑海中萦绕。毕业以后,或许我会到那里居住。这听起来就让人兴奋。

但我眼下得先和他讨论我的课程。我告诉他,为了尽早毕业,我必须按照化学工程系安排的课程顺序开始上课。其中,第一门课叫作"化学 E 128"。据说这是一门令人生畏的课程,考试很难通过,有一半学生会被判不及格。但要想继续上其他的化学工程课,你必须通过该门课程的考试才行。传言还说,那些不及格的学生将会转修物理学或心理学专业。我想现在就开始我的化学工程课,因此我需要修"化学 E 128"这门课。

克洛德尼教授觉得现在就修这门课对我来说可能有些仓促。他说，如果我想获得修这门课的许可，我必须要找系主任施密特教授，请他批准，因为这门课是由他教的。所以，我决定去拜访施密特教授。

在施密特教授的办公室门口，有一个秘书在那儿把守。他一点儿时间都不肯给我，更别提什么会面了。于是，我在施密特教授下课的路上拦住了他。他个子不高，是位中年人，留着浓密的胡须，已见灰白的头发被他尽量向后梳着。他穿着一件灰色的男式礼服衬衫，扎着领带，给人一种威严的感觉。我直接切入正题。

与平时下课后一样，我们周围的学生叫嚷着走来走去。在一片嘈杂声中，我告诉了他我所处的困境。他一直用他那锐利的眼睛盯着我，并问我这学期在修什么课。当我说我修了物理课时，他便问我物理课是谁教的，又问我物理课的得分是多少。我犹豫了一下告诉他，物理课的第一次考试我没及格，但第二次我得了"A"。他用奇怪的眼神看着我，接着说，如果我能在物理课上持续取得好成绩的话，我就可以修这门课。

我深深地吸了口气，直截了当地又问了一句："施密特先生，我想知道您能否帮助我解决其他方面的问题？"

我向他解释道，全球大学服务机构只给我提供本学期的奖学金，下学期的奖学金我必须自己想办法。他眉头一皱，告诉我稍后到他办公室找他。

隔了一会儿，我按照施密特教授所说的去了他的办公室。到了门口，他招手示意让我进去，我大摇大摆地昂首走过那位不愿为我安排会面时间的秘书。他的办公室不大，除了他和他的办公桌之外，基本就没有空间了。我侧身进去，坐到一把椅子上。施密特教授询问我全球大学服务机构为我提供的奖学金是多少。我告诉了他以后，他什么也没说，只是拉出了一把计算尺——它足有两英尺长，是我见过的最长的一把计算尺。他一边计算着什么，一边在那里自言自语。然后他放下计算尺，问我："如果不提供奖学金，而是给你找份工作如何？"

我不知该如何回答他。

他向我解释说，化学工程系的预算包括学生助教这个职位，主要工作是为他和他的秘书提供服务，薪酬是每小时 1.79 美元。对我来说，这已经很好了，因为学校提供的其他工作每小时只有 1 美元的薪酬。他瞥了一眼计算尺，告诉我说，如果我每周能工作 20 小时，那么我将得到与奖学金数额差不多的薪酬。

我飞快地计算了一下，下学期我就不用再上体育课了，所以我可以退出击剑队，留出更多的时间去工作。而且，能为这个人工作，我很荣幸。因此我同意了他的安排。

虽然下学期我才能开始做这份工作，但施密特教授说，这份工作已经属于我了。

与此同时，我在另一件事上也取得了重大的进展——我申请到了绿卡。根据艾森豪威尔总统的命令，此前我作为一个只拥有临时入境许可的人，在这个国家的地位和假释犯差不多，其标志是一张身份卡——一张标有我姓名与个人数据的白色塑料卡片。有了这张卡片，我便获得了暂时居住在这里的权利，但我不能永久地居住在这里。在我看来，我只是被允许进入这个国家，但仍处于漂泊不定的状态中。

而拥有绿卡则表明我将在这里定居，并且在 5 年的时间内就可以成为美国公民，这对带父母来美国这件事来说是极为重要的。作为美国公民的家属，他们有权优先获准进入这个国家。

这件事情正在办理当中，但仍有一个细节在困扰着我，那就是我的名字。我喜欢别人称我安迪，但讨厌被叫成格拉夫。当我向拉约什与伦克抱怨这件事时，他们告诉我，更名并不难。几年前，他们的一位朋友就将自己的名字美国化了，而且他的美国名字与匈牙利名字的发音听起来差不多。

我开始尝试各种不同的拼写。很显然，我可以在名字后面缀上一个字母"e"——G-r-o-f-e。我把这个名字拿给一个同学看，问他应如何发音。他说："格罗菲，与《大峡谷组曲》的作曲家很像嘛。"但我对这个名字并不满意，于是又开始在绘图板上拼写。

我又尝试了另外一种拼写，G-r-o-v-e，再次拿给那个男生看。他说："哦，这就是你说的那个音，格鲁夫。"这次就基本与匈牙利语的中 G-r-o-f 发音相同了，这比格拉夫贴切多了。

我去告诉每位老师，说我改名叫安迪·格鲁夫了。而且，我还在姓名中间加了个字母"S"，代表斯蒂芬，是英语中"伊什特万"（Istvan）的念法。我在匈牙利时从未用过这个中间名。大多数人对我的新名字都没有任何异议，但物理老师除外，他又让我下课后去找他。他郑重地对我说，我根本没必要改名，我应该坚守自己的身份，不必迫于压力而使自己美国化。我向他解释说，名字是供别人叫的，Grof 的发音就像"格拉夫"一样，只有 Grove 的发音才与我名字的发音更接近。他耸耸肩说："那好吧。"

现在，我必须搞清楚怎样才能正式改名。出乎我的意料，他们说我只需使用这个新名字就可以了。当我正式成为一名美国公民后，我才能真正地改名，而且也不需要填任何材料，只需要一直用这个新名字就可以了。美国总能带给我意想不到的惊喜。

在那晚我写给父母的信中，我用印刷体在信的结尾认认真真地写道："你们的儿子安迪，他的名字马上就要改为'GROVE'了。"

后　记

我再也没回过匈牙利。

随着时间的流逝，我们的政治和经济生活都得到了很大的改善，至少现在是如此。匈牙利最终成为北约的一员。尽管我一直钟爱着匈牙利的音乐和文学，而且总是满心欢喜地欣赏那些到布达佩斯访问的朋友给我寄来的印有布达佩斯照片的明信片，但是，我从未想过要重访布达佩斯。

我不知道这是为什么。也许我不愿旧事重提，也许我想让记忆定格，也许仅仅因为，我的新生活是在美国开始的，我的根早已扎在了这里。我在匈牙利的根早在我当年离开的时候就被切断了，而且从那以后便枯萎消亡了。

与此同时，我在美国的生活则过得蒸蒸日上。

我以全班第一名的成绩结束了城市大学三年半的学习生涯。《纽约时报》甚至为此撰写了一篇名为"难民工程师之首"的短文，并对我大肆吹捧。后来，我结了婚。那年夏天，我和妻子在新罕布什尔州打工时相识，当时她是女服务员，我是餐馆勤杂工。

毕业后不久，我们便开着一辆旧汽车，向加利福尼亚州驶去——我要到加州大学伯克利分校研究生院继续学习。在40号公路的一个地方，有个路标显示我们正在接近内华达山脉。我幼时读过的卡尔·麦书中的那些话立时浮现在我的脑海中。现在，我就在这里，并且即将开车穿越那些迄今为止仍然富有神秘气息的山脉。

我开车穿过旧金山北边的一条隧道，看到了一座熠熠生辉的城市，从那一刻起，我就深深地爱上了旧金山湾区。正如克洛德尼教授所说的那样，那里很美丽，让人感觉很亲切。它最终成了我的家。直到现在，我仍住在那里。

我进入了布鲁克林海军造船厂。5年以后，父母获准离开匈牙利，来到加利福尼亚和我一起居住。他们各自找了一份轻松的工作：父亲在一家产权公司当职员，母亲则在一家超市当出纳员和包装员。直到20世纪70年代他们才退休。

父母两个人都去学了英语。母亲学得很轻松，父亲则学得比较吃力。他学外语的原因有两个，一个是满足美国生活的需要，另一个则是想跟我妻子和他的孙女们（我有两个女儿）交谈，两者都很重要。最终他克服了困难，学会了英语。为此，他深感自豪。

父亲82岁去世，母亲仍健在。事实上，她给这本书的原稿提出了很多宝贵的意见。

父亲的朋友亚尼也在匈牙利事件爆发期间逃了出来，最终在澳大利亚逝世。他和他的妻子曾经来加利福尼亚看过我父母。

罗马茨还待在匈牙利，他已经退休，在他朋友出租的一间公寓里过着晚年生活。父亲想帮助罗马茨，但是他拒绝了我们对他的经济援助。但父亲仍然坚持给他寄钱，不过他把钱都如数退了回来。他和年轻时一样狂妄自大，最终在孤独中结束了他的一生。

伊伦姑姑和萨尼依姑父都已去世。表姐马里卡还活着，她是我们在匈牙利唯一的一位亲戚，母亲和她保持着密切的联系。

在我搬到加利福尼亚几年之后，伦克姑姑也去世了。拉约什姑父再婚，好多年之后也去世了。在此之前，他见证了我在商界的成功。

保罗早已长大成人，拥有了自己的家庭。

在从布达佩斯出逃的朋友当中，扬奇和彼得两个人最终成为美国的大学教授。在相当长的一段时间里，我们只遇到过几次。布比当上了工程师，50多岁时死于心脏病。伊姆雷也在加利福尼亚，现在已退休。他的儿子与我记忆中的伊姆雷非常相像。

我曾试图和我的朋友加比联系，但他一直杳无音讯。他成了匈牙利所代表的封闭时代的一部分。

我珍爱着我在美国的生活。国际救援委员会和施密特教授为我打开了我人生中的第一扇大门。凭借奖学金，我读完了研究生院的所有课程，毕业后在仙童半导体公司找到了一份不错的工作。当时这是一家实力雄厚的公司。后来我参与创立了英特尔公司，一段时间之后，这家公司成了世界上最大的半导体制造商。后来我荣升为英特尔公司的首席执行官，并在这个岗位上干了11年，直到1998年为止。至今我仍然是董事会主席。我一直很惊奇，当我在学业和工作中取得进步的时候，没有人曾因为我的移民身份而对我的成功耿耿于怀。

我成了真正的美国公民，还在1997年被《时代》杂志评选为"年度风云人物"。我的两个女儿现在也都各自成家，并且有了自己的孩子。事实上，是她们这些孙辈的到来才促使我讲出了自己的故事。

正像瓦伦斯基老师预测的那样，我成功地游过了那个湖——我努力过，也失败过，我的成功得益于很多人的帮助与鼓励。

现在，我仍然在人生之湖中畅游。

我很感激国际救援委员会把我带到美国。我将把本书的版税全部捐助给他们，让他们帮助更多的无家可归者。

安迪·格鲁夫写于2001年

致　谢

作为一家上市公司的领导者,多年来我始终是人们关注的焦点。我一直认为,是我所从事的工作带来了这种抛头露面的生活,而我也一直在工作和个人生活之间游离。对我来说,前者是公平的游戏,后者则不是。

这个观点第一次出现动摇是我和乔希·拉莫的会面带来的——事实证明,这一动摇是写作这本自传的第一步。1997年,我被《时代》杂志评为"年度风云人物",该刊派乔希写一篇我的传略。他对我的青年时代非常感兴趣,因为他确信那个时期对我后来成为什么样的人起着关键的作用。起初,我婉言拒绝了他的请求,就像以往拒绝这方面的尝试一样。然而,乔希说服了我。可以看出他真的对我的故事很感兴趣,而且,通过我们在一起度过的几个小时,他赢得了我的信任,令我向其敞开心扉。我欣然向他讲述了我的青年时期,而这让他写出了一篇极好的传略,通过这篇传略,我向外界抛出了第一根橄榄枝。所以,我应该感谢乔希,是他让我开启了这个过程。

在《时代》杂志这篇文章发表之后的几年里,更详细地讲述我的人生经历并汇集成书的想法反复出现。我妻子埃娃也鼓励我写,我们相识于我21岁那年,这些年里她听我讲述过在那之前我的经历。她提醒我,等我们的孙辈长到能够理解我的故事时,他们可能就没机会听我亲口讲述这些故事了。她鼓励着我,成为我的意见反馈者,积极帮助我回忆过往的经历，整理写作素材，在故事不断展开的过程中，还担当了吹毛求疵的编辑这一角色，为我的稿件把关。

我的草稿一完成，诺姆·珀尔斯泰恩便起了关键性作用。因职业关系，诺姆和我已经认识了20年左右，但是当他同意编辑我的书时，我们之间的关系开始以另外一种形式展开。他沉浸在我的故事里，并且指出我不愿提及的部分——可能是因为有些沉痛的记忆回想起来仍然令人不适，而我不愿忍受那种痛楚。诺姆系统地分析了这些部分，令我比最初的设想走得更远——说得更多。他的努力令我的故事更完整、更真实。

最后但也十分重要的一点是，我十分感谢凯瑟琳·弗雷德曼，她在帮助我完成那本商业战略方面的书——《只有偏执狂才能生存》之后，迅速转变文风，以迎合我讲述孩提时代的故事的需要。她保持着敏锐的编辑直觉，还就一些关于背景、地点和情绪方面的细节问题向我发问，进行深入的挖掘。正是凯瑟琳对细节的这种追求，令我的记忆更加鲜活，也令我的故事远比我想象中的丰满。

我很幸运，因为像上述四人那样对我前20年的生涯有着浓厚兴趣的人还有很多。如果没有他们，就不会有这本书。